# 宽着期限 紧着课程

## 北京联合大学专业思政建设典型案例

北京联合大学编写组 ◎主 编

知识产权出版社

全国百佳图书出版单位

—北 京—

**图书在版编目（CIP）数据**

宽着期限　紧着课程：北京联合大学专业思政建设典型案例／北京联合大学编写组主编 . —北京：知识产权出版社，2021.10

ISBN 978-7-5130-7708-8

Ⅰ．①宽…　Ⅱ．①北…　Ⅲ．①高等学校—思想政治教育—案例—北京　Ⅳ．①G641

中国版本图书馆 CIP 数据核字（2021）第 192444 号

**内容提要**

北京联合大学在以课程思政推进一流应用型大学建设过程中，多维度厘清其深刻内涵，逐步深化课程思政，全方位推进专业思政建设。本书遴选了该校专业思政建设过程中的典型实践案例，从人才培养目标、培养模式、课程、教材、实践教学、第二课堂、师资队伍、质量保障等中观层面进行一体化设计实施，探索专业思政建设思路与实施路径，共涉及六个专业，其中人文地理与城乡规划、财务管理专业为国家级一流专业建设点，建筑环境与能源应用工程专业为北京市一流专业建设点。同时，每个专业从微观层面聚焦三至四门课程，围绕深入挖掘思政元素、有机融入课程的研究主旨，从课程设计、教学内容、教学策略、教学评价、教学反思等方面总结课程思政建设的实践经验。

责任编辑：张水华　　　　　　　　责任校对：潘凤越

封面设计：臧　磊　　　　　　　　责任印制：孙婷婷


**宽着期限　紧着课程**

北京联合大学专业思政建设典型案例

主　编：北京联合大学编写组

---

出版发行：知识产权出版社有限责任公司　　网　　址：http：//www.ipph.cn

社　　址：北京市海淀区气象路 50 号院　　邮　　编：100081

责编电话：010-82000860 转 8389　　　　　责编邮箱：miss.shuihua99@163.com

发行电话：010-82000860 转 8101/8102　　发行传真：010-82000893/82005070/82000270

印　　刷：北京虎彩文化传播有限公司　　经　　销：各大网上书店、新华书店及相关专业书店

开　　本：720mm×1000mm　1/16　　　　印　　张：20.25

版　　次：2021 年 10 月第 1 版　　　　　　印　　次：2021 年 10 月第 1 次印刷

字　　数：350 千字　　　　　　　　　　　定　　价：89.00 元

ISBN 978-7-5130-7708-8

# 序　言

　　习近平总书记关于教育的重要论述，深刻回答了培养什么人、怎样培养人、为谁培养人这个根本问题。深刻理解并践行习近平总书记关于教育的重要论述，落实立德树人根本任务，重在学懂、弄通、做实。北京联合大学以习近平新时代中国特色社会主义思想为引领，以习近平总书记关于教育的重要论述为根本遵循，以立德树人根本任务贯穿各项工作始终，持续推进课程思政建设，探索专业思政建设，在扎根京华大地办好一流中国特色社会主义大学的道路上取得了一系列理念创新、实践创新、制度创新和文化创新的成果。

　　北京联合大学所有专业超过千门课程都在推进"课程思政"建设，形成了"课程门门有思政、教师人人讲育人"的事业发展新局面，工作经验在全市推广，在全国产生良好影响。《人民日报》《光明日报》《中国青年报》《北京日报》等媒体对学校"课程思政"建设情况进行了报道，中宣部、教育部对学校进行了表彰和立项支持。全国各地到北京联合大学研讨交流"课程思政"建设的高校近百所，其中不乏"双一流"高校。2020年3月至4月，北京高等学校师资培训中心联合人民网公开课、文华在线，推出北京联合大学"探索课程思政 深化三全育人"专题系列直播公开课，共计7场，平均每场时长约62分钟，平均每场高峰并发人数达2099人，平均每场热度达12468人次。课程反馈：公开课站位高、立意深、精彩凝练，深受教育，获益匪浅。

　　在以课程思政推进一流应用型大学建设过程中，学校多维度厘清其深刻内涵，逐步深化课程思政，全方位推进专业思政建设。全校所有专业根据学校办学定位、社会需求、学生特点，结合专业内涵和外延，制定个性化、有特色的专业思政建设方案，差异化推进专业思政建设，重在凝练特色亮点、形成相对优势，贵在长期坚持，提升立德树人成效。本书遴选了该校专业思政建设过程中的典型实践案例，从人才培养目标、培养模式、课程、教材、实践教学、第二课堂、师资队伍、质量保障等中观层面进行一体化设计，探索专业思政建设方案与实施路径，共涉及6个专业，不乏国家级和北京市一流专业。同时，每个专业从微观层面聚焦三至四门课程，围绕深入挖掘思政元素、有机融入课程的研究主旨，从课程设计、教学内容、教学策略、教学评价、教学反思等方面总结课程思政建设的实践经验。现将这些典型案例和改革实践成果编辑成册，加以宣传和推广，便于互相学习、借鉴和应用，对于各高校及教师梳理共性问题、深化推进课程思政和"三全育人"工作具有重要意义和价值。

# 目　录

# 第四部分 建筑环境与能源应用工程专业

# 第五部分 物流工程专业

# 第六部分 财务管理专业

# 第一部分
# 人文地理与城乡规划专业

# 人文地理与城乡规划专业
# 思政建设研究与实践

（北京联合大学　应用文理学院　张景秋）

【摘要】本文通过对北京联合大学人文地理与城乡规划国家级一流本科专业40多年来的专业人才培养模式的改革与实践，立足专业思政建设要求，从人才培养目标、人才培养模式、课程体系、教材建设、实践教学、第二课堂、师资队伍以及质量保障等方面总结梳理，明确坚持立德树人根本任务，不断深化"依托学科，面向应用"的课程体系，不断优化"三规合一，四年演进"的人才培养模式，培养具有社会主义核心价值观，深厚的文化素养和人文情怀，较强的创新意识和创新能力，能够自觉有效地将城市与区域要素调研、空间分析、规划设计、综合应用等核心能力应用到实际工作中，并具备一定的国际视野，能够在跨文化背景下进行沟通与交流的高水平应用型人才。

【关键词】专业思政；立德树人；人才培养模式；人文地理与城乡规划；国家一流本科专业

## 一、专业简介

人文地理与城乡规划专业的前身是建于1978年的北京大学分校地理学专业，是全国较早开拓应用地理学教学方向的专业，此理念也一直坚持至今。1987年，作为首任系主任的北京大学卢培元教授在《经济地理》上发表了题为《一个应用地理学系——城市与区域科学系的诞生》的文章，总结了北大分校地理学走向应用的改革过程、做法、思考和体会，极大地推动了我国应用地理学的改革与建设。

40多年来，本专业立足北京，依托学科，面向应用，不断改革与实践应用地理学本科人才培养模式。2005年被评为北京市品牌专业，2008年获评北京市特色专业、国家级特色专业建设点，2017年成为地理学一级硕士学科学位点，2019年地理学支撑下的北京学获批北京高校首批高精尖学科，2019年获批教育部首批国家级一流本科专业，成为当年全国该专业获批的5个一流本科专业之一。同年，本专业团队获批北京市优秀本科育人团队。

作为北京市属高校应用型大学的人文地理与城乡规划专业，多年的专业建设形成了自身特色：一是在全国较早实践将地理学与城乡规划管理、房地产开发人才培养有机结合，明确专业核心应用能力；二是扎根京华大地，以北京城乡为教学科研案例地，建立了课业规划、学业规划、职业规划"三规合一、四年演进"的人才培养模式，形成文理交叉、理工融合的课程体系，以及系统性、模块化、递进式的北京市级精品课城乡规划管理综合实践课程；三是学科支撑专业、科研反哺教学效果明显，毕业生能力强、综合素质高，为首都北京的城乡规划和自然资源领域、房地产领域培养了一大批高端人才和业务骨干。

## 二、专业人才培养目标设计

2016年12月，习总书记在全国高校思想政治工作会上强调"高校思想政治工作关系高校培养什么样的人、如何培养人以及为谁培养人这个根本问题。要坚持把立德树人作为中心环节，把思想政治工作贯穿教育教学全过程，实现全程育人、全方位育人，努力开创我国高等教育事业发展新局面"。2018年6月，时任教育部部长的陈宝生指出"课程思政、专业思政要提升到中国特色高等教育制度层面来认识，课程思政、专业思政、学科思政的体系正在形成"。

北京联合大学作为北京市属综合性大学，在分类发展指导下建设高水平应用型大学。人文地理与城乡规划专业通过对本专业不同发展阶段毕业生基本素养的调查，对学生素养的培养提出五个要求：一是加强政治站位、首都意识和法律观念的培养；二是提高表达能力、沟通能力、公文写作能力；三是加强团队协作和注重学习为人处世的道理；四是培养持续学习能力和正确思维方法；五是提升职业素养和责任心、抗压能力。在专业能力方面，要强化地理学的综合思维，强调国土空间资源的合理开发利用和北京历史文化名城的保护。

基于此，专业思政与人才培养目标相结合，明确培养面向国家国土空间规划和北京建设国际一流和谐宜居之都的需要，德智体美劳全面发展，基础扎实、实践能力强，具有创新创业精神和社会责任感、较强的适应能力和可持续发展能力，具有扎实的地理学和城乡规划基础理论与专门知识，具有城市与区域要素调研、空间分析、规划设计、综合应用等核心能力，能在北京及国家国土空间规划、城乡规划、房地产等领域从事调研分析、规划设计、评估咨询等技术和管理工作的高素质复合型应用地理学人才。

在思想政治素质方面要求毕业生：具有社会主义核心价值观、深厚的文化素养和人文情怀、较强的创新意识和创新能力、正确的人地协调价值观，与时俱进，准确把握行业发展趋势；具有综合应用本专业所学知识，使用现代工具和技术，解决行业复杂问题的主动性。毕业生要具备的专业核心素养包括：理解本专业相关工作职责，能够自觉有效地将城市与区域要素调研、空间分析、规划设计、综合应用等核心能力应用到实际工作中，并能以此解决行业问题；具备有效沟通、与他人合作以及在多领域团队中行使职责的能力，具备团队领导力；明确行业科学道德与伦理责任，具有大局观念，为行业进步与发展作出贡献；具备一定的国际视野，能够在跨文化背景下进行沟通与交流；具有一定的创新意识和创业思维，有自主学习和终身学习的意识，有不断学习和适应发展的能力。

## 三、人才培养模式/体系设计

伴随我国城镇化高速发展以及人们对美好宜居生活的需求，人文地理与城乡规划专业人才为政府和社会在空间资源优化配置、城乡空间布局调整、优质人居环境建设等方面，提供重要的规划、管理和技术支撑，是引领城市与区域可持续发展的重要科技力量。

通过修订培养方案，专业围绕培养具有社会主义核心价值观的高素质应用型人才目标，紧扣首都"四个中心"建设和京津冀协同发展需要，强调文理工交叉融合发展的"空间+文化+技术"的专业导向，突出OBE（成果导向教育，Outcome Based Education）教育理念，坚持打好"北京牌、应用牌、综合牌、特色牌、文化牌"。

### （一）坚持"学生中心、成果导向、持续改进"的教育理念，突出课程思政教育理念与OBE教育理念的融合

北京联合大学人文地理与城乡规划专业坚持学科专业一体化，通过递进

式、模块化集中实践教学体系的建设，在以学生能力与素养培养为主线指引下，采取本科生导师制引导课业规划，将课程研讨纳入课程教学体系，搭建线上线下实践实习平台，在培养应用型人才方面进行了积极探索。

1."依托学科、面向应用"，构建专业课程体系

原有传统地理学学科一直面临着课程庞杂、就业面向虚化、学生专业认知薄弱等问题，学生在进入专业过程中，一方面课程任务重，知识点庞杂；另一方面学生不清楚未来就业情况，导致专业学生"见课不见业"，学习动力不足。基于此，在专业课程体系建设中坚实学科基础，以专业面向为前提，积极探索应用型人才培养模式改革。从2002年开始，在历次专业培养方案修订工作的推进下，不断明确和落实专业行业面向和学生应用核心能力的培养，突出专业综合和市属高校服务地方的应用特色，不断扩展就业渠道，构建了"依托学科、面向应用"的课程体系和"递进式、模块化"的集中实践教学体系。经过多年的不断改革和发展，形成了从学科平台、专业课程到课程研讨、综合实践教学环节的有机融合，设置了贯穿第一至第四学年的系统性、模块化、递进式的综合实践教学课程，并将该学科建设成为一门北京市级精品课程。

2."学以致用、实践育人"，拓展课上课下教学组织形式和内容

秉承"学以致用、实践育人"的实践教学理念，以校内外实践教学平台为依托，探索讨论式、参与式教学方式改革，建立课上课下交互式组织形式，课上通过课程研讨讲理论讲方法，课下依托校内外实践平台，以科研项目、学术论文、学科竞赛指导学生自主学习，鼓励创新。不仅解决教学中学生被动学、教师满堂灌的问题，落实模块化、递进式的实践教学课程，而且以北京城市建设领域的各类真实项目为载体，进一步完善了面向城市的应用人才实践能力培养体系，提升了实践教学质量。另外，在通识教育方面，以人文经典与文化传承、现代科技与生态文明、跨文化交流与全球视野、政治文明与社会建设、艺术鉴赏与审美体验等模块，培养学生的综合素养；以跨专业选修课、双学位课程进一步延展和固定对学生服务地方的综合素质培养；在专业课程方面，适应应用型人才的行业需求，在夯实学科专业基础理论与方法的基础上，通过产学共建、校企共建课程，以文化北京为抓手，将社会主义核心价值观教育贯穿专业教育全过程，培养学生的创新能力。

3.建立线上与线下相融合的实践实习平台

本专业从2003年起利用地理信息技术推动传统地理学改造试点工作，在

原有递进式、模块化集中实践教学体系的基础上，利用全国首个高校"云GIS"平台，紧密结合北京历史文化名城保护与利用的普查调研、规划设计等工作，积极探索现代技术对传统教学方式方法的改革，大力整合线下的产学研用项目资源数据与线上的城市要素时空模拟和虚拟现实教学平台，通过开发建设线上实践课程与丰富拓展线下实习实践相结合，解决了专业教学中"只见课程，不见专业"的问题，并为学生提供了自主学习的资源平台，对接专业前沿和应用实际，提升了学生的实践应用能力。

**（二）把握对学生的价值引领、知识应用、能力培养的主线，将思想政治教育、创新创业教育融入人才培养全过程，打造德智体美劳全面发展的高素质应用型人才培养体系**

立德树人，必须把培养社会主义建设者和接班人作为根本任务，培养一代又一代拥护中国共产党领导和我国社会主义制度、立志为中国特色社会主义奋斗终身的有用人才，见图1。

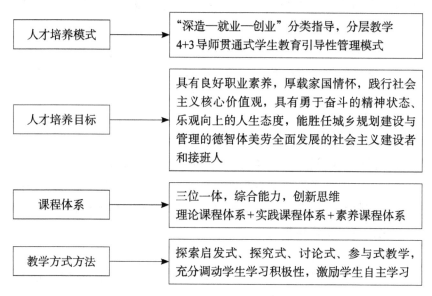

**图1　人文地理与城乡规划专业人才培养体系**

1."三规合一，四年演进"分类指导，分层教学

"三规合一"指以学生能力培养为主线，采取多源融合教育手段，形成课业、学业、职业规划为核心，最终统一纳入"以生为本"的教育思想和成效

中来。"四年演进"指学生在校四年循序渐进、不断线地遵循阶段性培养目标，即一年级导师制，引导学生课业规划，启动学生自主学习机制，解决教学中"教与学"的问题；二、三年级专业集中实践和科技立项推动学生学业规划，触发学生创新精神，解决教学中"理论联系实际"的问题；四年级毕业实习落实学生职业规划，检验学生实践能力，解决教学中"课上与课下"的问题，最终实践"以生为本"的教育思想。学生按照"专业—方向—个性"进行学业分流，再根据学生个性按照"深造—就业—创业"进行课业和职业的分类，实现对学生的分类指导、分层教学。

2. 4+3导师贯通式学生教育引导性管理模式

北京联合大学应用文理学院自2016年开始招收考古学目录外文化遗产区域保护规划专业硕士研究生，自2018年开始招收地理学一级学科硕士研究生，2018年开始在本科生导师制基础上实行"4+3导师贯通式学生教育引导性管理模式"。本科生入学后根据教师们的研究方向和自己的专业爱好选择导师，本科4年参与导师的科研项目，本科毕业后考入本校研究生，继续跟随导师开展科研工作。

3. 扎根京华大地的专业课程建设

立足北京、研究北京、服务北京，突出地理学科的地域研究优势，瞄准专业发展前沿，面向专业方向应用和经济社会发展需求，借鉴国内外课程改革成果，按照可延续性原则——与之前的课程体系保持相对稳定，持续发展原则——面向专业方向应用和新要求进行调整，更新完善教学内容，优化课程设置，形成具有北京地域特色的专业课程体系。

（1）理论课程群。

地方高校作为地方的"文化高地"，应成为地域文化传承链中的主要阵地与交流和弘扬国际先进文化的重要窗口。理论课程以"求真理、悟道理、明事理"为宗旨，通过专业课程建设，与思政教育紧密结合。

第一，地理学科核心课程，包括自然地理学、人文地理学、经济地理学、城市地理学等课程，突出中国区域研究，为学生建立中国研究的范式，建立文化自信。

第二，技术应用特色强的课程，如地图学、地理信息系统、遥感概论、计量地理学，培养学生严谨作风，了解国家最新技术前沿，进行爱国主义教育。

第三，规划设计类课程、土地与房地产类课程，培养学生理论联系实际、知识迁移与解决实际问题的能力。

（2）实践课程群。

结合专业特点和人才培养要求，实践课程群在思政教育方面，通过城市与区域认知实习，强化地理国情教育，厚植爱国主义情怀，树立理想信念；通过生产实习，牢固树立实践是检验真理的唯一标准；通过毕业实习，培养学生努力创新、做社会主义事业建设者和接班人的主人翁意识。

（3）素养课程群。

生活在北京，就要爱北京、识北京，人文地理与城乡规划专业根据自身学科优势，开发了北京实践系列课程，包括北京地理、人文北京、走读北京等课程，通过带领学生参与实践，对北京千年文脉可触可感，强化地理学科思维。

## （三）以学生为中心的人才培养模式取得良好效果

本专业培养人才的综合素质高，创新能力强，社会声誉好。人才培养模式应用于专业近千名学生、十余届毕业生的培养过程，取得了一定的效果。学生就业方面，由于提高了专业学生的综合能力，专业对口率高，达到85%以上，就业成效显著，像国土分局、规划分局、区市政设施监察管理部门在近5年之内吸纳了大批联大毕业生；考研方面，近5年之内有7名学生分别考入北京大学、中国地质大学、中国矿业大学等211高校和外交学院等知名高校进行深造。

专业建设成果丰硕，对学科专业发展有辐射作用。专业获批5项国家级和北京市级教育教学建设项目，2008年获批国家特色专业，2019年又获批了国家一流本科专业。教师指导本科生参与科研项目，带领学生一起出版专著6本，自2008年以来指导本科生发表学术论文20余篇，培养学生严谨踏实的科研作风和素养。

开放共享盘活资源，为学科竞赛和应用实践提供支持。专业提出的"依托学科，面向应用"课程体系获得北京市教学成果二等奖，"递进式、模块化"城乡规划管理综合实践课程获得北京市精品课程，并且借助学校专业培养方案修订工作，在应用文理学院其他专业中进行推广应用。而"云GIS"平台更是辐射全校，为国家应用文科实践中心、国家级虚拟仿真实践教学中心、信息学院等多个教学单位的学科竞赛和应用实践提供支撑。

## 四、课程、教材建设

推进课堂教学革命，进一步加强学科专业一体化建设。借助并支撑北京学高精尖学科建设，对教师"抓教学、抓科研"，对学生"抓基础、抓能力"。要求教师自觉将学术研究成果融入课堂教学，形成鲜活案例，培养专业素养，引导学生树立正确的职业理想。不断推进课堂教学革命，完善翻转课堂、小组讨论、任务驱动、探究式教学方法等在相关课程中的应用，激发学生的学习兴趣和潜能。强化过程管理，总结经验，提炼模式，形成更多高级别的教育教学成果奖励。

### （一）课程建设特点

1.坚守专业定位，注重学科视野

专业课程的课程思政，需要梳理和深入挖掘专业知识的文化背景、价值、意义等，使学生学会从专业知识中思考与专业相关的问题，从而达成思政教育目标，也就是经过学习和训练全面提高学生的修养，但这背后却需要专业课程教师长期积累专业知识、涉猎大量的历史文化知识和精心备课。

2.注重多元融合，注重学科文化育人

专业课程既要传授相关理论知识体系，也要传授城市规划学科的技术规范，还应结合学科文化特点，因势利导，积极配合"＋文化"、体现"北京味道"，在理科课程学习过程中巧妙融入思想政治教育元素和目的，有效挖掘课程综合内涵。

3.崇尚科学精神，发掘运用专业历史和人物的教育作用

每一门学科都是知识的累积和传承，也是无数科学家实践成果的理论探索过程、伟大人格的集中反映。从课程思政的角度上讲，教师需要发挥学科史、人物史的丰厚教育资源，尤其是科学家的事迹风采，用他们探索科学的过程、追求真理的历程，来引导学生、教育学生，让科学家、学者、大师的科学人生丰富学生的青春岁月，这正是课程思政的重要意义所在。

### （二）专业课程的思想价值与意义

第一，课程充分发挥地理学的综合优势和区域特征，实现跨不同自然地理单元和人文地理单元的区域综合教学，进行了包括自然地理学、经济地理

学、城市地理学和人文地理学在内的地理学课程建设，完善基础知识结构，为进一步加强学生基本能力的素质训练，特别是培养综合思维和综合分析能力、激发创新意识提供基础。

第二，课程内容在紧紧依托专业主干学科——地理学的基础上，充分遵循"学以致用"的指导思想，紧扣学生的生源特点和今后工作的要求，以城市各要素为主线，将城市放在区域中进行观察，从自然、经济、人文角度去解读和分析一个城市的形成与发展，综合分析城市形成的自然、经济和人文动因，从实质上实现地理学教学的理论联系实际的方针。

第三，课程课堂教学与课外实践相结合，课程先后向联系密切，不仅将地理学融会贯通，还兼顾到后向联系的相关课程的启蒙，以及本专业调研、空间分析、规划设计和综合应用核心能力的培养。

第四，课程将教书与育人统一起来，将专业知识与爱国主义教育相结合。培养学生团队合作精神和集体荣誉感。在认识地理现象、解读城市发展规律的同时，课程思政拓展了专业课程的广度、深度和温度，增强了课程的知识性、人文性，提升了引领性、时代性和开放性。同时，通过课堂内外理论实践相结合的课程建设，加强了团队合作意识，培养了集体主义精神，在认知地理国情、了解历史文化名城保护、美丽乡村建设和国土空间开发等教学活动中，加深了学生对祖国的深厚感情，增强了学生的爱国主义信念、家国情怀和文化自信。

第五，课程注重培养学生观察事物、认识事物的思维、方法和能力，激发了他们的兴趣和创新精神。通过实习，使学生从理论走向实践，并最终达到理论和实践的统一。其目的和任务是在学生整个学年的地理课程学习之后，考核及测试学生是否掌握了地理学的基本原理、基本规律，并能用地理学有关理论解释地理现象，最终使学生具备综合性、系统性和区域性分析问题和解决问题的能力。

由于课程强化了地理学学科基础，专业培养的学生在毕业后，一方面，有机会继续深造上研究生；另一方面，在工作岗位表现出极强的实践能力和团队合作精神，受到用人单位的好评。

### （三）实践教材、经典教材译著

在清楚分析和充分认识专业教材出版的现状格局基础上，专业团队将教材建设放在实践教学环节（详见"实践教学"部分）。利用教师团队高学历的优势，与北京大学等高校的地理学者合作，在商务印书馆和科学出版社先后完成了《现代城市规划》《城市社会地理学导论》《人文地理学方法》《当代地理科学译丛·大学教材系列》等作品的出版。

人文地理与城乡规划专业是内容涵盖面广、理论与实践并重的理科专业，应紧密围绕应用型本科的人才培养定位和城乡规划行业发展形势，不断进行课程教学改革，未来还要建设配合"+文化"的课程思政教材，编写体现价值引领，兼具思想性、时代性、科学性的教材。

## 五、实践教学

实践教学是应用型大学建设的重点和特色所在，如何体现实践教学理论联系实际的本质特征，既体现对学生的实际能力培养，又符合大学本科教育的基本要求，一直是专业实践教学建设关注的重点。

### （一）专业实践教学设计简介

设置总计12学分，一至四年级系统性、模块化、递进式的城乡规划管理综合实践课程（2010年获批北京市精品课程）。依照"认识实习—生产实习—毕业实习"的基本框架进行集中实践教学组织与实施。具体包括以下内容，模块1——认识实习：城市与区域综合实习（2学分/2周）、模块2——生产实习：城乡要素调研与分析（2学分/2周）、模块3——生产实习（按照专业方向进行选择）：3-1城市解读与规划设计/3-2地块分析与项目策划（2学分/2周）、模块4——毕业实习（6学分/6周）。通过以上模块分别完成对学生的城市与区域调研能力、空间分析能力、规划设计能力以及综合应用能力的培养。

安排在假期的实践教学环节，有具体教学要求，包括时间和任务安排，有具体指导教师组，学生根据教学任务分组进行，教师根据学生实习期间的表现和实习报告成绩综合评定，成绩合格者获得相应学分。

集中实践教学课程的考核方式为考试课，考试形式以实习报告为主，成绩依照综合考核指标确定，包括三个方面：①调研报告方面，应反映整个工作状况，并体现专业性，约占整个成绩的50%；②实习态度、工作成绩方面，约占整个成绩的40%，其中用人单位反馈占30%，实习期间返校表现占10%；③其他成果方面，约占整个成绩的10%，如数据录入分析成果等。

通过集中撰写实习报告，学生一方面将实习内容进行系统梳理，并进行归纳总结；另一方面通过实习报告内容和格式的规范要求，从一年级就培养学生树立良好的科学工作态度和作风，认识专业报告的基本要求，为以后的学习和毕业论文奠定基础。

### （二）实践教学与思政教育相结合

秉承"学以致用、实践育人"的实践教学理念，积极推行面向企业真实生产环境的任务——交互教学模式。突破理论课程与实践课程的严格界限，以实训任务为抓手，进行理实一体课程的教学组织，真正实现了理论联系实践的教学方法在教学中的运用。

继续深化实践教学，实现强化育人目标。进一步完善本科生导师制，以学生为中心，加强对学生课业、学业、职业规划的指导，引导学生积极参加各类竞赛，激发学生的学习兴趣和潜能，提高综合素质。持续发挥教师带领学生参加北京宜居城市、非首都功能疏解、老城保护、西山永定河文化带、长城文化带以及大运河文化带保护发展规划等北京市政府重点工作调查研究的作用，编写具有地域特色的北京地理与规划系列教材，为北京建设全国文化中心和国际一流和谐宜居之都作出贡献。

强化产教融合，推动专业建设与产业发展相适应。加强专业与行业企业对接，完善校外实习基地建设机制，建立行业企业主动参与专业人才培养的激励机制，使企业成为重要资源投入者、培养过程的主动参与者、文化传承的重要承载者和培养成果的分享者。

提升专业国内国际主动合作力度。在与美国北伊利诺伊大学、美国加州州立大学弗雷斯诺分校等国外大学合作办学、联合实习的基础上，进一步深化与国外相关学校的合作办学，深化境外联合专业实习等培养模式，持续扩大学生出国（境）交流规模，拓展学生视野，提高本专业国际化水平。遵照国家标准，积极迎接专业认证，主动参与国内同类专业联合实习等教学活动，对标伦敦、东京等世界城市同类专业服务自身城市发展的先进做法，立足北京、研究北京、服务北京，努力建设成为具有国际视野、世界坐标、中国特色、北京实践优势的本科专业。

### （三）实践教学平台建设

实践教材和线上资源建设。专业实践教学课程——城乡规划管理综合实践作为市级精品课程，在建设过程中，专业在原有递进式、模块化集中实践教学体系的基础上，2011年、2012年和2016年在科学出版社和学苑出版社先后出版了《自然地理学野外实习指导——方法与实践能力》《房地产营销策划——案例分析与实践》《土地管理》教材，2013—2014年开始紧扣地理学科专业发展的前沿以及国家对大学教育共享资源库建设和虚拟仿真实践教学示范的倡导，重点建立了线上与线下相融合的实践实习平台，进一步扩展专业实践教学体系，立足全国首个高校"云GIS"平台，整合线下的政产学研用项目资源数据与线上的城市要素时空模拟和虚拟现实教学科研平台。

校外实习基地建设。结合专业特点和人才培养要求，改革实践教学内容，改善实践教学条件，创新实践教学模式，增加综合性、设计性实验，倡导自选性、协作性实验。配齐配强实验室人员，鼓励高水平教师承担实践教学。加强实验室、实习实训基地和实践教学共享平台建设。与包括北京市规划和自然资源委员会国土资源勘测规划中心在内的8家北京市企事业单位合作建立了校外人才培养基地，通过校外实习基地建设，为学生实践提供线下平台，推进学生对专业学习的兴趣，补充课程教学资源不足，增强课程内容与实践案例，形成产学合作和人才培养共赢机制，如张远索带领并指导2011级学生参与国土资源勘测规划中心昌平区集体用地现状与问题调研项目，获得好评。

## 六、第二课堂

人文地理与城乡规划专业的第二课堂主要表现为产学研结合在专业建设和教学应用中的体现和转化，即以学生参加科研服务北京、学科竞赛、红色"1+1"社会实践为特色的第二课堂建设。

### （一）产学研结合发挥学科专业建设的优势服务社会

专业的发展与科研的推动密不可分，钱伟长先生曾经说过"没有科研的教学是没有灵魂的教学"，对于专业建设来讲，没有科研的支撑也不是一个好的专业，是没有后劲儿的。本专业一直十分重视科研与教学相结合，将科研工作作为专业发展的重要依托，一方面，为教学增加鲜活的实例；另一方面，通过科研带动教师和学生理论结合实际，服务社会。与此同时，通过科研树立专业在社会中的地位，提高社会声誉，又有助于专业的建设和学生的培养。这种产学研结合已经成为我们专业的特色之一，推动了专业的发展，得到各级部门的认同。

1. 纵向课题奠定了专业在北京城市规划建设问题研究中的地位

本专业始终将为北京城乡发展献计献策放在科研工作的首位，城市系教师从1978年以来主持承担了几十项国家级和省市级纵向课题，并多次荣获多项奖励。

这些研究项目和成果对北京市的城乡规划建设和发展提供了卓有成效的对策建议，得到有关部门的重视和采纳，并推动人文地理学学科的地位不断上升。

2. 横向课题服务社会、培养学生、树立声望

密切结合首都文化，教师带领学生参加北京宜居城市、非首都功能疏解、老城四合院保护、西山永定河文化带、长城文化带以及大运河文化带保护发展规划等工作的调查研究，为北京推进全国文化中心和国际一流和谐宜居之都建设作出了积极贡献。

这些由国家和地方企事业单位委托的横向课题，不仅锻炼了教师的实践能力，丰富了教学内容，更为重要的是这些项目都是作为集中教学实践环节安排学生参与其中，培养了学生团队合作、调研分析、综合处理问题的能力，丰富了他们的工作经验。在服务北京、培养学生的同时，树立了专业学科在社会上的声誉。

## （二）参加学科竞赛获奖

加强成果导向的实践类教学使学生的实践能力和创新能力突飞猛进，大学生科技立项数量不断增加。本专业教师引导学生积极参加各类竞赛，使其创新创业能力得到明显提升。近5年，学生获"启明星"大学生科技创新项目立项国家级4项、市级21项、校级19项，另外获创新性实验项目14项。2015—2019年本专业教师指导学生参加第一届、第二届、第四届、第五届全国地理科学展示大赛先后获优胜奖和北方赛区一等奖、全国总决赛二等奖等；2015年指导学生参加首都大学生挑战杯赛，获北京市三等奖；2017年指导学生参加大学生挑战杯赛，获得北京市二等奖。

## （三）红色"1+1"社会实践成绩优良

2016年以来，教师带领学生先后完成了对北京郊区传统村落、南新仓古粮仓的测量与保护规划调研，形成调研方案和成果，连续三年获得由北京市委教育工作委员会授予的北京高校红色"1+1"示范活动三等奖。通过红色"1+1"社会实践活动第二课堂的开展，增强了学生的专业认同和社会责任感，

使学生贴近百姓、贴近社会，不再是象牙塔里的书生，而是投身社会主义现代化建设和美丽乡村建设的接班人。

# 七、师资队伍

师资队伍建设是专业学科一体化发展的关键。多年来，在专业学科一体化发展思想指导下，本专业一直注重队伍建设，利用学科专业经费鼓励和支持专业教师进行学历深造、出国学习开会及行业培训，同时，在不影响本职工作前提下，从1996年开始就鼓励专业教师去企业兼职，为专业应用方向的拓展培养和锻炼师资。学科现有教师18人，平均年龄在45岁左右，硕博士占90%。同时，有10名教师具有"双师"素质，分别具有资产评估师、房地产估价师、房地产经纪人、物业管理师、建设工程概预算师、土地估价师、土地登记代理人、律师等职业资格证书。师资队伍具有年龄低、学历高、外语好、学缘结构合理、团队合作精神好等特点。

## （一）对接行业领域发展，建设高校与行业互融互补的双师队伍

与包括北京市规划和自然资源委员会国土资源勘测规划中心在内的8家北京市企事业单位合作建立了校外人才培养基地，完善专业集中实践教学体系结构。通过校外实习基地建设，结合政产学研用项目，推进学生对专业学习的兴趣与未来应用方向的明确，进一步增强了专业课程建设，特别是课程内容与实践教材建设，形成了产业合作和人才培养共赢机制。在专业发展中，一方面将应用型科研作为教师队伍建设的有力抓手，激励教师将首都北京城市功能布局及优化等方面的科研成果转化为专业实践教学案例素材，以科研促教学效果明显。另一方面，鼓励专业教师在行业企业挂职，培养与锻炼实践能力；同时，与行业企业共建产学合作课程和教材，形成学界与业界的良性互动、人才共享机制。师资队伍中多人入选北京市"长城学者"和青年拔尖人才培养计划，获得北京市级教学名师、高创名师、北京市优秀教师等称号。

## （二）坚持"学科专业一体化"，注重专业梯队建设，提升教师学术水平，在专业领域具备较高知名度

拥有1名北京市教学名师、2个市级学术创新团队、3名长城学者、3名

青年拔尖人才。多人在中国地理学会及专业委员会中担任理事、副主任委员、委员等职务。近3年，专业教师主持国家级、省部级科研项目21项，发表SCI/CSCD等高水平论文40余篇，在宜居城市、文化空间、办公空间、时空行为等研究领域形成一定的学术影响。

### （三）持续进行师德师风建设，引导做"四有"好老师

通过党建引领、党员带头、青年教师导师制等举措，形成一支团结向上的校级优秀教学团队，曾荣获首都教育先锋先进集体，多人次获得市、校两级基本功大赛奖励及优秀教师、师德先进个人称号，2018年本专业成为联大首批专业思政建设试点专业。

### （四）坚持教研例会，深入教学切磋，不断提高教师教学水平

以课程群+AB角形成课程小组，实行备课、听课制度，持续进行教育教学改革，获多项市、校两级教改立项，近两年2次获得校级教学成果一等奖。支持教师继续深造、出国访学、参加会议和专业培训，"双师型"教师达88%。

## 八、质量保障

一是思想引领，提升内涵，立德树人。深入学习贯彻习近平新时代中国特色社会主义思想和系列讲话精神，落实地理科学类专业国家标准，以本为本，提升内涵，以质量文化指引质量革命，以课程思政、专业思政为抓手，落实立德树人根本任务。

二是内外评价，双轨并行，确保质量。为了完善教学质量保证体系，促进质量管理科学化，自2013年起，学校实行校内专业评估（增量评价）+校外第三方的专业评价（存量评价）和毕业生持续跟踪反馈"双规并行"，形成了"制定有统筹、过程有管控、成效有监督"的教学目标任务标准与制度执行机制。人文地理与城乡规划专业连续多年在校内专业评估中名列前三，校外第三方评价排名连续5年保持在全国专业排名前15%。

三是研学结合，走读北京，文化育人。依托北京学研究平台，打造"立足北京、研究北京、走读北京、讲学北京"的研学机制，形成师生学术交流、走读调研、教育讲学、文化传播"四位一体"的北京学大讲堂，完善了"北京学"文化育人体系，激发了专业学生的学习兴趣，形成了良好的"深耕京

华大地、服务地方发展"的育人氛围，提升了本专业的综合教学质量。

## 参考文献

[1] 张海涛，邹波. 应用技术型本科高校学科专业一体化路径研究 [J]. 中国成人教育，2016（17）：60-63.

[2] 姜暖，蔡鹏，王超，等. 学科与专业一体化建设研究 [J]. 教育教学论坛，2018（37）：247-248.

[3] 王吉昌，屈康庆. 地理学科背景下对人文地理与城乡规划专业建设的思考 [J]. 高教学刊，2015（18）：204-205，207.

[4] 刘静玉，王丽坤. 地理学视角下的人文地理与城乡规划专业课程体系构建研究 [J]. 人力资源管理，2014（12）：210-212.

[5] 李志义，朱泓，刘志军，等. 用成果导向教育理念引导高等工程教育教学改革 [J]. 高等工程教育研究，2014（2）：29-34，70.

作者简介：张景秋（1967— ），女，副院长，教授，博士。研究方向：城市地理学，城市与区域规划。

# 城市地理学课程
# 思政建设研究与实践

（北京联合大学　应用文理学院　谌丽）

【摘要】我国将德育纳入教育综合改革重要项目，表明高等教育中的思想政治教育工作受到社会的高度关注，思政课程逐渐向课程思政转变。本文对城市地理学课程思政途径进行探索，结合课程特色和行业要求，提出应当将"努力培养担当民族复兴大任的时代新人"作为课程思政的根本目标，并将其分解为认知目标、情感目标与行为目标三方面。围绕该目标，课程思政元素可以归纳为家国情怀、职业素养、价值观念等。课程采取课堂授课、小组讨论、实践调研等多元化的实施方式，设置与思政目标相对应的考核方式，最终学生参与度、满意度不断提高，教师对课程思政的认识不断深入，实现教学相长。

【关键词】城市地理学；课程思政；课程实践

## 一、课程简介

课程名称：城市地理学

课程类别：专业必修课程

学时学分：48学时3学分

适用专业：人文地理与城乡规划管理

内容简介：本课程为人文地理与城乡规划专业核心课程，在该专业二年级上学期开设。本课程的预修课程为自然地理学、人文地理学、经济地理学，它们为城市地理学提供自然、人文和经济的分析方法和理念；并修课程为中外城市发展史纲、城市要素调研方法与实务、地图学，几门课程相互关联，前者为本课程提供分析案例素材，后两者则丰富了本课程的学习方法，同时本课程可以与这三门课程作业相互联系，推动学生对所学知识灵活运用，加深印象；本课程后续课程为城市规划原理、城市形态与结构、城市社会地理、国土空间规划、中国文化地理，本课程为这些课程的学习提供专业基础知识、理论和方法，共同加强学生对地理学学科基础知识的学习。本课程主要内容包括城市相关概念及形成发展介绍，城市化原理及进程，城市职能、规模与空间分布体系，区域城镇体系规划，城市土地利用结构，城市社会空间，城市问题七个单元的内容。通过本课程的学习，学生能够理解城市发展的一般规律，掌握城市化的概念、原理和理论，认识并掌握城市职能、城市规模以及城市空间等理论，掌握城市及区域调研与分析方法，具有城市管理综合应用思维和能力，具有人地协调观，能在解决复杂城市问题的技术方案中体现可持续发展思想，树立爱国、爱家情怀，具备城市规划师及管理者的责任感。

## 二、课程思政目标设计

结合专业培养目标和城市地理学课程特色，以"知识传授与价值引领"相结合的原则为基础，将"努力培养担当民族复兴大任的时代新人"作为城市地理学课程思政的最终目标，并将课程思政教学目标分解为认知目标、情感目标和行为目标。

其中，认知目标是让学生在学习城市发展理论的同时，了解世界各国城市发展实践的经验和教训，从而认识到科学制定城市规划和政策的重要性。情感目标是通过了解我国城市发展的辉煌历史、现状和困难，理解我国城市发展的曲折历程和现有成果的来之不易，激发学生的文化自信，引导学生树立爱国、爱家情怀，进而产生规划师的责任感。行为目标是通过参观学习、实地调研等实践过程引导学生树立正确的人地协调观，形成良好的道德修养，树立节能环保的意识，并引导学生综合运用所学理论，分析和解决城市问题，将建设家乡、建设祖国的情怀转化为实践行动。认知目标、情感目标和行为目标三者环环相扣，润物无声地培养学生形成正确的人生观、世界观和价值观，并使学生具备相应的分析能力。

## 三、课程思政教学内容设计

城市地理学课程是人文地理与城乡规划专业的必修课程，人文地理与城乡规划专业旨在培养在土地利用规划、城乡规划、国土与住房等方面（或领域）从事调研、分析策划、规划设计、评估咨询等技术和管理工作的高素质复合应用型人才。他们肩负着国家和地方城市规划的重担和大业，必须树立正确的大局观，有良知、有责任感、有情怀。而城市地理学课程着重研究城市（镇）的形成发展、性质规模、分布格局和空间结构，从空间方面探索城市发展的规律，城市规划中有关城市的性质、空间组织、用地功能组织以及诸多城市问题的解决，均需采用城市地理学的理论和方法，因此本课程的知识对城市建设的决策具有重要意义。换言之，城市地理学是培养未来城市规划、管理、咨询人才的基础，因此必须承担起培养学生正确大局观的责任，这也是城市地理学课程思政建设的必要性，以及思政核心特色所在。因此，围绕"努力培养担当民族复兴大任的时代新人"这一思政目标，我们将城市地理学的思政元素进一步分解为家国情怀、职业素养及价值观念三个方面，如图1所示。

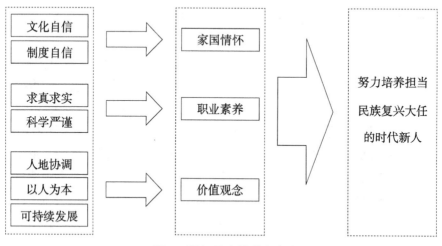

**图1　课程思政教学内容**

## （一）家国情怀

城市地理学课程中蕴含丰富的爱国主义教育内容。例如，"绪论"中介绍我国古代城市的形成与发展，帮助学生了解我国古代城市在世界上的地位，增强学生的文化自信。而家国情怀内容最为集中的是在第一单元中"城市的形成与发展"小节及第二单元中"城市化的历史进程"小节，通过对国际发达国家、发展中国家和我国城市化进程的比较，了解我国城市化道路的曲折与艰难，同时也让学生了解我国自新中国成立以来城市化水平由仅10%发展到60%，了解北京、上海等城市逐渐成为继纽约、伦敦、巴黎之后的国际大都市，从而让学生深刻理解祖国建设的辉煌成就、改革开放以来城市化建设翻天覆地的变化，增强学生的文化自信与制度自信。同时让学生了解我国城市化发展现状，认清面临的问题，了解我国当前城市化政策制定的背景和意义，从而对未来从事城市规划工作起到帮助作用，展望美好的未来，激发学生热爱祖国的崇高感情和建设祖国的强烈使命感。此外，在其他单元中也融入我国城市发展的实际案例，增进学生对我国城市发展的了解。

### （二）职业素养

城市规划与管理涉及社会学、人口学、管理学、经济学等众多学科，要求城市规划师和管理者能高屋建瓴、博采众长，有宏观决策的能力。更为重要的是，城市规划和管理涉及千千万万市民的切身利益，城市规划和管理者必须树立"以人为本"的理念，真正从广大市民的长远利益出发，而非片面追逐政绩或迎合开发商。不仅如此，还需要培养学生用理性的法制观念约束城市规划工作，而不是随心所欲。这些内容在城市地理学第四单元"区域城镇体系规划"中有体现，通过对规划制定流程的详细讲解和前往城市规划单位参观等方式，让学生树立职业责任感。

### （三）价值观念

人地协调观是地理学的核心观念，指人们对人类与地理环境之间形成协调关系的必要性和可能性的认识、理解和判断。城市和生态环境是相互影响、相互促进、关联性很强的两大系统，也是人地关系最为紧密、问题最为突出的场所，因此城市地理学是培养学生正确人地协调观的重要载体。城市地理学课程中第一单元"绪论"和最后一单元"城市问题"中两次提及，城市是人类社会和经济技术发展到一定阶段的产物，城市的形成及选址受自然环境的制约，同时人类能力的快速发展也将对环境产生巨大的影响。我国城市化的规模与速度前所未有，也带来了许多生态破坏和环境污染的问题，人类社会的可持续发展面临严峻的挑战。课程中让学生讨论经济发展和环境保护这两者之间的关系，并让学生通过实地考察和资料收集对这个问题形成深刻的认识，从而渗透人地协调观点的教育，让学生未来从事城市规划管理及咨询工作时能做出更加科学的决策。此外，在第五单元的学习过程中，将以北京为例，介绍北京土地功能分割导致的职住分离现象，从而引起严重的交通拥堵问题，同时以南水北调为例引出北京水资源匮乏等问题，使学生认识到绿色出行、绿色生活的重要性，引导学生采用公共交通、步行、自行车出行等绿色出行方式，以及节约用水、用电的绿色生活方式，培养良好的行为习惯。在掌握专业技能的同时，提高学生的思想觉悟和综合素质。

## 四、课程思政教学策略设计

城市地理学是一门理论结合实践的课程，以面授为主，融入课程思政内容应该润物无声，避免生硬地穿插。上课期间除了主讲教师教授，还分别在第二、第三、第五、第六单元引入了大量实际案例讨论，在第四单元讲授城镇体系规划时安排考察北京规划展览馆，在第七单元城市问题部分安排了小组调研分析等方式，通过多元化的教学实施方式不断强化思政内容，提升学生的感悟，从而达成课程思政目标。这些教学方式的预期学习成果见表1。

**表1　城市地理学课程授课方式及其可达成的预期学习成果**

| 学与教的方法 | 学与教的手段 | 可达成预期学习成果 |
|---|---|---|
| 1.讲授法 | 多媒体 | 掌握城市化的原理，了解国内外城市化历史进程；<br>掌握城市职能、规模、空间分布体系的理论与知识；<br>掌握城市土地利用的主要理论与知识 |
| 2.课堂讨论 | 教师给出实际案例，学生自主学习、分组讨论 | 培养思维表达能力，激发学习兴趣、促进学生主动学习，培养担当责任感 |
| 3.实地参观 | 北京规划展览馆考察 | 学生通过考察北京规划展览馆，帮助理解北京城乡规划 |
| 4.调研实践 | 城市问题调研与分析 | 具备城市问题的调研与分析方法 |

### （一）课堂讨论案例

以第三单元为例，该单元的学习目标是掌握城市职能、规模与空间分布规律，能分析中国城市职能分类、规模分布及空间分布情况，首先通过教师讲授这三部分的理论知识点，阐明城市体系形成的原因和城市功能分工、规模分布、空间分布的规律。然后安排"中国第五个直辖市的选择与发展问题"小组研讨和组间质疑，要求学生根据所学理论来分析城市及服务区域，从而提出选择第五直辖市的标准、指标与方法，并且进一步地提出所选择的第五直辖市的发展对策，以解决城市存在的主要实际问题为驱动力，培养问题思维，提出专业解决方案。具体实施方法是在课堂上根据座位就近3～5人一组，先自行查找资料，进行组内讨论，确定本组的论点，并列出支撑论点的论据，之后每组推选一人向全班介绍本组的论点论据，接受其他组同学的提问。通过这样的方式，让每个同学都参与到实际问题的解决当中，主动查找相关资料，一方面增进了对各个城市的了解；另一方面也加深了对我国当前城市发展政策制定的背景和意义的认识，使学生具备大局观，对未来从事城市规划工作起到帮助作用，同时展望美好的未来，激发学生建设祖国的强烈使命感。由于这一问题十分贴合实际，各界媒体非常关注，时有报道，同学们也很感兴趣，参与度很高。

### （二）实地参观学习

参观北京规划展览馆是重要的教学环节之一。北京规划展览馆重点展示北京城市规划发展历史、北京历史文化名城、奥运会场馆规划建设、人居环境规划建设、生态环境规划建设、城市基础设施规划建设、交通规划建设、商务金融规划建设、北京的人文和社会事业发展规划等方面的内容，是面向城市规划管理等相关专业学生的专业展馆。学生参观时由北京规划展览馆专业讲解员引领大家进行参观并讲解，通过文字、图片、道具、模型、实物等形式和声、光、电三维立体演示、互动触摸体验等手段，详尽介绍北京的发展历史、当代城市规划建设的全景风貌，展示北京城市发展的灿烂明天。参观过程中，学生们与教师和讲解员经过有问有答的深层互动，对专业有了更深层次的理解，拓展了自身视野。北京既是首都，也是联大大部分学生的家乡，它具有悠久灿烂的历史文化，因此，在参观过程中学生们的自豪感大大增强了，并且随着对北京规划的了解，学生认识家乡、热爱家乡、建设家乡的使命感得到增强。

### （三）城市问题实地调研

在课程的第五、第六、第七单元，视野将从宏观的城市体系转向中观和微观的城市功能区及社区，城市内部表现出来神秘莫测的行为，从观察到的最普通的场景、现象和事件中探索城市建设进程中存在的问题，这些都是我们将掌握的知识学以致用、用有所图的着手点，这是人文地理与城乡规划专业学习过程中非常重要的学习环节。因此在第14～15周，学生们将分小组自行拟定题目，设计调研方案，组织实地调研，最终提出解决方案，从而帮助学生认识所生活的城市，加深对城市问题的了解，引导学生学以致用，培养学生实践能力，提升职业素养，并在城市问题的分析中塑造价值观念，为后续城市规划学习打下基础。

## 五、课程思政目标考核设计

课程考核方式是教学过程中的一个非常重要的环节，这是检验教师能否完成教学任务、学生能否达到学习目标的一个重要检验手段。而课程思政不同于专业教学内容，需要在教学过程中润物无声，因此考核也不能简单、直接。课程思政的考核应该注重考核形式的多样性和考核内容的综合，应当充分将课堂表现与日常行为相结合，以多角度、全方位的考核机制来评价学生。

在城市地理学课程中，考核方式由过程性考核和终结性考核两方面构成，其中过程性考核包括出勤、课堂讨论参与程度及实地调研三部分（见表2），本课程强调将学生的出勤纳入考核，细化过程性考核的指标体系，对应课程思政的行为目标；课堂讨论参与程度纳入考核学生对城市实际问题的思考，引导学生养成思考问题的大局观和责任感，从而发挥课程思政的主渠道作用，对应课程思政的认知目标和情感目标；实地调研体现学生的实践能力，综合考查学生运用所学知识的能力，全方位考查思政的认知、情感和行为目标。作为一门必修课程，城市地理学最终以闭卷考试作为终结性考核方式，考查学生知识的总体掌握水平，并把诚信教育贯穿课程思政教育的全过程中，实现课程思政考核的本位回归，全方位体现思政目标。

表2　本课程的考核方式、内容、相应权重与对应评价的思政目标

| 考核方式 | | 考核内容 | 所属单元 | 占比 | 占比 | 思政目标 | | |
|---|---|---|---|---|---|---|---|---|
| | | | | | | 认知目标 | 情感目标 | 行为目标 |
| 过程性考核 | 出勤 | 学习态度和对课程的兴趣 | 一、二、三、四、五、六、七 | 10% | 50% | | | ✓ |
| | 课堂讨论参与 | 对实际问题的思考、参与程度 | 二、三、五 | 30% | | ✓ | ✓ | |
| | 实地调研 | 知识学习掌握的综合运用 | 一、三、七 | 60% | | ✓ | ✓ | ✓ |
| | 小计 | | | 100% | | | | |
| 终结性考核 | 闭卷考试 | 基础知识学习掌握及综合应用分析能力 | 一、二、三、四、五、六、七 | 50% | 50% | ✓ | ✓ | ✓ |
| 合计 | | | | 100% | | | | |

## 六、教学效果及成果

### （一）学生参与度、满意度不断提高

自课程思政实施以来，可以看到学生参与教学活动的热情饱满，对课程理论知识的认知度和未来职业发展规划有了明显的改观。在课堂讨论中，同学们主动收集资料、分享观点、交流互动，理论联系实际的能力明显提升。在教研室团队与学生的中期座谈时，有学生明确提出课堂讨论的方式大大提高了学生参与的互动性，"对国家城市发展政策的制定和实施有了更深入的思考，对城市理论有了新的思考"。而从城市问题实践调研报告来看（见表3），学生选题方向多样，如老城历史街区的历史文化传承保护问题、社区改造与更新问题、学校周边停车及盲道建设等问题，均涉及北京城市发展乃至联大周边环境规划建设等实际情况，其中还孕育了多个启明星课题，体现了学生关心社区、关心家乡，为城市建设积极建言献策的家国情怀及职业素养。总之，结合课程思政的长效育人机制，从课上课下的师生互动来看，学生的自

我评价、满意度均有显著提升。

**表3　城市问题实践调研题目**

| 年级 | 题目 | 年级 | 题目 |
|------|------|------|------|
| 2018级 | 历史文化街区文化传承与利用：以北京坊为例 | 2019级 | 基于游客感知的鲜鱼口历史文化街区的改造开发的调研 |
| 2018级 | 北京市南锣鼓巷周边公共空间满意度调查 | 2019级 | 北京老房改造问题：居民对待老房改造态度的变化——古城南路东社区 |
| 2018级 | 北土城西路停车问题调研 | 2019级 | 京津冀雾霾天数的空间差异及影响因素分析 |
| 2018级 | 海淀区学院路商场发展情况和问题研究 | 2019级 | 北京老房改造问题：居民对待老房改造态度的变化——古城南路东社区 |
| 2018级 | 回天地区居民日常行为调查 | 2019级 | 后疫情时代牛街店铺净营业额与人流变化 |
| 2018级 | 南锣鼓巷历史文化街区文化传承与利用 | 2019级 | 以亚运村为例城市垃圾分类设施分布调查 |
| 2018级 | 新源西里社区更新问题调研 | 2019级 | 北京社区垃圾回收站位置民意调查 |
| 2018级 | 中轴线的认知情况调研 | 2019级 | 文理学院周边地区盲道的建设、使用、占用情况——以工作日为例 |

## （二）教师对课程思政的认识和理解加深

　　城市地理学课程在教授理论知识与方法的同时，不断融入思政元素、展示思政案例，不仅帮助学生提升家国情怀、职业素养和价值观念，也不断帮助教师完善自己看待世界、思考问题的方式。课程思政的开展不仅给课程注入了新的理念，使课程具有了更强的生命力，同时也使教师对教学有了更深刻的思考，提升了自己的教学理念。结合课程实践调研，教师积极申请2019年"双百行动计划"青年教师社会调研项目，以北京城区不同类型社区的居民公共文化服务满意度为调查对象，重点关注居民的主观感受，确立以居民个体感受作为依据的公共文化服务评价方法，重点评估城市公共文化服务的供给是否能够满足居民需求，并分析不同类型社区的满意度差异，为建设"国家公共文化服务体系示范区"提供借鉴参考。

## 七、教学反思与持续改进

城市地理学课程是一门理论课，涉及许多理论和计算方法。本课程授课时学生所处学期为大二第一学期，此阶段的学生初步形成了自己的大学学习习惯，但注意力难以长期集中在理论学习上。大部分学生学习态度比较认真，有一定的积极性，但学习过程中缺乏主动思考的意识。课程思政实施过程中，仍然存在学生畏难、不主动的现象。但同时，由于城市地理学教材偏老，缺少对国内外最新地理科学研究成果的引进，理论知识教学偏多，原有教学内容滞后，容易与现实脱节，课程信息化建设不足，缺少MOOC等课程教学建设，因此，未来推进课程思政还需持续改进。

### （一）聚焦思政主线，加强顶层设计

围绕"努力培养担当民族复兴大任的时代新人"这一思政目标，探索课程整体设计与规划，深挖思政教学目标和教学内容，建立课程思政教学的长效优化机制，将思想政治教育融入教学活动中，以增强专业认知度和认同感，引导学生树立正确的人生观、价值观。

### （二）深入挖掘地方特色资源

精心设计符合教学内容且有趣的内容，精选具有首都北京特色的案例，重视地方资源的深度挖掘，打造出具有辨识度、特色鲜明、生动有趣的思政案例。只有这样，才能营造具有感染力和亲和力的教学情景，发挥好教学与育人兼具的课程思政功能。

### （三）突出人才培养

全方位、多角度锻炼、培养、强化学生的学习能力和创新能力，提升学生的担当能力，着力服务北京"四个中心"和国家战略需求，突出地理科学服务国家和社会发展的特色，体现城市地理学优质课程建设的战略性和实践性。

## 参考文献

[1] 高德毅，宗爱东. 从思政课程到课程思政：从战略高度构建高校思想政治教育课程体系 [J]. 中国高等教育，2017（1）：43-46.

[2] 金笠铭. 新的规划理念与职业素养的培育 [J]. 规划师，1998（2）：29-30，26.

[3] 李小云，杨宇，刘毅. 中国人地关系的历史演变过程及影响机制 [J]. 地理研究，2018，37（8）：1495-1514.

[4] 赵淑君，郭东恩，宋薇. 基于对分课堂教学模式的软件类课程考核的探索与实践 [J]. 高教学刊，2021（4）：113-116.

作者简介：谌丽（1985—　），女，副教授，博士研究生。研究方向为城市居住环境。

# 城乡规划原理课程
# 思政建设研究与实践*

（北京联合大学　应用文理学院　杜姗姗）

【摘要】课程思政是落实教书育人主体责任、确保实现"三全育人"要求的重要抓手。城乡规划原理课程思政教学改革将深入挖掘专业课程蕴含的思想政治教育资源，融入社会主义核心价值观和中华优秀传统文化等德育元素，从教学目标重设、教学内容重构、创新教学实施方式三个方面阐释了将课程思政理念融入城乡规划原理课程的教学设计，并提出专业课程的课程思政改革应隐性化、坚持专业定位、注重多元融合、发掘运用专业历史和人物的教育作用、建设配合课程思政教材，将思想政治教育"无痕"融入课程教学，实现价值塑造、能力培养、知识传授三位一体的教学目标，有助于培养学生的学习兴趣、职业自豪感和社会责任感。

【关键词】城乡规划原理；课程思政；公共政策；社会责任；价值塑造

## 一、课程简介

课程名称：城乡规划原理

课程类别：必修课

学时学分：48学时3学分

适用专业：人文地理与城乡规划专业

内容简介：城乡规划原理课程主要内容包括城市与城市发展，城市规划

---

　　* 项目来源：北京联合大学2020年度教育教学研究与改革项目立项"'以学为中心'的应用型本科专业核心课程教学改革——以城市规划原理课程为例"（JJ2020Y003）；北京联合大学2020年度校级科研项目立项"地理学课程思政、专业思政、学科思政体系研究"课程思政专项（SK20202001）。

学科的产生和发展，城市规划的工作内容和编制程序，城市的构成与用地规划，城市发展战略，城市总体规划、详细规划，镇、乡、村庄规划等。在城乡规划行业基本能力要求的基础上，城乡规划原理课程侧重于基本概念、基本规律的学习。

学习本课程，可以使学生在系统掌握城市规划的基础理论和知识、规划设计原则和方法的基础上，提高抽象思维能力和逻辑思维能力，培养学生科学分析问题和解决问题的能力，并使学生了解城市规划理论在城市规划中的作用，帮助学生理解城市规划的技术程序与规划方法，为将来制订合理的城市规划、科学地管理城市建设打下扎实的基础，以适应新时期城乡规划专业人才培养的需要。

城乡规划原理课程是人文地理与城乡规划专业各项专业课的基础，是学生后续专业课学习的入门课程。在这门课程中，教师在讲授专业知识的同时，结合课程特点，在各个教学环节中融入社会主义核心价值观的理念，进行系统的课程思政教育，为后续课程和实际工作打下坚实的基础。

## 二、课程思政目标设计

城乡规划原理的课程思政目标是帮助学生树立全面正确的城市观念，引导学生不断提升专业素养，激发学生的责任感、使命感与荣誉感，引领学生树立远大理想信念，不断增强学生的中国道路自信、理论自信、制度自信、文化自信，勇担民族复兴的时代重任。通过本课程的学习，学生能够达到以下课程思政目标。

（1）知识：提升课堂教学水平与效果，激发学生的求知欲，教育学生掌握专业知识。

（2）应用：把知识传授与解决问题、书本知识与实践问题结合起来，使学生掌握分析评价、规划设计两项专业核心应用能力，成为"理论知识高、动手能力强、综合素养好"的优秀人才。

（3）整合：掌握本专业的基础知识和基本技能，在解决实际问题时能够综合考虑社会、健康、安全、法律、文化和环境等因素。

（4）情感：具有较好的人文社会科学素养、较强的社会责任感，能够在实践中理解并遵守城乡规划职业道德和规范，践行社会主义核心价值观；了解与本专业相关的职业和行业的方针、政策和法律、法规。认识到小组学习和合作的重要性，能够参与协作学习，具有团队意识。

（5）价值：挖掘专业课程与社会主义核心价值观的结合点，理解应承担的规划师责任，鼓励学生把爱国精神转化成为国奉献的实践行动。

（6）学习：帮助学生认识自主学习的必要性，培养终身学习的意识；掌握自主学习方法，了解拓展知识和能力的途径；能针对个人自身特点或城乡规划职业发展需求，制订个人学习计划。

## 三、课程思政教学内容设计

### （一）课程思政整体建设方案

城乡规划原理课程的思政元素及特色为"传承传统、科学理性、以人民为中心、服务国家战略"。在"古代城乡规划发展"部分学习传统规划思想和文化内涵，理解传承优秀传统文化才能更好地创新发展。在"城市构成与用地规划"和实践模块的各章节授课中使学生理解并领会城乡规划的"科学理性"，在"认识、尊重、顺应城市发展规律"的基础上，努力提高规划的合理性。在"城乡规划的工作内容和编制程序"章节，理解城市规划的公共政策属性、了解城市规划师的社会责任和职业道德，理解并领会城乡规划的"以人民为中心"原则。课程所有章节都渗透"城乡规划发展服务国家战略"，专业的学习要积极融入国家战略，希望同学们在大学期间能完成基本知识的学习、应用能力的提升乃至高尚人格的培养，以国家战略需求为导向，培养核心能力，为祖国城镇化发展贡献智慧和力量。

### （二）思政元素挖掘及课程内容的合理设置

城乡规划原理课程思政教学改革的核心思想是在专业课程中融入思想教育的内容，使思想教育贯穿教学的整个阶段，使学生树立正确的人生观、价值观，带着崇高的思想和建设祖国的热情投入社会主义祖国的建设中去。育人是教学的首要任务，为了引领正确价值观、发挥专业课程的价值渗透作用，教研团队对原有课程内容进行重构，并对每一章节课程思政重点内容进行整体设计，每一个章节均有机融入了思政内容（如图1所示），凸显正确的城市观念、城市规划的公共政策属性以及城市规划师的社会责任和职业道德。

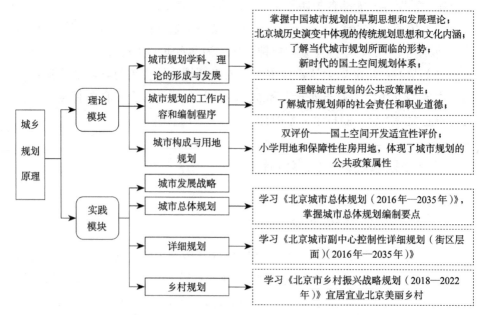

图1　城乡规划原理课程思政整体建设方案

## （三）特色与创新

本课程积极弘扬中华优秀传统文化，激发学生的爱国主义情怀与民族自豪感，城乡规划原理课程的思政元素及特色为"传承传统、科学理性、以人民为中心、服务国家战略"。重视文化传承，延续历史文脉，彰显"古都风韵""历史文化是城市的灵魂"。创新点在于专业知识结合北京实际，在北京大地上设计美丽城乡，凸显"首都风范，时代风貌"。

## 四、课程思政教学策略设计

城乡规划原理课程以面授为主，在授课中间穿插北京规划展览馆考察、规划案例分析、课堂讨论，课程思政内容具体教学实施方式见表1，可以在讲解相关背景知识、案例或播放视频后，增加课堂讨论环节，学生分组讨论后分享感悟。

表1　城乡规划原理课程授课方式、思政元素有机融入课程教学的
方式方法及其可达成的效果

| 学与教的方法 | 学与教的手段 | 课程思政融入方式 | 课程思政融入课堂教学预期效果 |
| --- | --- | --- | --- |
| 1.课堂讲授法 | 多媒体、PPT | 掌握城乡规划的理论与方法，讲解城市规划师的社会责任感，讲解城乡规划专业相关的职业和行业的方针、政策和法律、法规 | 激发学生的求知欲，教育学生扎实掌握专业知识。能够在城乡规划实践中理解并遵守城乡规划职业道德和规范，践行社会主义价值观；了解与本专业相关的职业和行业的方针、政策和法律、法规 |
| 2.体验教学法 | 北京规划展览馆考察 | 通过考察北京规划展览馆，帮助学生理解北京城乡规划 | 通过参观北京规划展览馆、案例分析、规划案例讨论等方式，帮助学生掌握城市发展战略、城市总体规划、村庄规划、详细规划的原理和规划制定要点，学习这些规划案例帮助同学了解家乡、服务家乡、建设家乡 |
| 3.案例分析法 | 讨论案例的规划解决对策是否妥当 | 讲解分析《北京城市总体规划（2016年—2035年）》《北京城市副中心控制性详细规划（街区层面）（2016年—2035年）》《北京市乡村振兴战略规划（2018—2022年）》等具体案例 | |
| 4.讨论法 | 自主学习法、分组讨论 | 在城市战略规划和城市总体规划章节开展课堂讨论，培养思维表达能力，激发学习兴趣，促进学生主动学习 | |
| 5.项目教学法 | 分组讨论共同完成实际应用项目 | 掌握制定城市发展战略的要点 | 能够参与协作学习，具有团队意识 |

## 五、课程思政目标考核设计

课程思政的目标是立德树人，但其效果也是可以考核的，通过对其效果的评估、反馈，可以促使教师改进课程思政内容或授课方式，从而形成更好的育人效果。城乡规划原理课程围绕课程思政教学目标和课程教学内容，提出一套可科学、全面地评价学生课程思政学习成效的考核体系来适时掌握学生的学习成效。城乡规划原理课程思政考核体系采用多元化考核方式，包括

过程考核、理论知识考核、实践能力考核和创新能力考核四部分，将考核贯穿于课程的整个学习过程中；尊重学生志趣、激发学生自信，可有效促进学生对课程知识的建构，激发学生学习的积极性、主动性，同时注重学生创新意识与工程实践能力的培养和评价。

在城乡规划原理课程中，考核方式由过程性考核和期末考核两方面构成，各占总成绩的50%，其中过程性考核包括考勤、规划案例课堂讨论、期中学习心得交流及开放式作业（城乡规划社会综合实践调查）四部分，分别占总成绩的2.5%、10%、2.5%、35%；期末考核以闭卷考试进行，课程思政考核内容见表2。

表2　城乡规划原理课程的考核方式、课程思政考核内容及相应权重

| 考核阶段 | 考核方式 | 课程思政考核内容 | 占总成绩比例 | 课程思政目标 | | | | | |
|---|---|---|---|---|---|---|---|---|---|
| | | | | 知识 | 应用 | 整合 | 情感 | 价值 | 学习 |
| 过程性考核 | 考勤 | 严于律己的学习态度和对课程的兴趣 | 2.5% | | | | ✓ | | ✓ |
| | 规划案例课堂讨论 | 在城市战略规划和城市总体规划章节开展案例课堂讨论，培养思维表达能力，激发学习兴趣，促进学生理解城市规划师的社会责任和职业道德，理解领会城乡规划的"以人民为中心" | 10% | | ✓ | ✓ | ✓ | | |
| | 期中学习心得交流 | 从知识、视野、思维、能力和价值观等各方面了解同学们对课程思政的接受效果，即第一次成效反馈 | 2.5% | ✓ | | | ✓ | ✓ | ✓ |
| | 开放式作业——城乡规划社会综合实践调查 | 应用专业知识解决实际问题能力、实地调研和相关文献检索能力 | 35% | | ✓ | ✓ | | ✓ | |
| 期末考核 | 闭卷考试 | 将专业知识目标和课程思政目标有机结合，全面考核城乡规划原理基础知识掌握程度及规划案例的综合应用分析能力 | 50% | ✓ | ✓ | ✓ | ✓ | ✓ | ✓ |

## 六、教学效果及成果

### （一）教学效果与学生反馈

2019—2020（2）城乡规划原理课程学生教学评价为"优"。

### （二）系统思考、深入探索"课程思政"教学规律，发表教研论文，增强知识传授与价值引领的有机融合

（1）杜姗姗，张景秋，等．基于OBE理念的课程教学改革实践探索：以《城市规划原理》课程为例［C］//高等学校学科专业一体化建设探索与实践．北京：知识产权出版社，2018：72-83.

（2）杜姗姗．城市规划原理的"课程思政"教学设计［C］//地理学本科专业教育教学改革探索之路．北京：知识产权出版社，2018：65-76.

（3）张景秋，杜姗姗．专业"+文化"的整体设计：以国家级特色专业建设点"人文地理与城乡规划专业"为例［C］//"+文化"视角下的教育教学改革新探索．北京：知识产权出版社，2018：62-68.

### （三）指导学生作业参加竞赛

（1）学生课程作品获得2018年"新蚁族杯"第四届中国高校地理科学展示大赛人文地理组的北方组一等奖、全国总决赛二等奖。

（2）学生作品获得2019年北京联合大学首届"致用杯"大学生创新创业大赛特等奖；第十届"挑战杯"首都大学生课外学术科技作品竞赛三等奖；2020年北京联合大学第二届"致用杯"大学生创新创业大赛二等奖。

（3）课程作业参加2018年应用文理学院第二届校园景观设计大赛，获得特等奖。

### （四）指导学生作业发表学术论文

指导学生学会从日常生活中观察城市、发现规划课题，设计成为规划调研题目，"调查—分析"的思路帮助学生学会结合日常生活，应用城市规划原理解决城市发展中存在的问题。在课程作业"让城市呼吸起来"基础上，修改论文后发表在核心期刊上。

## （五）课程成果在《地理学本科专业教育教学改革探索之路》一书中集中展示

### 城市规划原理[1]

《城市规划原理》是人文地理与城乡规划专业的必修课程，是城市规划理论联系实践重要的教学环节，通过该课程的学习实现价值塑造、能力培养、知识传授三位一体的教学目标。自从2000年开设《城市总体规划》课程，历经多轮课程内容的改革与实践。

（1）产学研合作提升规划能力教学改革——村庄规划

北京联合大学与中国城市规划设计研究院城市与乡村规划设计研究所进行课程校企共建、深度产学研合作教学改革，根据校企合作项目《湖南省岳阳县城乡统筹示范区总体规划》中的规划资料和地形图，将用地规模和设计难易程度适宜的岳阳县畔湖村村庄规划设计作为城市规划原理课程大作业，本次展示资源环境与城乡规划管理专业2012级、人文地理与城乡规划专业2013级和2014级的部分优秀学生作品。

（2）提升创新应用能力教学改革——规划课题研究

为调动学生观察城市现象、归纳城市问题、研究城市发展规律，《城市规划原理》课程持续进行提升创新应用能力的教学改革，按照"自拟选题—师生讨论确定选题—撰写立项书—开展研究—制作成果—成果汇报"流程开展小组课程作业，本次展示人文地理与城乡规划专业2015级和2016级的部分优秀学生作品。

[1] 北京联合大学2018年度教育教学研究与改革委托项目；《城乡规划原理》课程思政建设研究与实践（JJ20182015）的阶段性成果；北京联合大学应用文理学院2018年度教育教学改革项目："城市规划原理"的阶段性成果。

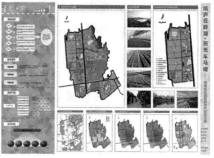

**图2** 《地理学本科专业教育教学改革探索之路》中展示的课程作业成果

## （六）签订多家校外实习基地

与中国城市规划设计研究院村镇规划研究所等多家规划机构签订校外实习基地合同，并安排部分学生参加规划项目实习，实践城市规划原理知识。

## 七、教学反思与持续改进

经过几轮的课程思政教学改革实践，将知识的传授和价值的引领两者之间进行有机结合，在弘扬工匠精神、传输社会主义核心价值观方面取得一定效果。针对该门课程的教学，本人结合自己多年的教学经验，从以下几个方面进行阐述。

## （一）专业课的课程思政应隐性化，注重润物无声

专业课程的课程思政，并不是将专业课程思政化，也不是为了思政而思政，在专业内容中强行加入思政内容，更不是专业知识讲授完毕后，最后进行思政上的引申，而是全域、全息化地融入思想教育的理念、目的、手段、技巧，应该是"润思政"而细无声。实现学科育人和课程育人水乳交融，自然融合，激发学生的爱国情怀、责任和担当意识。

## （二）坚守专业定位，注重学科视野

专业课程的课程思政，需要梳理和深入挖掘专业知识的思政意义、价值、伦理等，使学生学会利用专业知识解决和专业相关的问题，从而达成思政教育目标，也就是经过学习和训练全面提高学生修养，但这背后却需要专业课程教师长期积累专业知识、涉猎大量的历史文化知识和精心备课。

## （三）注重多元融合，注重学科文化育人

城市规划原理课程是人文地理与城乡规划专业理科专业的必修课程，因此授课应该和工科院校有所区别，要传授相关理论知识体系，也要传授城市规划学科的技术规范，还应结合学科文化特点，因势利导，积极"+文化"、体现"北京味道"，在理科课程学习过程中巧妙融入思想政治教育元素和目的，有效挖掘课程综合内涵。

## （四）崇尚科学精神，发掘运用专业历史和人物教育作用

每一门学科都是知识的累积和传承，也是无数科学家实践成果的理论探索过程、伟大人格的集中反映。从课程思政的角度上讲，教师需要挖掘学科史、人物史的丰厚教育资源，尤其是科学家的事迹风采，用他们探索科学的过程、追求真理的历程，来引导学生、教育学生，让科学家、学者、大师的科学人生丰富学生的青春岁月。这显然就是课程思政的重要意义所在。

## （五）建设配合课程思政的教材

作为城乡规划专业的一门内容涵盖面广、理论与实践并重的专业核心课程，紧密围绕应用型本科的人才培养定位和城乡规划行业发展形势，不断进行城市规划原理课程教学改革，未来还要建设配合"课程思政"的教材，编

写体现价值引领，兼具思想性、时代性、科学性的教材。

## 参考文献

[1]陈丽．基于课程思政的城市规划原理课程改革探讨[J]．盐城师范学院学报：人文社会科学版，2019，180（6）：118-121．

[2]丁琼，朱春燕，何序君．"新常态"下规划师的角色重塑[J]．规划师，2015，31（S2）：16-19．

[3]段险峰．城市规划的作用与规划师的作为[J]．城市规划，2004，28（1）：31-33．

[4]王梓茜，程宸，杨袁慧，等．基于多元数据分析的城市通风廊道规划策略研究：以北京副中心为例[J]．城市发展研究，2018（1）：87-96．

作者简介：杜姗姗（1978—　），女，副教授，博士。研究方向为城乡规划、休闲农业与乡村旅游。

# 地图学课程
# 思政建设研究与实践

（北京联合大学　应用文理学院　黄建毅）

**【摘要】** 长期以来，高校思想政治教育工作一直依赖于单一的思政课程教学来解决问题，这已经无法满足新时期人才培养的新要求，从思政课程到课程思政的变革已经成为必然趋势。然而不同课程具有不同的特色，也具有不同的课程思政资源，本文以地图学课程为例，进行地图学课程思政建设的探索研究。地图学课程蕴含着丰富的"历史、政治、军事、经济和文化等"内涵，按照"知识传授与价值引领合二为一"的课程目标，强化地图政治，提升国家主权意识，在知识讲授过程中融入思政元素，带着学生从地图学中领略中国智慧，激发其民族自豪感。

**【关键词】** 课程思政；地图学；中国智慧；价值引领；课程目标

## 一、课程简介

课程名称：地图学

课程类别：专业必修

学时学分：48学时3学分

适用专业：人文地理与城乡规划专业、地理信息科学

内容简介：地图学课程是人文地理与城乡规划专业的专业必修课。地图学是研究地图的理论、编制技术与应用方法的科学。地图学的任务是系统传授先进、实用的地图学知识与技能。通过这门课的学习，使学生熟练掌握地图学理论知识，培养学生地理现象抽象、空间认知与思维、地图表达的能力，为后续专业课程的学习打下坚实的基础。地图是地理学的"第二语言"，作

为地理学独有的信息综合载体和教学工具，在地理学科体系中占有重要地位。地图学是用"数学—形象—符号模型"再现客观实体，反映和研究自然与社会经济现象空间分布、组合和相互联系及其变化的科学。从学科研究内容来看，地图学既有从现实到模型抽象思维构建的科学计量问题，同时作为现实客观世界到人们主观成果的展示也带有明显的人文化倾向。

## 二、课程思政目标设计

"思政课程"是思想政治理论教育的课程组合，在"课程思政"视域下，地图学课程的育人目标应以教师为先行者，以引领学生的三观、提升学生的综合素质与能力为目的；以培养具备专业素养、可以担当起民族复兴大任的青年一代为使命；在以掌握相应的地图学知识、能够科学地识图用图为知识目标的基础上，自觉贯彻党和国家的教育方针，将正确的人生观、世界观和价值观渗透到教学全过程，促进学生全面健康成长。结合地图学学科特色，本门课程主要提出了以下课程思政目标。

### （一）厚植爱国主义情怀

通过学习地图学悠久的发展历史，了解我国对世界地图学发展的巨大贡献，另外结合地图行业的发展及普通地图的制作，通过中国沿海、沿江及开放城市的分布图，揭示改革开放四十多年的变迁，激发学生对祖国大好河山的热爱和民族自豪感。让新时代爱国主义精神在学生心中牢牢扎根，教育引导学生热爱和拥护中国共产党，听党话、跟党走。

### （二）强化地图政治素养的养成

地图作为日常生活中的不可或缺的工具，已经融入我们生活中的方方面面。然而在享受到地图给我们带来便利的同时，学生们往往忽视了地图自身特有的政治属性内涵，教师应结合地图学相关内容的讲授，强化学生的地图政治意识，提升学生维护国家领土完整的自觉性和主动性。

### （三）落实国防安全教育

首先提高学生地图使用的法治素养，通过学习数字、电子地图的保密制度，强化学生的法律意识。另外通过举例讲解地图相关非法测绘情况，明确地图制作使用人员应该遵守的道德准则和职业行为规范，落实学生的国防安全教育。

## 三、课程思政教学内容设计

### （一）思想政治教育的融入点

情感培养：领略中国智慧，激发民族自豪感。地图学作为一门古老的科学，是一门与科学技术紧密融合的科学，是人类文明史上的伟大创举，随着科学技术的发展，地图学经久不衰。回顾漫长的地图学发展史，每一步的发展都闪耀着人类智慧的火花。我国在世界地图学发展史上占有重要地位，无论是裴秀等人对科学制图理论的总结，及"计里画方""对景写意/写实"和"过洋牵星图"等中国传统特色制图方法的创新，还是现代以来我国独立自主研发的北斗全球定位系统（BDS）的成功发射和运行，都对地图学的发展作出重要贡献，展示了中华民族的聪明智慧。教师梳理和展示相关资源，使学生充分领略地图学课程内容中所蕴含的中国智慧，激发学生的民族自豪感，进而转化为专业课程学习的动力。

价值输出：强化地图政治意识，提升国家主权意识。从学科特点来看，地图学是一门研究如何科学、有效、规范制图的技术性学科。地图作为地理信息的抽象概括表达的产物，受限于政治文化因素的影响，制图者在制图时可以巧妙地借助最终的地图成果来宣传自己的政治见解和文化认同，这是地图学课程思政重点关注的内容。日常生活中，地图是国家版图的主要表现形式。从科学规范制图专业内容来讲，正确的国家版图，是国家主权和领土完整的象征，体现国家的政治主张，具有严肃的政治性、严密的科学性和严格的法定性。表示国家版图的地图一旦出现错误，将严重损害国家主权、安全和海洋权益。另外回顾历史，地图在国家管理和维护国家利益上，发挥了重大作用，实际上我们国家与周边国家的边界谈判，落在纸上成为法律依据的，最核心的就是地图。因而在地图学课程中，要尤其注重学生地图政治素养的培养，借助地图表现形式，提升学生的国家领土主权意识。

知识应用：着眼生活联系，落实国防安全教育。随着科学技术的发展，地图学发展进入新的阶段，新的制图技术和地图产品已全面融入信息时代的各个角落，悄然改变着我们的生活理念和生活方式，彰显着它与人类活动日益密切的联系。然而人们在享受地图给我们带来便利生活的同时，却忽视了地图本身也与国家安全有着密切联系，尤其是随着互联网技术的飞速发展及GPS定位技术的广泛应用，一旦网站地图上登载涉密或敏感内容等问题，或者地图相关测绘成果泄密及发生非法测绘事件，都会危害我国国防安全。结合地图相关服务的规范使用，提高学生自觉维护国家安全的意识，落实国防安全教育工作，是地图学课程思政的一项紧迫的任务。

## （二）课程思政内容的组织安排

教师结合近年来的教学相关实践，尝试将传统的制图成就、典型人物、最新的制图技术等融入教学内容中去（表1），挖掘榜样力量，剖析国际时政，深入促进学生树立新时代的人生观、价值观和世界观，以期将思政要素与专业内容完美结合，实现"知识传授与价值引领合二为一"的课程目标，达到课程思政目的。

**表1　地图学课程核心知识模块及其课程思政内容的融入**

| 知识模块 | 主要内容 | 课程思政内容的融入点 |
|---|---|---|
| 地图基本知识 | 地图的基本特性、定义、功能与分类；地图学发展史及其与相关学科的关系 | 自古以来地图的政治属性，我国古代地图发展的相关成就 |
| 地图的数学基础 | 地球体的认知、空间参考系、地图投影、坐标系、比例尺 | 地球科学测量的发展史，1980年我国西安大地坐标系的国防安全意义 |
| 地图数据源 | 地图数据的主要来源及其分类；地图数据加工处理方法 | 北斗卫星全球组网成功，早期地图数字化工作的回顾，地形图的保密使用 |
| 地图符号化与地图的表示方法 | 地图符号的设计，地图基本表达类型及其属性特征的表达，专题要素的表示方法 | 结合国界线的设计，探讨地图符号设计的规范性问题及其内在的政治意义 |
| 地图编辑与制作 | 地图设计的一般原则及其基本流程；数字地图的编绘 | 结合我国横版和竖板行政地图的设计，强调地图排版布局的科学性和权威性 |
| 地图分析与应用 | 传统地图分析的途径和方法；数字地图的分析与应用；电子地图的应用 | 地图的正确科学表达，自觉抵制"问题地图"的传播和应用 |

## 四、课程思政教学策略设计

### （一）深挖课程历史资源

地图是很古老的学问，在埃及和巴比伦有保存至今约5500年的地图，在中国也有保存至今的2200年的地图，而科学制图的历史也有将近1600年。地图学的发展历史悠久且厚重。以我国为例，就涌现出了一系列重要地图作品和制图学者，向人们展示了丰富的人类活动与环境变化的各种记忆痕迹，如国家与地区演变，世界政治、经济、军事、人文演变等，成为人们了解或研究历史变迁的重要资料。例如，《马王堆西汉帛地图》是现代国际上权威地图学史的经典插图，而晋代杰出的地图学家裴秀总结了前人和自己的经验，提出了举世闻名的"制图六体"，系统总结概括了我国古代地图制图准则，加上"计里画方"的地图投影技术，不仅构建了我国古代传统地图学的数学基础与制图原理，同时也对世界地图制图技术产生了极其深远的影响。中国是世界上最早出现地图的国家之一，丰富的制图史资源为开展思政教育提供了大量生动的素材。

### （二）守好地图政治立场

地图学是以地理信息可视化为核心，探讨地图的理论实质、制作技术和使用方法的综合性科学，但作为地图学重要的成果载体——地图，却有着与生俱来的政治属性。地图自产生之初，便被统治者视为领土和王权的象征，其政治功能由此而生。进入近现代社会以来，地图更是成为展示国家领土主权、传递国家外交立场和政策的重要工具，邻国之间的领土分界谈判常以当时的地图为主要依据。因此，地图学除了传统的科学性和技术性特色之外，也兼具鲜明的政治属性特色，并且相关制图技术也服务于地图的政治属性。以地图投影为例，历史上的海权时代，欧洲把它的统治扩张到全世界，主流的世界地图采用墨卡托投影，并把欧洲作为世界的中心，所以墨卡托投影有时被认为是典型的欧洲人的投影。而"二战"期间，随着美国战略地位的上升，以斯皮克曼为代表的许多美国政治地理学家开始将原来传统上墨卡托投影的中央经线（英国格林尼治经线0°）移至西经90°，采用米勒投影将美洲大陆展现在世界地图的中间，其用意不言而喻。在世界政治环境风云变化的今天，鉴于地图所具有的内在政治分析价值，地图学已成为开展课程思政教育的前沿阵地。

### （三）用好地图工具

人类在信息传播方面有三项重大发明，即语言、音乐和地图。地图作为一门科学语言，能跨越自然语言和文化而被广泛接受，尤其在科学的地图制图技术支持下，地图具备了表达地理世界的空间结构和空间关系的本质功能。与线性的文字表达方式相比，地图作为一种直观的文化工具，具有无法比拟的信息表达优势和价值。例如，最新竖版《中华人民共和国地图》将中国南海诸岛按照国土面积，与中国大陆同比例尺表现，南海诸岛之岛屿、礁盘等地理信息有了详细标示，不会再被人为地分割成"中国大陆雄鸡形"和"南海诸岛附方框"两个局部，导致国家领土有"主次"之分的错觉，尤其是将"九段线"清晰标志在全图上，使人强烈感受到南海海域与大陆不可分割，南海诸岛离大陆并不遥远，从直观上就起到强化国民版图意识和海洋意识教育的目的。同济大学"中国道路·名师讲坛"课程思政系列讲座中，汪品先院士以一幅中国地图为例，"中国的海岸线如一张弓，长江是一枚箭，上海则是正待射向浩森西太平洋海域的箭头"，直观清晰地向学生展示出上海在中国走向深海、建设海洋强国征程中发挥着不可或缺的重要作用。"溯往知今，以图为鉴；眼见为实，有图为证"，直观的信息传递和表达，使地图成为地图学开展课程思政的有效工具。

### （四）着眼生活联系

目前，地图这一人类认知世界的传统而又古老的工具，已经渗透到人类生活的方方面面，并发挥着不可替代的重要作用，地图被誉为人类改变世界的十大地理学思想之一，是表达复杂现实世界最伟大的创新思维。正如有人所说，"一个时代和一种文化没有任何形式的地图是难以想象的"。从专业课程设置来看，地图学这门课程在地球科学相关专业开设，但是越来越引起社会科学、环境科学、空间科学的兴趣。例如，国际关系、经济贸易、海洋经济管辖区的划分、远洋渔业、旅游的开发及城市交通管理等与人类生存空间有关的国内外热点问题，国家区域开发战略的制定，人口、资源与环境问题的调控，以及国防安全的保障，都要借助于地图进行科学地分析和研究。地图随时随地都出现在我们的生产、生活与交往之中，今天地图已经成为人们工作、学习、生活不可缺少的科学工具。广泛的社会联系，使地图学不仅成为素质教育中不可缺少的重要内容，也成为课程思政教育的重要平台。

## 五、课程思政目标考核设计

### （一）结合课程思政主要方向，多途径融入课程思政考核目标

课程思政内容的讲授不能通过简单机械地叠加融入教学环节，但可结合专业课程内容，设置不同的教学组织方式，如小组讨论、反转教学、案例研讨等，通过师生互动的方式，实现专业课程中的思政教育内容的传达。例如，安排学生搜集整理课程中涉及的最新研究成果，并进行专题汇报，如地图数据源中的全球定位技术、我国最新的北斗卫星全球组网成功，通过相关资料的亲自搜集和整理，使学生更为直接地感受到国家的发展和强大，激发学生的民族自信和民族自豪感；另外也通过中国行政版图底图设计的上机操作，进一步增强学生的国家领土主权意识。在传授课程专业知识的同时，有意识地引导学生感知和发现专业知识背后的思政教育内容，把社会主义核心价值观的内涵融入课内课外的教育教学活动中，使学生的思想情操在各式各样的教育教学活动中得到熏陶，能力得到提升。

### （二）强化课程思政考核标准，注重学生道德素质的平时养成

从地图学专业知识和技能教学到凸显课程思政教育，在课程评价标准上，思政标准和课程标准要两手抓、两手都要硬。因此我们尝试建立和完善以社会主义核心价值观为主导的课程评价体系，把课程学习中各环节的学生德育水平考核凸显于评价体系中，做到学术、道德和关注社会的统一。在传统的"课堂表现+课程测试+课程讨论及论文"三位一体的课程教学模式基础上，强化各环节中思政教育的考核权重，如对于学生替课和班干部协同欺骗，以及作业抄袭等行为，要严肃处理，以示惩戒。除了考核学生课程知识掌握程度之外，更加注重学生道德素质的养成，强化学生诚信、协作、奉献精神的培养和考核，使学生逐渐养成良好的学习习惯和道德素养。

## 六、教学效果及成果

（1）发表教改论文3篇，分别为《地图学课程思政建设研究与实践——以地图投影为例》《从地图制图规范性培养学生国家领土主权意识》《美学思维下"地图学"课程改革探索研究——以地图投影内容为例》。

（2）完成校级课程思政教育改革项目重点项目"地图学课程思政建设研究与实践"。

（3）地图学课程获批2019年度学院核心课程建设。

（4）在对学生开展地理空间思维专业教学的过程中，以地图的政治属性特征为核心，充分挖掘课程在制图历史、政治表达、信息传递和社会应用等方面的优势资源，学生的国家主权意识、民族自豪感大大提升，并落实国防安全教育，学生评教成绩显著提升，教师工作得到学生认可。

## 七、教学反思与持续改进

专业课的课程思政工作在学生德育中具有隐含性和渗透性，因此专业课程教学的育人导向，应发挥专业课程本身的特色，提炼爱国情怀、法治意识、社会责任、文化自信、人文精神等要素，转化成核心价值观教育具体而生动的载体，使专业课上出"思政味"，学生在接受相关专业知识的同时，思想上也得到了启迪和提高。专业课程思政工作是一项系统的全面育人工作，总体来说，地图学课程思政需要从以下几方面改进：首先，育人者先育己，专业教师是课程思政教育的第一责任人，教师自身道德修养的高低对学生会有直接影响。虽然经过多年的教学实践，课程思政融入意识由被动变为主动，但融入的层次亟须深化提升；其次，不仅需要任课教师在吃透教材、熟练掌握教材基本理论和基本知识的基础上，认真挖掘教材中蕴含的世界观和科学方法论，更需要引入和学习最新学科发展前沿动态，将其与课程思政有机融合，增加课程思政资源的现实性；最后，在课程思政考核方面，要结合学生特点进行思政教育的考核，强化地图学实践操作过程中的课程思政教育目的。

## 参考文献

[1] 毛赞猷，周良，周占鳌，等. 新编地图学教程 [M]. 2版. 北京：高等教育出版社，2008.

[2] 梁启章，齐清文，姜莉莉，等. 中国古地图遗产与文化价值 [J]. 地理学报，2016，71（10）：1833-1848.

[3] 何光强，宋秀琚. 地图投影与全球地缘政治分析：一种空间认知的视角 [J]. 人文地理，2014，29（2）：113-122.

[4] 石书臣. 正确把握"课程思政"与思政课程的关系 [J]. 思想理论教育，2018（11）：57-61.

作者简介：黄建毅（1984—  ），男，副教授，博士。研究方向：城市可持续发展。

# 第二部分　新闻学专业

# 新闻学专业
# 思政建设研究与实践

（北京联合大学　应用文理学院　杜剑峰）

**【摘要】**新闻学专业思政建设以习近平新时代中国特色社会主义思想为指导，以立德树人为目标，以社会语境为面向，以目标定位为导向，以行业需求为依据，以课程建设、队伍建设、教材建设、平台建设等为条件，以质量监控为保障，以优势创新为特色，充分发挥高校价值引领、知识传授、能力培养的作用，培养能担当中华民族伟大复兴重任的建设者和接班人。通过思想教育、素质教育、通识教育、专业教育和专业实践等环节，发挥360度思政教育的合力作用，校媒融合构建全方位立体育人格局。把立德树人内化到专业建设和教学管理各领域、各方面、各环节，做到以树人为核心，以立德为根本。在人才培养目标设计和体系设计各个环节强化价值引领，扎实开展专业思政建设研究与实践，形成固化成果。

**【关键词】**专业思政；价值引领；目标设计；体系设计；实践探索

## 一、专业简介

北京联合大学（简称联大）新闻学专业的历史与中国改革开放40多年的历史同向而行。40多年前，联大应运而生；联大新闻学专业，诞生在北京西城区那条浓荫匝地的丰盛胡同里。联大新闻学专业创办于1978年中国人民大学分校时期，迄今已积累40余年的办学经验，形成了自己的办学特色和专业优势，是北京市属高校中最早建立新闻学专业的院校，同时也是全国高等院校中最早创办新闻学专业的高校之一。自创办以来，联大顺应首都北京传媒行业的迅猛发展，依托自身的专业优势，形成自身的办学特色，曾将新闻学专业调整为汉语言文学专业（新闻传播）方向，2000年恢复新闻学专业本科招生，2002年新增新闻学（影视传播）专业和新闻学（体育新闻）专业，2011年按照市教委的要求新增新闻学（专升本）专业，2019年新闻与传播硕士专业学位点开始招生，迄今为社会输送了8000余名毕业生，广泛地分布在北京地区报刊、出版、电视、广播、网络新媒体等相关传媒领域中，成为北京区域报道、媒介沟通、社会人文建设和文化传播的重要力量。同时也诞生了一批联大新闻学专业的知名校友，曾出版《北京联大走出的传媒人》一书，从中可见一斑。近几年随着外地生源的逐步扩充，已然由"桃李遍京城"扩展为"桃李满天下"。

新闻学专业目前拥有一个北京市数字动漫艺术与文化传播创新团队（市级），一个全媒体新闻传播应用人才培养创新团队（校级）；新闻学专业是北京市级一流本科专业建设点、校级骨干专业和优势专业；新闻学专业拥有30余家校外人才培养基地和就业实习基地。新闻学本科专业目前设有融媒传播和影视传播两个方向；新闻与传播硕士专业学位点设有城市文化采集与微传播、城市影像创意与制作和城市形象策划与塑造三个方向。

## 二、专业人才培养目标设计

新闻学专业遵循"价值引领、校媒融合、文化支撑、以本为本"的建设思路，立足京华大地，紧扣北京全国文化中心建设的需求，建设具有服务北京、首都示范和国际视野的新闻学一流专业。培养服务北京全国文化中心建设、适应媒介融合转型需要，具有马克思主义新闻观、高度的社会责任感、正确的舆论导向、敏锐的社会洞察力、深厚的文化底蕴、熟练的融媒体技能、较强的创新意识、家国情怀、国际视野和新闻理想的新时代全媒型高素质、复合应用型新闻传播和文化传播人才。毕业生能够胜任融媒体和企事业单位的新闻内容生产、媒介运营管理和文化传播工作。

新闻学专业毕业生具有如下目标预期：第一，运用马克思主义新闻思想统摄新闻传播实践的能力；第二，把握智媒时代新闻传播技术与人文内涵关系的能力；第三，运用新闻传播知识和传播技能解决传媒实务的能力；第四，协调不同媒介平台资源从事跨媒介经营管理的能力；第五，具备自主学习、调查研究及批判思维创新思维的能力；第六，具有在北京文化传媒领域传播北京城市文化的能力。

　　新闻学专业思政建设以习近平新时代中国特色社会主义思想为指导，以立德树人为目标，以社会语境为面向，以目标定位为导向，以行业需求为依据，以课程建设、队伍建设、教材建设、平台建设等为条件，以质量监控为保障，以优势创新为特色，充分发挥高校价值引领、知识传授、能力培养的作用，培养能担当中华民族伟大复兴重任的建设者和接班人。通过思想教育、素质教育、通识教育、专业教育和专业实践等环节，发挥360度思政教育的合力作用，构建全方位立体育人格局。把立德树人内化到专业建设和教学管理各领域、各方面、各环节，做到以树人为核心，以立德为根本。把课程思政明确纳入培养方案和教学大纲，挖掘思政元素，设计经典案例，建设品牌课程，形成教师风格，树立教师榜样，在通识课程、专业课程、专业实践各个环节全面落实，形成固化成果。新闻学专业思政总体特色概括为：揭示事实真相，传播主流价值。

## 三、人才培养模式/体系设计

### （一）以"立德树人"为理念，强化价值引领

　　立德树人，既是一个永恒的主题，也是一个时代的主题。知识传授与价值引领是育人的基本实现形式，也是学校最具效能的实现形式。新闻传播教育不能忽视人文价值观的培养，在教育教学中，既要注重在价值传播中凝聚知识底蕴，又要注重在知识传播中的价值引领，实现显性教育与隐性教育的融合，从而使学生的通专能力和文化自信大幅提升。新闻传播教育坚定地贯彻价值引领与统摄作用，强化马克思主义新闻观，强调新闻内容生产的正面引导和正能量的传递，强调新闻传播人才的政治素养和思想道德，将人文思想与科技精神有机融合，形成"课程门门有思政，教师人人讲育人"的生动局面。把握对学生的价值引领、知识应用、能力培养的主线，将思想政治教育、创新创业教育融入人才培养全过程，打造德智体美劳全面发展的高素质复合应用型人才培养体系。

### （二）以学科特质为优势，挖掘思想教育资源

　　课程思政体系的整体架构，离不开专业课程的设计创新。立足学科的特殊视野、理论和方法，创新专业课程话语体系，实现专业授课中知识的传授

与价值引导的有机统一，突出学院"+文化"的学科专业特色，达到"以文化人、以文育人"的隐性课程思政目的，凝练专业课程中蕴含的文化基因和价值范式，将其转化为思政元素具体化、生动化的有效教学载体，在"润物细无声"的知识学习中融入做人做事的道理、社会主义核心价值观与实现民族复兴的理想和责任等理想信念层面的精神指引。真正做到习近平总书记所要求的"守好一段渠、种好责任田""与思想政治理论课同向同行，形成协同效应"。

本专业有雄厚的学科支撑，拥有新闻与传播学科硕士点，团队科研和教研成果显著增强。新闻传播学科专业聚焦北京城市文化传播，产出了骄人的科研成果。连续3年每年获批国家社科基金一般项目1项，近3年获得省部级以上项目10余项，横向课题20余项。出版著作7部、出版《新闻与传播课程思政论文集》《新闻传播专业思政理论与实践》等3部教研论文集，荣获校级教学成果奖3项。

### （三）以校媒融合为模式，构建立体育人格局

校媒协同创新是目前各高校正在形成的新闻传播人才培养新模式，包括学校教师和媒体骨干的互聘挂职、双导师制，以及编辑、记者进校园和学生赴媒体实习、见习等多个层次，旨在让学生在新闻传播一线获得实践能力和创新能力。落实校媒合作"三个一工程"：第一，邀请传媒一线记者走进联大课堂；第二，面对新媒体的发展，需要共同转变观念和不断学习，需要全社会发展"双师""双能"型教师；第三，围绕效应效果研究，媒体专家和高校教师优势互补，展开更深层次的合作，让学生受益，让双方共赢，提升服务北京、服务市民的能力。

完善学科体系、课程体系、教材体系等，而贯通其中的是思想政治工作体系。加强党的领导和党的建设，充分发挥支部的冲锋作用和堡垒作用，是培养高水平人才的重要内容和重要支撑。校媒融合联合培养新闻传播应用人才，在培养的过程中从培养方案的制订、学生专业的认知、课程体系的重构、教学内容的开发、实践教学的实施、教学平台的搭建等方面，业界骨干全方位参与人才培养体系的构建。建设马克思主义新闻思想等专业核心课程，编写新闻学原理等特色教材，搭建校内校外实践教学平台，形成思政教育的合力，实现显性教育与隐性教育的融合。

### （四）以学院特色为依托，拓展思想教育内涵

在落实课程思政、专业思政，推进三全育人等项工作中，各个学院八仙过海各显神通，各院有各院的高招儿和绝活儿。随着我们国家文化复兴助推民族复兴方针的确立，以文化支撑国家民族强盛的思想的引领，一系列文化建设的理论与实践课题摆在我们面前。应用文理学院基于国家文化的发展战略、北京区域的功能地位、联大双型大学的建设需要以及学院人文社科见长的学科优势，提出在课程思政的建设中，以"+文化"作为抓手、载体，将中国特色社会主义文化，即中华优秀传统文化、革命文化和社会主义先进文化以及北京文化，具体从学科+文化、专业+文化、课程+文化等几个维度、几个层面展开、落实，形成浓郁的北京味道。学科专业一体化建设，科研反哺教学，用扎实的科研成果有力地支撑教学、提升教学质量。

### （五）打造专业核心课程及专业实践示范课

以学生未来升学就业发展为目标，通过构建课程地图，设计专业的主干课程群体系结构，建立专业课程与核心能力培养的对应关系，促进主干课程群的建设和优化。新文科建设的核心在于课程体系建设，专业基础课要"宽"，交叉融合；专业核心课要"实"，立业之本；专业方向课要"活"，一方面紧跟前沿，另一方面顾及学生继续升造、出国求学和择业就业的需要。作为地方院校的北京联合大学，要以服务地方为基础，以复合应用为突破。"一体两翼"课程基本布局，"一体"即依据国标设置新闻学专业的必修课程，"两翼"即两种传播媒介形态——融媒传播和影视传播两个方向，历来都保持着学科专业交叉融合的基本做法。构建校内校外、线上线下、虚实结合的融通课程体系。围绕新闻学专业的培养目标、6个目标预期和10项毕业要求，绘制课程地图。

适应社会与媒介生态环境的转型和新文科教育理念的整体趋势，贯彻习近平对新闻舆论工作系列讲话精神，落实OBE理念，重构以全媒型为培养目标的融通课程体系。从通识、专业、实践三方面调整知识结构，以融媒传播、影视传播作为新闻传播和文化传播的有效载体，增设北京文化传播、走读北京等课程，通过BB学堂、蓝墨云班课、企业微信、中国慕课等方式探索现代信息技术和虚拟仿真技术在教学中的应用。依托内外虚实开放共享的新型教学平台，师生为北京企事业单位、文化部门、街道社区、校院部门等制作

宣传片、专题片、微影像等达数百部，服务北京与社会的能力和贡献度大幅提升。

### （六）与课程思政/专业思政联动促进党建创新

新闻与传播系教工党支部在落实课程思政、专业思政、三全育人工作中实现党建创新。坚持高起点政治站位，做好顶层设计，以"立德树人"为理念，强化价值引领，需要从政治觉悟、责任意识、个人修为、知识素养、能力方法等方面全方位打造。党支部"四个一"工作理念有效地推动了课程思政、专业思政的建设。坚持专业思政与党建工作双轮驱动。在完善学科体系、课程体系、教材体系等的同时，贯通其中的是思想政治工作体系。加强党的领导和党的建设，充分发挥支部的冲锋作用和堡垒作用，是形成高水平人才培养的重要内容和重要支撑。一些高级别党建课题"城市型应用型大学建设中提高党支部学习实效性研究""党支部在'课程思政'建设中的融合创新路径研究""红色资源挖掘与青年价值观塑造'五重行动'"获得立项并顺利结项。在北京市教工委、市教委推出的2018年首都高校师生服务"四个中心"功能建设"双百行动计划"项目中，"北京西山红色文化资源及传播现状调研"教师团队和"溯源红色：微电影与北京西山红色文化艺术创作再现"学生团队获得立项资助。

## 四、课程、教材建设

建设优质课程体系与教材体系。课程是人才培养的核心要素，课程质量直接决定人才培养质量。"以学生发展为中心"的一流本科课程建设和教学是高等学校一流本科人才培养的核心要素。新闻学专业立足北京全国文化中心建设发展需求和人才培养目标，围绕"学为中心"的目标导向加强课程建设，以学生未来升学就业发展为指引，通过构建课程地图，设计专业"一体两翼"的融通课程体系结构，并建立专业课程与核心能力培养的对应关系，优化重构课程体系与教学内容，淘汰"水课"，打造"金课"，落实OBE理念，不断提升课程设置对培养目标和毕业要求的支撑度。深度挖掘、提炼专业知识体系中所蕴含的思想价值和精神内涵，科学合理拓展专业课程的广度、深度和温度，从课程所涉及专业、行业、国家、国际、文化、历史等角度，增加课程的知识性、人文性，提升课程的引领性、时代性和开放性。以教育部《关于一流本科课程建设的实施意见》（教高〔2019〕8号）中的5类一流课程为努力方向，打造专业核心课程和专业实践示范课。建成3门以上专业核心课程（如新闻学原理、传播学原理、融媒新闻学、中国新闻事业史），4门以上其他课程（含实践课程，摄影与摄像、音视频节目制作、文化产业概论、全媒体新闻采访与写作的示范课），树立起价值引领＋专业特色的一流应用型课程建设新标杆。加强优质资源共享及整合机制，鼓励高水平教师发挥各自优势，联合开发北京味道浓厚、专业特色突出、学科优势显著的优质课程——北京文化传播、走读北京、人文北京综合实践、综合实习等。

新闻学专业充分挖掘专业课程蕴含的思想政治教育元素，把思想政治教育融入专业课堂教学之中，努力形成课程教学"大思政"的新格局。在专业教学中发挥新闻学专业与意识形态关系紧密，能及时、准确、高效反映时代最新变化的优势，将党中央对当前重大问题的判断、观点、看法融入课堂教学。传播学原理、新闻学原理、摄影与摄像、中国新闻事业史4门课程作为2018年学校教育教学改革重点项目立项。从教学案例的选择到课程整体的设计，从思政元素的挖掘到润物无声地融入，从理论思考到实践探索，从专业培养到思政教育，占领课堂这一主渠道。政治与传播、音视频节目制作课程获评"北京联合大学课程思政特色精品课程"，新闻学专业教师荣获北京联合大学课程思政教学设计大赛一等奖（1名）、二等奖（2名），荣获北京联合大学2020年课程思政教学设计大赛团队二等奖。2020年，通过学院课程思政大赛，传播学原理、中国新闻事业史、音视频节目制作课程获评学院课程思政示范课堂和特色精品课程。一批教师荣获课程思政大赛一等奖、二等奖和优秀奖。

创新教材呈现方式和话语体系，实现理论体系向教材体系转化，教材体系向教学体系转化，知识体系向学生的价值体系转化，使教材更加体现科学性、前沿性。在课程建设的基础上，组织建设信息技术与教育教学深度融合、多种介质综合运用、表现力丰富的新形态教材，结合5G时代的来临及新文科建设，参与出版马工程教材、实践教学系列教材及特色教材，努力建设具有北京特色的教材体系。

## 五、实践教学

新闻学专业依托联大两个国家级实验教学中心——国家级文科综合实验

教学中心和国家级虚拟仿真中心，建成了内外虚实开放共享的新型教学平台，建成1126平方米的"全媒体采编中心"，下设7个专业实验室，创办《学知青年报》、系刊《红黄蓝》以及"红黄蓝"杯影像大赛。其中"红黄蓝"杯影像大赛已升级为校级学科竞赛，目前已成功举办10届，能够充分满足学生的专业实践和创意生产。与媒体单位、企事业单位等合作，开放共享实验室，让学生在新闻媒体的平台上开展真实的新闻业务。

整合各类实践资源，丰富实践教学内容，在实践教学中创造性地开展思想政治教育，强化实践能力和创新创业精神培养，树立家国情怀。新闻学专业实践教学形成了完整的教学体系，该体系贯穿人才培养全过程，推动开放性、创新型实践教学，分类制订实践教学标准，进行实践教学考核方式改革。充分发挥专业、行业优势，构建实践育人协同体系，在建设3家校级校外人才培养基地和30余家校外人才培养基地及实习基地的基础上，继续开拓校外实践教学（育人）基地和提升基地建设的层级。创新实践形式，拓展实践平台，不断提升人才培养目标的达成度和社会满意度。新闻传播的微影像创意生产将丰厚的北京文化作为挖掘的资源，作为传播的内容和表现的对象，形成生动实践，使校园弥漫浓郁的"北京味道"。

### （一）构建实践育人协同体系

新闻学专业构建了模块化、递进式、阶梯状的实践教学体系和实践育人协同体系。校媒协同创新是目前各高校正在形成的新闻传播人才培养新模式，包括学校教师和媒体骨干的互聘挂职、双导师制以及编辑、记者进校园和学生赴媒体实习、见习等多个层次，旨在让学生在新闻传播一线获得实践能力和创新能力。

### （二）丰富创新实践内容

作为千年古都和当代中国的首都，文化是北京的金字招牌，也是北京城市发展之魂。要发挥全国文化中心示范作用，就要完整而深入地把握北京文化内涵的丰富性和结构的多样性。在对北京文化的发掘、体验、诠释、传承与传播的过程中，培养学生的专业能力，提升学生的文化自信和文化认同。依托"走读北京""走拍北京""北京相册"，开设专业核心课程新闻采访与写作、摄影与摄像，专业课程纪录片理论与创作，专业实践课程综合实习、新闻传播技能实践、人文北京综合实践等相关课程，实现实践育人。

1.古都文化是北京文化的根脉和底色

带领学生"与历史会面，用脚步丈量"。让他们在了解和体验"一城三带"之北京文化，"三山五园"之皇家文化，了解和体验"人作天成，京城脊梁"北京城市中轴线的物质载体和文化内涵的同时，培养学生的创意思维与专业能力。

2.北京红色文化波澜壮阔且地位独特

北京红色文化具有典型性，新文化运动、五四运动、长城抗战、卢沟桥事变、敌后抗战等重大历史事件，李大钊、陈独秀、毛泽东、鲁迅、宋庆龄等一批伟人都在北京留下了清晰的革命历史足迹，这些历史事件和人物，"几乎无一例外地影响着中国的发展进程"。学生通过北京红色文化纪录片创意实践重温历史，深切体味中华民族在艰苦卓绝的斗争中焕发出的自强不息精神，传承革命文化。

3.京味儿文化是北京文化最鲜活最生动的部分

京味儿文化是代表北京地域特征的文化符号，具有独特的人文社会文化价值。新闻学专业的实践教学以"京味儿文化"为主题，成果以纪录片、短视频和实务专题报告等形式呈现。学生以团队的形式围绕着京味儿文化开展了研究与实施，创作了一批关注北京民俗文化、北京市井文化、北京饮食文化、北京传统体育文化、北京商业文化、北京寺庙文化，关注北京凡俗百姓的日常生活和社区文化的作品等。

4.创新文化已成为北京文化基因并内化为精神追求

北京是国家理念、制度、科技、文化创新发展的重要策源地，聚集了其他城市难以企及的国家级创新资源和平台。新闻学专业实践以北京城市新空间为题，组织学生开展微影像的创意实践，让无论是京籍学生还是外地来京的学子通过自己的发掘、丈量和体悟，找寻、体验和表达出北京这座城市空间的新变化和新味道，进而深度探寻城与人、人与城的真实关系。北京文化及其内涵借助微影像获得有效传播，而微影像的创意实践也成为培养和训练传媒专业学生基本的媒介技能、综合素质、创意思维、团队合作等方面知识、技能和能力的一种重要手段。

## （三）发掘创建实践精品项目

1.组织北京西山文化系列纪录片创意实践

创制纪录片《香山慈幼院》《与西山同眠》《筑梦黄叶村》《九州清晏》《贝

家花园记忆》《老山密码》《石鱼归园记》《端木蕻良的足迹》《万寿寺之建筑艺术》《父辈的城》《钢的城》等，作品揭示和展现北京西山文化意蕴，探寻历史，传播文化，感人至深，催人泪下。

2.组织北京红色文化系列纪录片创意实践

创制纪录片《走在卢沟桥上》《筑梦陶然亭》《中国动脉》《新文化运动纪念馆》《北大红楼里的那些事儿》《国家博物馆的红色文化呈现与传播》《圆明园三一八烈士墓》《探访李大钊北京故居》《红楼春秋》《星火陶然》《回望二七》《拾忆宛平》《万牲园与辛亥革命》《吾辈当自由》等。学生通过创意实践重温历史，深切体味中华民族在艰苦卓绝的斗争中焕发出的自强不息精神，传承革命文化。

3.组织北京中轴线系列微视频创意实践

创制纪录片《我在鼓楼》《赵府街副食店》《中轴线之天安门》《永定门之重生》等。在训练和提升学生的创意思维和专业能力的同时，使他们了解和体验"人作天成，京城脊梁"北京城市中轴线的物质载体和文化内涵。北京中轴线是北京城的灵魂和脊梁，串联起首都北京最为重要的古代和现当代建筑群，体现了中国传统礼制思想的精髓，是东方城市规划思想的集大成者。

4.组织北京文化名人故居系列微视频创意实践

创制微视频《李大钊故居》《齐白石故居》《谭嗣同故居》《邵飘萍故居》《梅兰芳故居》《曹雪芹故居》《林白水故居》《鲁迅故居》《老舍故居》《郭沫若故居》《熊希龄故居》等。这些名人故居是北京这座历史文化名城的宝贵人文景观和精神财富。科学保护、合理利用北京地区的名人故居，追寻先贤们的历史足迹，弘扬传承他们的精神，是当代人不可推卸的责任和使命。

5.组织北京京味儿文化系列纪录片创意实践

创制纪录片《奶奶的面》《王爷爷和他的老物件》《京响》《老古董的老古董》《开学了国子监》《打小儿的记忆》《又见隆福》《致北京最后的四合院》《画中的四九城》等。走进四合院，触摸胡同景；身在现世中，感受老北京。作品复活了北京人的历史记忆和文化记忆，带给人们无尽的感念和唏嘘。

6.组织首都博物馆系列微视频创意实践

自2016年至今，新闻学专业学生连续4年参加了由北京数字科普协会、北京市文物局信息中心和北京市科学技术协会信息中心联合举办的首都高校博物馆微视频创作活动，从大学生的视角，以"微视频+互联网"的模式，将博物馆的历史文化元素通过微视频的方式推送传播，每一届大赛新闻学专业

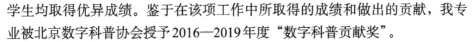

学生均取得优异成绩。鉴于在该项工作中所取得的成绩和做出的贡献，我专业被北京数字科普协会授予2016—2019年度"数字科普贡献奖"。

7.组织北京文化景观微视频创意实践

收获《荣名为宝》《古站无言 唯钟声千古》《长城之风》《独"树"一帜的郭沫若纪念馆》《瓷韵匠心》《穹顶覆海——北京隆福寺藻井》《汇通积水柳色新——郭守敬纪念》《古今一辙的史家胡同》《胡同画意》等19部纪录片，《随风而去》1部剧情片、《北京中轴线》1部画册和20篇融媒报道等。成果聚焦北京颇具代表性和标志性的文化景观，发掘代表北京的文化符号，捕捉印有深刻北京文化印记的北京人形象，探讨北京城与人"一方水土与一方人"的地缘关系，彰显北京文化独特的内涵和魅力。

8.组织校园文化系列微视频创意实践

创制学院各专业招生宣传片、学院宣传片、校庆宣传片、花园路街道邻里节宣传片、学知书院落成典礼宣传片、毕业宣传片、国家级虚拟仿真实验教学中心申报宣传片、"我身边的好党员"系列微视频24部，在实践过程中使师生的政治素养、专业水平得到双提升。新闻学专业学生创作的《跌宕起伏 爱国敬业 坚守信仰 开拓向前——金宗濂》被评为北京教育系统关工委2019年"读懂中国"活动微视频一等奖。

# 六、第二课堂

打造内容丰富、育人氛围浓厚的第二课堂。根据人才培养目标，新闻学专业围绕思想政治引领、素质拓展提升、社会实践锻炼、科技创新创业四个目标，科学设计有效衔接第一课堂和第二课堂课程及活动。入学教育、毕业教育、创新创业实践、公益劳动、志愿服务等均纳入第二课堂。继续开办"名师大讲堂"和"媒介大讲堂"两个序列的讲座，持续组织校级"红黄蓝"杯影像大赛，参加北京高校博物馆微视频大赛，充分总结经验，形成品牌效应。通过第二课堂活动进一步践行和弘扬社会主义核心价值观，提高学生综合素质、促进学生成才就业，繁荣校园文化，培育大学精神。

## （一）开展不同序列学术讲座

开展"名师大讲堂"和"媒介大讲堂"两个序列的讲座，关注学界业界理论前沿和行业前沿，采用线上线下的方式，创新方法和手段与创新内容相结合。丰富第一课堂的学习，延伸专业课程的思考，与学界名师、业界导师、业界专家面对面沟通和交流，碰撞思想，启迪心智。

### （二）专业教师引导专业社团

专业教师担当专业社团的指导教师，摄影社、电影社、微电影社、平面设计社等在专任教师的指导下，产出较为优秀的作品，在专业能力显著提升的同时，学生的创新创业意识和能力也得到提升，因此学生在毕业时能够收获满意的毕业答卷，成功实现自主创业。聘请北京电影学院、中央广播电视总台等资深专家，建立"大师工作室"，有计划、有项目、有针对性地指导学生的创意实践和文化传播实践。

### （三）打造学科竞赛品牌活动

举办"红黄蓝"杯影像大赛，设置鲜明的主题，引导学生关注现实、认同文化、判断美丑，引导学生传递正能量。积极参加北京市大学生人文知识竞赛等，取得骄人的成绩。连续5年参加了首都高校博物馆微视频大赛，取得大赛一、二、三等奖。通过学科竞赛，以赛代练，在培养学生专业技能的同时，使学生深入了解北京文化，以文化人，以文育人，以文培元。

为了给学生的创意实践搭建一个交流平台和展示空间，新闻学专业从2010年开始创办"红黄蓝"杯影像大赛并将其升级为校级的学科竞赛，迄今已成功举办10届。通过本项比赛发现和培养大学生媒介技能和影像艺术创作的能力，鼓励多样化影像类型的探索，浸染和传播中华优秀传统文化和北京文化，发掘优秀影像及新媒体艺术创作人才，同时向更高的展示交流平台选送和推介学生的作品。学生在课程实验、集中实践、专业实践中形成的作品可以继续放在大赛中展示，在更高的平台上登台亮相，与兄弟院校的学生同台竞技，互相学习，取长补短，也给学生的创意实践提供一个出口。每届大赛都设计不同的主题"北京城市文化""北京西山文化""北京红色文化""京味儿文化""北京'一城三带'""身边的普通人""廉创空间""微电影·微纪录"等，长期以来，该项赛事受到北京联合大学各学院相关专业师生的热情关注，受到同行和校内外专家的充分肯定，已形成品牌效应。学生创意作品在各级各类学科竞赛中取得好成绩，彰显了我们的办学实绩。

## （四）创新社会实践内容方式

社会实践作为大学生参与社会生活的一个主要途径，对社会主义物质文明和精神文明建设起到一定的积极作用，也是践行社会主义核心价值观的有效途径。专业教师有责任组织和引导学生投身社会实践，一方面接受锻炼，另一方面也对社会有所贡献。我们运用组织化的优势，捕捉社会热点和难点，遵循学生成长规律和教育规律，结合学生的成长环境和利用北京的区位优势，开展有意义、有价值的社会调查活动、专业实践活动和志愿服务活动等，聚焦北京城市功能的新定位尤其是北京全国文化中心建设，创新社会实践的内容和方式。

# 七、师资队伍

人才培养，关键在教师。教师队伍素质直接决定着大学办学能力和水平。建设社会主义现代化强国，需要一大批各方面各领域的优秀人才。要全面提高教师队伍的综合素质、专业化水平和创新能力，着力打造一支政治素质过硬、业务能力精湛、育人水平高超的专业化创新型教师队伍。坚持教育者先受教育，坚持用习近平新时代中国特色社会主义思想铸魂育人，让教师更好地担当起学生健康成长指导者和引路人的责任。健全基层教学组织，广泛开展教育教学研究活动，围绕课程思政、专业思政和"三全育人"工作开展深入的理论研究和实践探索。

## （一）落实高校与新闻单位互聘"千人计划"，构建双师型教师队伍

以"全媒体新闻传播应用人才培养创新团队"建设为契机，建设拥有跨学科知识背景、跨媒体工作技能的双师队伍。落实高校与新闻单位互聘"千人计划"，几位专业教师到媒体挂职，先后有20多位业界专家走进专业课堂授课，聘请中央广播电视总台总监担任特聘教授，充实和调整团队的智能结构，形成学界与业界的良性互动、人才共享，教师的执教能力、政治责任意识和整体水平大幅提升。通过多种方式，国外访学、国内访学、学术会议、专业培训、行业挂职、攻读学位、博士后进站、基地研修、项目资助及教师职业生涯发展指导、发展性教学评价等方式，提升教师特别是青年教师的课堂教

学能力，提高课堂教学质量和效果，同时聚合团队力量，不断提升团队的整体实力和创新能力，为学科专业建设提供人力资源保障。

### （二）优化基层教学组织机构与建设，持续提高教师教育教学水平

新闻学设有专业教指委和专业教研室、课程教研室、项目教研室等基层教学组织，充分发挥市级长城学者和拔尖人才的带动作用。教研室每2周一次例会或教学沙龙，切磋教学，开展教学研究。10多人次获得教学基本功大赛奖项、课程思政教学设计大赛一/二等奖，9门课程获批思政精品课程，3人分别获北京市教学名师（青年）、市级优秀教师、师德先锋和高校优秀德育工作者等称号。2018年本专业成为学校首批"专业思政"建设3个试点专业之一，专业思政产生溢出效应。

### （三）发挥教师党支部的政治核心作用，"双轮驱动"与专业形成合力

围绕"立德树人"根本任务，通过党建引领推进基层教学组织建设，对课程思政、专业思政和"三全育人"工作开展理论研究和实践探索。2017年、2018年、2019年教师党支部连续3年获得校级课程思政先进党支部，2019年获得红旗党支部称号，同年新闻与传播系党支部书记工作室挂牌，形成辐射效应，"打造党支部'四个一'课程思政建设模式"被北京市教工委选用，印制到《党支部工作规范》中。

教师是解决"课程思政"建设"最后一公里"的关键因素。在尊重教师的创造精神、充分发挥教师的主观能动性的同时，支持教师在把思想政治教育元素有机融入课堂教学的过程中，体现教师的风格。

## 八、质量保障

在课程建设、课程教学组织实施、质量评价等环节中，将增强和发挥价值引领功能作为首要因素。在教学过程管理和质量评价中，将价值引领作为重要的监测点指标之一。

第一，贯彻"学院—专业—课程"三级教学质量评价标准。顺应校内本科专业评估常态化机制，持续开展麦可思和清华大学CCSS项目第三方人才培养质量跟踪调查，校内、校外全方位的监控与评价双轨并行保障教学质量，

对教育教学质量的追求已内化为师生的共同价值追求和行为自觉。本专业在武书连主导的《中国大学评价》研究中曾位列4星级专业，校内评估在六七十个专业中曾位列第5。

第二，以国标为基本标准全面推进质量文化建设。落实新闻传播学类国家质量标准，坚持以人才培养为中心，以国家本科专业质量标准和专业认证标准为基本依据，对标一流专业建设标准，健全质量保障体系，并将其作为推动专业不断前行、不断超越的内生动力。做好开学第一课、期中教学检查、期末教学检查、教学文件整理归档、说课听课尤其是同行听课、听课反馈、评学评教等工作，结合校内评估和学生评教的情况综合分析合理使用，持续改进和提升教育教学质量。

第三，完善毕业生跟踪反馈机制，及时掌握行业的需求。多年来，本专业不断完善毕业生持续跟踪反馈机制，通过专项行动持续对新入学、即将毕业、刚刚就业、入职多年的学生以及用人单位的人力资源部门开展跟踪调研，通过调查问卷、重点访谈、实地调研、个别约见、电话寻访等方式，了解大学生学习新闻专业动机和择业倾向，用人单位的满意度以及业界人才需求规格的变化，人才需求尤为重视的品质、素养和能力等。

## 参考文献

[1] 李彦冰. 论专业思政建设中的基本问题[J]. 北京教育：高教版，2019（5）：88-90.

[2] 李彦冰. 新闻传播教育实施"专业思政"的三个基本问题[J]. 今传媒，2018（12）：139-142.

[3] 韩宪洲. 深化"课程思政"建设需要着力把握的几个关键问题[J]. 北京联合大学学报：人文社会科学版，2019，17（2）：1-6，15.

[4] 韩宪洲. 以课程思政推动立德树人的实践创新[J]. 中国高等教育，2019（23）：12-14.

[5] 韩宪洲. 课程思政方法论探析：以北京联合大学为例[J]. 北京联合大学学报：人文社会科学版，2020（2）：1-6.

[6] 杜剑峰. 新闻学专业思政建设内容及实施路径[C]//李彦冰，周春霞. 新闻传播专业思政的理论与实践. 北京：知识产权出版社，2020.

[7] 周春霞. 专业思政视阈下高校教师党支部党建"双轮驱动"模式研究[C]//

李彦冰，周春霞．新闻传播专业思政的理论与实践．北京：知识产权出版社，2020．

[8] 李彦冰．再论专业思政建设中的基本问题 [C] // 李彦冰，周春霞．新闻传播专业思政的理论与实践．北京：知识产权出版社，2020．

[9] 中华人民共和国教育部．教育部关于一流本科课程建设的实施意见 [EB/OL]．[2019-10-30]．http：//www.moe.gov.cn/srcsite/A08/s7056/201910/t20191031_406269.html．

[10] 教育部、中共中央宣传部关于提高高校新闻传播人才培养能力实施卓越新闻传播人才教育培养计划2.0的意见 [EB/OL]．[2018-10-08]．http：//www.moe.gov.cn/srcsite/A08/s7056/201810/t20181017_351893.html．

作者简介：杜剑峰（1963—　　），女，教授。科研方向：北京城市影像/文化传播；教研方向：培养模式/实践教学。

本文系北京联合大学2020年专业思政教育教学研究与改革专项"后疫情时代新闻传播学科大类专业思政体系研究（重点项目）"（项目号JJ2020Z009）的阶段性成果。

# 传播学概论课程
# 思政建设研究与实践

（北京联合大学　应用文理学院　冯春海）

【摘要】本文将教学活动视为组织传播、人际传播和群体传播以及网络传播叠加而成的复合传播，利用传播学理论来指导传播学概论课程思政的教学设计、实施与效果评估。主要包括三部分内容：以课程思政为指引重塑专业知识内容，构建"网络时代的人类传播理论体系"，打造"日常生活中的传播学"；以学情、马克思主义新闻观（下文简称"马新观"）及其中国化最新成果、"和"文化、媒介素养与言传身教为主线挖掘思政资源，构建课程思政矩阵；引入云班课等智能教学平台，革新教学模式与方法，通过画龙点睛、专题嵌入、元素化合、隐性渗透、学情交流和言传身教六种方式实现思政资源和专业知识的有机融入，实现知识传授和价值引领的统一，进而有效立德树人。

【关键词】传播学概论；课程思政；网络教学；教学效果

## 一、课程简介

课程名称：传播学概论

课程类别：学科大类必修课程

学时学分：32学时2学分

适用专业：新闻学、新闻学（影视传播）、网络与新媒体

内容简介：传播学概论是"研究人类传播现象与实践规律的科学"，是与人们日常生活息息相关的课程，从"每日三省吾身"的自我传播到"侃大山"的人际传播，到所在单位的组织传播，再到媒介机构的大众传播以及整合性的网络传播都是其范畴。

从新媒体与课程思政双重视域下的学生需求、认知和接受变化出发，传播学概论课程内容设计遵循六大原则——各种传播类型结合、中西结合、经典性与现代性结合、理论性与实践性结合、经验性与批判性结合、专业性与思政性结合，全面构建"网络时代的人类传播理论体系"。包括如下九个章节：

（1）理解传播；

（2）自我传播与人际传播；

（3）群体传播与组织传播；

（4）大众传播之控制研究；

（5）大众传播之内容研究；

（6）大众传播之媒介研究；

（7）大众传播之受众研究；

（8）大众传播之效果研究；

（9）批判视角看传播。

不难看出，传播学概论上述九章内容是以传播学的学派类别和传播类型为主轴构建而成，旨在为学生提供全面系统且与时俱进的传播学知识图谱，培养和提升学生的媒介素养和网络素养，使其更好地从传播视角认识自我、他人与社会。

## 二、课程思政目标设计

传播学概论课程思政的整体目标可以概括为：提升媒介素养和网络素养，能够更好地从传播视角认识自我、他人与社会；树立科学的传播观，做新时代称职的公共传播者。每章节的具体思政目标见表1。

**表1　传播学概论知识模块具体思政目标**

| 序号 | 专业内容模块 | 思政目标 |
|---|---|---|
| 1 | 理解传播 | 辩证把握传播功能，树立正向传播意识 |
| 2 | 自我传播 | 认识、完善和超越自我，做合格的时代新人 |
| 3 | 人际传播 | 正确面对"镜中我"，融洽人际关系 |
| 4 | 群体传播 | 把握谣言本质，树立公共理性，开展理性传播 |
| 5 | 组织传播 | 深刻认识组织文化与价值观，指引班风学风建设 |

续表

| 序号 | 专业内容模块 | 思政目标 |
|------|------------|----------|
| 6 | 大众传播控制研究 | 理解党性与人民性的统一关系；<br>理解正面宣传为主和舆论监督的关系；<br>践行网络道德，遵循网络传播法律法规 |
| 7 | 大众传播内容研究 | 透过内容看透传播的意识形态属性；<br>明晰立德、立功和立言的关系，做合格传播者 |
| 8 | 大众传播媒介研究 | 辩证认识媒介利弊及其对社会的影响 |
| 9 | 大众传播受众研究 | 辩证和历史唯物主义视域下的受众观，为人民服务 |
| 10 | 大众传播效果研究 | 明辨是非，做有责任的意见领袖；<br>利用涵化理论培育社会主义核心价值观；<br>做中坚分子，坚持真理和理想；<br>透过知沟理论理解传播背后的不均衡；<br>提升现实人文关怀 |
| 11 | 批判视角看传播 | 批判精神与建设心态的平衡，辩证看传播及其背后的权力 |
| 12 | 课程导引与总结 | 言传身教，提升自律意识和责任意识 |

## 三、课程思政教学内容设计

课程思政教学内容的设计主要由专业知识体系重塑和思政资源挖掘两个部分构成。

### （一）专业知识体系：打造"日常生活中的传播学"

第一，传播学概论现有课程体系与教学内容多以"大众传播"为核心，对自我传播、人际传播、群体传播和组织传播等其他传播类型不够重视。这些传播活动恰恰最贴近人类日常生活，能够影响人的性格、人格与成长，能有效立德树人。所以，传播学概论课程教学内容设计在突出大众传播时，主动补充和强化了自我传播、人际传播、群体传播和组织传播的内容。

第二，现有课程教学内容多以西方，尤其是美国经验学派相关成果为主建构和组织，中国本土文化、本土规律和本土理论十分稀少，从孙旭培主编的《华夏传播论》到谢清果编著的《华夏传播学引论》表现得很明显，在课程教学内容中的融入更是寥寥。这样，中国优秀文化的育人功能自然失去了基础。所以，传播学概论课程教学内容设计过程中要坚持中西结合原则，将西方传播学与华夏传播学优秀理论成果有机结合。

第三，传播学经典理论由于其开放性和反思性也在不断地更新与完善，仍有一定的解释力和生命力。因此，传播学概论课程教学内容设计，一方面要注重基础性和经典性，那些基本的具有生命力的经典理论必须纳入其中；另一方面要注重现代性，紧密联系社会现实，将新观点、新方法和新理论等前沿研究成果及时融入。

第四，传播学概论被定位成理论课，理论讲授偏多，实验实践实训少，导致学生运用相关理论分析传播现象和指导传播实践的能力不足，难以适应全媒体时代复合型传播人才的实际需求。所以，传播学概论教学内容设计在讲授理论的基础上，必须加强实践环节和内容，将理论学习和实践有机结合。

### （二）思政资源挖掘：五条思政主线并举

结合专业内容的重塑，我们寻找到五条思政资源主线：学情、马新观及其中国化成果、"和"文化、媒介素养和言传身教。

学情是开展课程思政教学设计的出发点和落脚点，学情研究至关重要，尤其是在新冠肺炎疫情期间，学情分析变得更加重要。在实际落实过程中，以"疫情·学情·心情"为主线，通过各种渠道和方式实时全面把脉学情，尤其是心情，找准思政资源的出发点和落脚点。

传播学概论作为学科大类必修课程，必须要以马克思主义新闻观为指引。以此为基础，我们深挖马克思主义新闻观中国化的最新成果，主要是习近平的新闻舆论宣传思想。同时，还有我的博导赵启正先生20余年与国内外政商精英和媒体沟通交流的实践案例，也是很好的思政资源。

"和"文化是中国传统文化的重要内核，上至"天人合一"的人与自然的和谐，下到身心和谐的健康自我，一以贯之。再结合西方传播学理论本土化的需要，以及应用文理学院"＋文化"的特色，我们将"和"文化作为重要的思政资源来挖掘并融入课程。

媒介素养，尤其是新媒体时代的网络素养，既是传播学概论教学内容的有机组成部分，更是重要的思政资源，包括网络谣言的辨识、网络道德的内化及网络法律法规的遵循等。

言传身教是直接和重要的但却最容易被忽略的课程思政资源，教师与学生接触过程中的一言一行都会对学生产生潜移默化的影响，包括专业层面，更包括做人做事的基本道理，这背后则反映了一个教师的人格、品格和"师格"。

### （三）课程思政矩阵：横纵一体与全程贯穿

9个单元的专业知识与5条思政资源主线相互交织，在课前—课中—课后全程贯穿，进而构成了课程思政矩阵：纵向是所有知识点与思政资源，横向则是贯穿课前预习、课中互动与课后作业三个环节的课程思政教学案例架构。随着课程知识点的不断细化，以及思政资源的持续丰富和精准融合与匹配，课程思政矩阵的内容可以不断扩充，进而演化出更加精细的、精致的矩阵体系，具体细目参见表2。

**表2　传播学概论课程思政矩阵（简约版）**

| 章 | 节 | 核心专业知识点 | 主要思政资源 |
|---|---|---|---|
| 理解传播 | 传播的观念 | 两种传播观 | 1.春晚仪式，公祭仪式<br>2.家国情怀，中国人身份认同 |
| | | 三种共同体 | 1.电影《流浪地球》，新冠肺炎疫情<br>2.人类命运共同体 |
| | 传播符号与意义 | 语言符号抽象阶梯<br>应用启示 | 1."中国梦"的具象阐释<br>2.新冠肺炎疫情报道的微观叙事 |
| | | 非语言符号类型与功能<br>沟通三维理论<br>应用启示 | 1.言谈举止与个人形象<br>2.新闻发言人非语言符号妙用 |
| | 传播类型与形态 | 传播类型与形态 | "和"文化与价值 |
| | 传播过程与模式 | 传播的"5W"模式 | 国家形象宣传片的"5W" |
| | | 菌丝模式 | 民意的形成 |
| | 传播结构与功能 | 传播功能代表性成果<br>人类传播的功能 | 1.辩证思维和辩证分析<br>2.人类传播的正负功能 |

| 章 | 节 | 核心专业知识点 | 主要思政资源 |
|---|---|---|---|
| 自我传播与人际传播 | 自我传播 | 自我传播内涵与特点<br>自我传播动机与功能 | 1.每日三省吾身，日记与日志<br>2.健全人格，身心和谐的接班人 |
| | | 主我与客我理论 | |
| | 人际传播 | 初级群体与"镜中我" | 1.家庭和学校中的人际传播<br>2."镜中我"意义与价值<br>3.和谐的人际关系 |
| | | 印象管理理论 | 日常交往中个人形象管理 |
| 群体传播与组织传播 | 群体传播 | 群体传播特点与过程 | 1.正确进行偶像崇拜<br>2.避免非理性的集合行为 |
| | | 集合行为 | |
| | | 谣言传播 | 1.科学谣言观<br>2.谣言辨识与治理 |
| | 组织传播 | 组织内传播 | 1.共产主义思想的组织传播<br>2.疫情健康状况打卡与联大组织传播<br>3.联合大学在线组织传播效能<br>4.班级与社团文化建设 |
| | | 组织外传播 | |
| 控制研究 | 谁是"传播者"<br>把关理论与机制<br>网络时代的把关 | 把关理论的演进<br>把关环节、过程与实质<br>社会主义把关 | 1."四个导向"<br>2.正面宣传与舆论监督统一<br>3.坚持党性与人民性的统一<br>4.网络信息内容生态治理规定<br>5.网络道德与法律法规<br>6.新时代做中国好网民 |
| 内容研究 | 内容之"说什么"<br>内容之"怎么说" | 内容构建金字塔模型<br>戏剧五因理论<br>修辞理论 | 1.国外媒体中国抗疫报道框架<br>2.新冠肺炎疫情报道的"大格局"与"微内容"<br>3.中外修辞三要素与文化<br>4.立德、立功、立言"三不朽" |
| 媒介研究 | 媒介演进与发展<br>媒介类型与特点<br>媒介相关理论 | 媒介进化理论<br>媒介类型、特点和应用<br>英尼斯的媒介理论<br>麦克卢汉的媒介理论 | 1.媒介融合与新冠肺炎疫情/两会报道<br>2.社会主义核心价值观传播<br>3.电子阅读与纸质阅读利弊<br>4.文字主导与视频主导阅读的长期影响 |

续表

| 章 | 节 | 核心专业知识点 | 主要思政资源 |
|---|---|---|---|
| 受众研究 | 受众观<br>受众研究范式<br>受众相关理论 | 受众四种话语<br>受众三种研究传统<br>选择性接触理论<br>使用与满足理论 | 1.理性称职的受众<br>2.理性选择、辨识和使用信息<br>3.合理使用媒介满足正当需求<br>4.避免媒介依赖<br>5.跨文化传播与中国形象 |
| 效果研究 | 传播效果类型<br>传播效果理论 | 意见领袖理论<br>创新扩散理论<br>说服理论<br>议程设置理论<br>培养理论<br>沉默的螺旋理论<br>知沟理论<br>媒介素养与网络素养 | 1.网络大V不端行为治理<br>2.新产品、新政策的创新扩散<br>3.两面提示与中国形象构建<br>4.议程设置与舆论引导<br>5.刻板成见与联大形象<br>6."三观"形成与培育<br>7.坚持真理（多数未必正确）<br>8.新冠肺炎疫情下城乡教育数字鸿沟 |
| 批判视角看传播 | 传播学派<br>媒介素养 | 经验学派<br>技术学派<br>批判学派 | 1.批判学派的马克思主义源流<br>2.批判学派的四个分支代表性人物与核心观点<br>3.批判思维<br>4.网络时代的媒介素养提升 |

## 四、课程思政教学策略设计

无论是专业知识传授还是课程思政资源的价值引领，都需要精心设计，包括教学模式、方法和思政资源融入的路径。

### （一）改革教学模式：智慧教学与归纳教学

首先，由传统课堂教学走向智慧互动教学。新媒体时代学生媒介使用偏好、信息接收和认知习惯发生了巨大变化，教师主动地利用雨课堂和云班课等智能教学平台开展智慧互动教学，调动了学生学习的积极性、主动性和参与性，盘活了课堂教学师生共生的场域，提高了知识传授、能力培养和价值引领的效果。

其次，从演绎教学模式转向归纳教学模式。从教学论的视角看，目前我国课堂教学模式主要有演绎教学和归纳教学两种，而且以演绎教学为主，归纳教学较少。新媒体时代，大学生更喜欢视觉信息，并基于此形成了感性认知行为。由浅入深、由个体到一般的归纳教学模式更符合感性认知习惯。因此，课堂教学开始从演绎教学转向归纳教学。

### （二）革新教学方法：匹配数字土著习惯与需求

在智慧教学和归纳教学的指引下，我们在具体教学方法上进行了改革与创新：①案例视频化。在新媒体时代，案例教学需要创新使用，用经典的短视频或影视作品为案例，去讲授专业知识与嵌入思政元素，效果不错。②互动教学。通过现场提问、雨课堂的弹幕与投稿、云班课的轻直播、讨论和头脑风暴等展开全方位的互动教学。③项目教学。以学生为主体，以项目为载体，"学中做，做中学"，比如"每日三省吾身""一封家书""家庭微信群传播与代际关系""组织传播与班风建设"和"中国国家形象传播"等项目。

### （三）探索融合路径：课程思政"六脉神剑"

传播学概论课程欲充分发挥思政作用，需将思政资源巧妙融入专业教学内容之中："既要善于借助专业课的载体呈现思政元素，更要善于利用思政元素培育学生的专业素养，实现双方的互相促益，使'知识传授'与'价值引领'能同频共振。"

在长期的实践探索中，传播学概论形成了思政元素与专业知识融合的六种路径，即画龙点睛、专题嵌入、元素化合、学情交流、隐性渗透和言传身教，名曰"六脉神剑"。

**画龙点睛式**　所谓"画龙点睛"是在讲授专业内容时，巧妙地把思政点、育人点融进去或点出来。比如，在讲"传播仪式观"时，贴近学生实际，从一家人看春晚到全球华人看春晚，点出仪式观视域下的传播可以构建家人、族群和中国人的身份认同，我们每个人都应该以是中国人为傲，要有家国情怀！再比如讲传播的概念与内涵时会涉及"共同体"，直接勾连"人类命运共同体"，并点出"流浪地球""新冠肺炎抗疫"是中国对人类命运共同体的生动诠释和有力实践。

**专题嵌入式**　所谓"专题嵌入"是以专题形式把思政资源嵌入专业知识中。比如，在讲"把关理论"时，结合同学们上网的实际经历，讨论如何有效地开展网络把关，这就需要学习网络道德和遵循网络法律法规。此时，我们把网络素养教育中的科研成果"网络道德"和"网络法律法规"以专题形式呈现给学生，让其自学，然后或讨论或辩论，进而让每位同学都知道如何做合格的好网民。

**元素化合式** 所谓"元素化合"是指专业知识体系和内容可以与日常生活中的传播紧密结合，最好是直接与学生自身的经历和体验融合，这可以说是最快速最高层次的融入。比如，在讲授自我传播的"主我—客我理论"时，直接与同学们纠结、郁闷、彷徨时的自我心理和传播活动结合起来，进而指引大家用该理论去调节自身，实现主我与客我的一致，保持身心和谐，健全人格，更好地认识、完善和超越自我。

**学情交流式** 所谓"学情交流"，其有效前提是随时随地关心学生，尤其要了解其情绪和心理状态，然后在讲课时有针对性地加以疏解和引导。比如，新冠肺炎疫情期间，同学们对打卡起初是有些不理解和带有抵触情绪的。所以，在讲组织传播的"上行传播"时就直接跟打卡联系起来，打卡是典型的上行传播，是以"组织人"身份开展的组织传播行为，每个人的打卡信息对于新冠肺炎疫情防治至关重要。再比如，新冠肺炎疫情期间，学生长期待在家里，难免与父母等家人产生矛盾和冲突，教师就要将家庭中的人际传播以及"可怜天下父母心"等做人做事的基本道理分享给大家，让其处理好家庭关系。

**隐性渗透式** 所谓"隐性渗透"主要是涉及制度、文化和价值观方面的内容与议题，需要持续润物无声地融入渗进。我们常说，没有对比就没有伤害，其实优越性和自信正是在对比中体现出来的。在新冠肺炎疫情期间，中国抗疫的成效与西方形成鲜明对比，社会主义制度的优越性自然就体现出来了，尤其是那些在海外留学的联大学子对此感受更深。

**言传身教式** 所谓"言传身教"，就是要"学为人师，行为世范"，教师用自己的一言一行去影响、感化和教育学生。比如，有同学私信跟我说，"老师，我以为你认真三次也就放松了，没想到你是真认真、真负责，那我也认真起来了"，这是言传身教的最好诠释。

上述六种路径并非泾渭分明，而是相辅相成，共同立德树人。

# 五、课程思政目标考核设计

课程思政目标从根本上讲是立德树人，其效果具有延迟性和不完全定量性，但它依然是可以考察和评估的。传播学概论主要采用开放式作业与讨论、期中学习心得交流会和期末考试三种方式进行考核。

作业主要是写论文和开放式讨论型。比如，为了让大家真正理解传播的"仪式观"，珍惜春节传统文化，培育家国情怀，让每位同学结合自己家乡的过年习俗撰写一篇"习俗、年味儿与家国情怀"的小论文。再比如，面对西方媒体对中国抗疫的污蔑，通过分析，引导学生看透其背后的意识形态偏见。

期中学习心得交流会是在第8周或第9周开展的一种创新考核方式，让每位同学针对前半学期的学习心得与收获进行汇报、展示与交流。每位同学都认真总结，精心准备，从知识、视野、思维方法、能力和价值观等进行了全方位的展示与交流，效果很好。

设计期末考试试卷时，充分结合思政目标，尤其是开放型大题，都精心地将专业知识目标和课程思政目标有机结合，进行全面考核。比如，面对青少年网瘾，如何用所学知识分析其成因并提出解决办法；新冠肺炎疫情期间，还有一些山区的孩子无法在线学习，如何从"知沟理论"出发去解释并提出解决办法；面对网络各种不良信息，如何运用把关理论分析其成因并提出有效对策等。

上述三种方式将专业与思政、过程与结果、短期与长期、封闭与开放有机结合，能实现全面、科学和有效的考核。

## 六、教学效果及成果

传播学概论经过持续探索和建设，取得了比较理想的教学效果和有一定推广价值的教学成果。

### （一）教学效果

1.定量数据：专业知识学习和思政育人成效显著

2019—2020学年第2学期传播学概论教学满意度问卷调查，66名同学进行了匿名填答，总体看"专业知识学习和思政育人成效显著"。

基于学情设计的"每课一图/微视频"效果，68.18%的同学认为"在一定程度上缓解了我的焦虑和烦躁"，65.15%的同学回答"在一定程度上激励我继续坚持网络学习"，如图1所示。

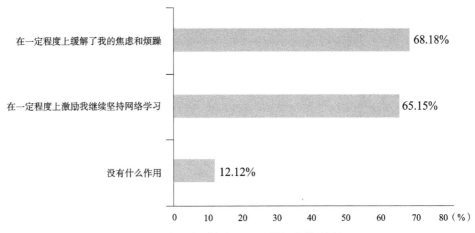

**图1 心灵鸡汤式"每课一图/微视频"的效果**

对于几条思政资源主线在课程中的体现程度，84.85%的同学认为"课程内容充分体现了马克思主义传播观及其中国化的最新成果"，78.79%的同学认为"课程内容提高了我的媒介素养"，72.73%的同学认为"课程内容隐性渗透着中国的'和'文化"，如图2所示。

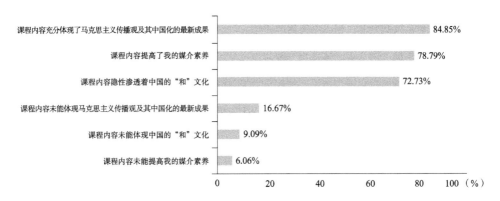

**图2 课程思政资源主线的体现程度**

至于课程学习收获与否，57.58%的同学表示收获很大，37.88%的同学表示收获较大，累计达95.46%。就具体收获而言，排在前三位的分别是传播学具体理论知识、相关案例以及思维方式、方法与视野拓展；其次是拓展文献与传播学知识地图等，如图3所示。

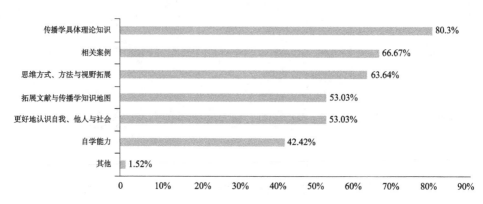

**图3　传播学概论具体学习收获**

2.定性数据：知识传授和价值引领耦合效果凸显

66位同学对"从知识、思维方式和价值观等方面概括一下你的收获"进行了填答，表3是一些代表性反馈。

**表3　概括传播学概论课程学习的收获**

| 从知识、思维方式和价值观等方面概括一下你的收获 |
| --- |
| 传播学教会我与人、与社会沟通 |
| 要具备良好的新闻素养，做一个合格的媒体人 |
| 树立了作为新闻人该具备的传播观、价值观 |
| 我们应该用批判的视角看待传播，批判是为了建设，辩证看待问题 |
| 受益匪浅，传播学概论让我对传播有了初步认识，奠定了以后学习的基础，给了我很大帮助 |
| 有利于我更辩证地看待各类传播活动，一些理论使我能更好地面对网络上的谣言，更理智地看待追星等问题 |
| 我对传播学有了宏观掌握，利用传播学的知识看待和解释社会问题 |
| 认识自我、提升媒介和网络素养 |
| 这一系列系统性、关联性和实用性的学习过程，除了收获传播学知识和学习知识的科学方法，更重要的是学习做好具有批判意识、道德素养的传播者 |
| 我们在网上既不能盲从一种声音，也不能以沉默作为一种网上生存方式。应当审慎地对网络言论进行分析，了解它的立场与意识形态，辩证发言 |

### （二）教学成果及其推广应用

经过不断探索和持续建设，传播学概论取得了较为丰富的教学成果，主要包括课程资源、课程品牌和教学研究三个方面。

1. 课程资源不断丰富

（1）课程思政矩阵

"课程思政矩阵"理念得到推广，矩阵内容更加完善：专业知识点不断细化、思政资源持续丰富，由原来的课中环节延伸到课前课后，实现了思政在教学过程链上的全程贯穿。

（2）课程思政教学案例

由课程思政矩阵演化而来的课程思政教学案例由原来的20个增加到现在的32个，案例文稿达2万余字，目前还在不断细化和扩充中，为案例教程编写打下坚实基础。

（3）云教学资源包

基于云班课形成的云教学资源不断丰富，包括多媒体教学资源159个，还有100多个微课视频，有助于云教材的编写。

2. 课程建设初具品牌

传播学概论在课程建设方面取得了比较理想的成绩：2018年被评为院级优质课程，获批校级重点思政项目；2020年，被评为院级教学创新课程，荣获课程思政比赛一等奖，被评为课程思政示范课程。在一定程度上，传播学概论已经初步形成品牌并产生了外溢效应：学生由于喜欢一门课，进而喜欢一名教师、一个专业和职业，认同学院和学校，有助于联大形象和品牌的具象化与人格化。

3. 教研成果持续积累

经过持续建设和沉淀，在教研项目和论文方面取得了一定的成绩。

首先，获批多项院校两级教研项目。2018年获批校级重点课程思政项目；2019年，"基于'雨课堂'的智慧教学经验与问题研究——以公共关系和危机传播管理课程为例"，获得院级立项；2020年，"移动互联和课程思政双重视域下网络教学设计、实施与效果研究"，获得校级立项。

其次，发表了2篇教研论文，分别是《新媒体与课程思政双重视域下的本科课堂教学面临的挑战与对策研究》和《课程思政视域下〈传播学概论〉教学设计与实施初探》。第一篇被评为北京市属高校教师发展基地研修优秀结业论文。

上述成果通过教学研讨、沙龙以及发表和出版等方式得到了一定程度的应用推广，产生了一定的社会影响。

## 七、教学反思与持续改进

首先，育人者先育己。在精力有限且被各种任务不断分散的情况下，教师要保持足够的热情、激情去学习。既要学习传播学国内外的前沿理论知识，也要学习各种智能教学软件与设备的应用，以及各种先进的教学理念，同时需不断涵化自身德性，更好地言传身教。

其次，未来还有三方面的工作需要改进和强化。①大班教学，云班课在线互动与课堂面对面互动的结合与平衡问题。从实践效果来看，云班课在线互动可以在有限时间内大幅提高互动效率和品质，保证大多数同学的发言互动机会。但是，存在一种趋向：一些同学是为了刷经验值才去互动的，发言质量不高；同时，缺少了面对面互动，课堂物理空间中的相互激发碰撞的气氛和氛围消解了。如何平衡、调和在线互动和面对面互动是一个值得持续探索的问题。②项目教学方面需要进一步落实和强化。围绕课程思政目标，设立了一些项目，但是由于学时学分压缩和选课人数持续增加以及教师精力不断被分散，还有学生层面的一些因素，落实得还不到位，需要进一步推进，并把成果显化。③推进资源建设并加强推广。无论是教学资源包到云教材的进一步建设，还是课程思政教学案例素材到案例教程的编撰，都需要持续快速推进，并加大推广力度，提升辐射范围和影响力。

### 参考文献

[1] 孙旭培. 华夏传播论 [M]. 北京：人民出版社，1997.

[2] 谢清果. 华夏传播学引论 [M]. 厦门：厦门大学出版社，2017.

[3] 李薇. 新媒体时代传播学概论课程教学改革探讨 [J]. 今传媒，2017（6）：149-150.

[4] 王鉴，田振华. 从演绎到归纳：教学论的知识转型 [J]. 教育理论与实践，2013（4）：45-48.

[5] 周珂. 新闻传播课程教学中思想政治教育资源的挖掘探析 [J]. 西部广播

电视，2017（21）：33，35.

作者简介：冯春海（1978—　），男，讲师，传播学博士。主要研究方向为应用传播。

本文系北京联合大学2020校级教研项目"移动互联和课程思政双重视域下网络教学设计、实施与效果研究"阶段性成果。

# 新闻学原理课程
# 思政建设研究与实践

（北京联合大学　应用文理学院　刘文红）

**【摘要】** 新闻学原理是新闻学专业核心理论课程，具有较强的意识形态性、现实针对性和理论阐释性，可以很好地承担课程思政的功能。本文结合新闻学原理的课程思政实践，探讨如何挖掘课程本身所蕴含的思想政治元素，并将其有机融合到课堂教学中，实现价值导向与知识传授的相统一，在此基础上，进一步探究该课程思政教学中存在的问题，以及可实现拓展的路径。

**【关键词】** 新闻学原理；课程思政；实践路径

## 一、课程简介

课程名称：新闻学原理

课程类别：专业必修课

学时学分：32学时2学分

适用专业：新闻学

内容简介：新闻学原理课程是新闻学专业的专业基础课，该课程总结、阐明了人类新闻活动的基本规律，它从新闻实践中抽象出来，又指导新闻实践。它主要介绍新闻学的基本知识、基本概念、基本观点，从宏观、中观和微观3个视角来考查新闻。其基本内容分为三大板块：新闻本体论、新闻传播活动分析和新闻传播事业研究。其中，新闻本体论包括新闻基本理论，新闻的定义，新闻与信息、宣传、舆论的关系等。新闻传播活动主要分析新闻活动的诞生历程、新闻传播主体、新闻媒介的受众、新闻的生产与选择等。新闻传播事业研究包含新闻事业的产生、新闻媒介的性质、新闻事业的功能与效果、新闻与社会的关系等。通过新闻学原理的学习使学生对新闻理论知识有深入的了解，为今后进一步探索新闻理论、学习新闻史、从事新闻业务工作，吸收其他学科的成果打下良好的基础，并能够指导学生以科学的态度对待新闻工作的理论和实践经验。

## 二、课程思政目标设计

新闻学原理是新闻学专业的必修课程。通过本课程的学习，学生能够达到以下目标。

第一，在马克思主义新闻观的统领下，帮助学生树立辩证唯物主义与历史唯物主义理论视角，培养学生正确的政治立场和方向，坚定四个自信。

第二，通过理论教学和案例讨论，使学生认识到媒体传播环境变迁的特点及我国主流媒体融媒改革的意义；培养学生的专业认同感和归属感，激发学生热爱新闻传播事业，具有清晰的新闻从业者的角色认知，渴望成为党的政策主张的传播者、时代风云的记录者、社会进步的推动者、公平正义的守望者。

第三，通过课堂教学和课外自学，培养学生积极关注新闻报道，把国事、天下事纳入自主学习体系的习惯；培育学生的民族精神、家国情怀和奋发进取的正能量。

## 三、课程思政教学内容设计

新闻学原理作为新闻学专业核心课程和主干课程，在新闻专业教学中占据着举足轻重的地位，与其他课程的关系可参见图1。该课程具有较强的意识形态性、现实针对性和理论阐释性，可以很好地承担课程思政的功能，如何挖掘课程本身所蕴含的思想政治元素，并有机融合到课堂教学中，实现立德树人，是新闻学专业教师需要深入思考的问题。

### （一）正确处理新闻专业课程体系中的三对关系

一是新闻学原理与马克思主义新闻思想的关系。

从一定意义上说，它们都属于新闻理论课程的范畴，旨在引导学生正确认知关于新闻的一系列基本理论问题，培养学生的理论思维能力。新闻学原

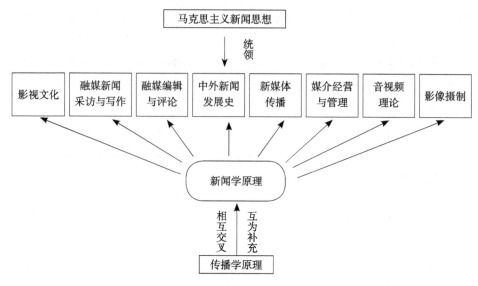

**图1 新闻学专业基本课程体系**

理是对人类新闻活动基本知识和一般规律的揭示，以构建普遍原理体系为目标。其主要从宏观、中观和微观视角去考查新闻、新闻活动及新闻事业。其讲授的部分内容，会在马克思主义新闻观中有所涉及。但实际上，两门课程既有联系又有区别，新闻学原理侧重新闻学一般理论，其中也包含和吸纳了西方新闻学中所体现的真理性内涵。西方学界对新闻传播规律的认识比我们早，在很多领域形成了较为丰富的理论资源，这些理论资源可以丰富我们的新闻理论内涵。而马克思主义新闻思想是马克思、恩格斯在报刊实践与理论斗争的急流中催发而成的新闻思想体系，它内嵌于马克思主义整体理论框架之中，主要讲授马克思主义经典著述和中国共产党的历代领导人关于新闻、新闻工作和新闻事业等方面的重要论述。两者的区别是显而易见的。

二是新闻学原理与传播学原理课程的关系。

新闻学原理与传播学原理都是新闻学专业的专业理论基础课程，两门课程间有交叉、补充，并互相支持和影响，但从研究对象、研究方法和理论框架而言，仍然是两门课程。新闻学原理局限于新闻现象和新闻活动的研究，注重与新闻实践的结合。而传播学原理课程侧重于传播基础理论的介绍和一般性课题的研究，要求学生理解和掌握人类传播的观念、过程和结构、类型与原理，并能够运用传播学理论分析和解释人类传播现象，指导传播实践。传播理论扩展了新闻理论研究的视野，给新闻学研究提供了新的理论和启示。

三是新闻学原理与新闻实践业务课程的关系。

新闻学原理是理论基础课程，重在介绍新闻学的基本知识、基本概念和基本规律，但该理论来源于新闻实践，与媒介实践和发展密不可分。一方面，新闻学原理要高屋建瓴地统摄新闻业务与实践的基本价值思想，为新闻采写编评等实践业务进行价值引领及理论指导；另一方面，在新闻学原理的课程教学中，除了侧重新闻理论教学外，要注重追踪新闻学科前沿发展和业界实践现实的研究，特别是要联系当前媒介融合、新闻业面临转型发展的现状，运用所学理论和方法去研讨和解决实际的新闻传播问题。但需要注意的是，新闻理论聚焦新闻传播实践并不是完全摒弃原有的理论，而是在其原有基础上进行扬弃和发展，新闻传播实践有着鲜明的时代特征，依据新闻实践进行概括而形成的理论及对新闻传播规律的认知，是前后相通的。

## （二）建立符合课程特点的思政体系——思政元素的挖掘

在厘清新闻学原理课程性质及与相关课程关联之后，就要思考如何挖掘思政元素，并在教学时内化于其中。"课程思政"要求把做人做事的基本道理、社会主义核心价值观的要求、实现民族复兴的理想和责任融入各类课程教学之中，实现立德树人润物无声。基于此，新闻学原理是以马克思主义新闻观为统领，结合当前融媒改革实践，把习近平新时代社会主义新闻思想和社会主义核心价值观融入教学过程中（见表1）。

**表1　课程思政融入点**

| 课程模块 | 知识点 | 课程思政融入点 |
|---|---|---|
| 新闻理论发展及研究 | 四种新闻理论（自由主义报刊理论、社会责任理论、发展新闻学、党报理论）；我国新闻理论发展概要 | 四种理论辨析（运用历史唯物主义和辩证唯物主义理论进行辨析） |
| 新闻本体论（三要素：新闻、宣传、舆论） | 新闻定义、新闻本源、新闻要素、新闻类别、新闻价值判断；新闻真实性；宣传定义、新闻与宣传关系；舆论定义、新闻与舆论关系 | 陆定一：我们关于新闻学的基本观点<br>2018年8月习近平在全国宣传思想工作会议上的讲话（对宣传工作的规律认识）<br>2016年2月习近平在党的新闻舆论工作座谈会上的讲话（坚持团结稳定鼓劲、正面宣传为主，坚持正确舆论导向） |

续表

| 课程模块 | 知识点 | 课程思政融入点 |
|---|---|---|
| 新闻传播活动 | 新闻传播环节及变迁（传者、媒介、受众）<br>新闻生产与新闻选择 | 2018年8月习近平在全国宣传思想工作会议上的讲话（四力）、2016年2月19日在党的新闻舆论工作座谈会上的讲话（四者、党性与人民性的统一）<br>2019年1月习近平在人民日报社的讲话（四全媒体、媒体融合等）<br>社会主义核心价值观的传播<br>培养民族复兴大任的时代新人："党的政策主张的传播者、时代风云的记录者、社会进步的推动者、公平正义的守望者" |
| 新闻传播与社会的关系 | 新闻媒介的功能与作用（正、负）<br>新闻媒介的社会角色（舆论引导与舆论监督）<br>大众传媒与社会、政治、经济、文化的关系<br>媒介运行体制 | 党的十九大报告（关于主要矛盾的变化的观点、牢牢掌握意识形态领导权等）<br>2019年1月习近平在人民日报社的讲话（舆论工作的新挑战） |
| 新闻事业 | 新闻事业的发展及其规律<br>新闻事业的功能及其效果<br>当今中国新闻事业 | 唯物辩证历史发展观<br>2019年1月习近平在人民日报社的讲话（党的新闻舆论工作的职责和使命48字方针）<br>2018年8月习近平在全国宣传思想工作会议上的讲话（关于加强党对宣传思想工作的全面领导、5大使命任务） |

## 四、课程思政教学策略设计

在教育学领域，有一个普遍认同的说法是，中学是learning and teaching，大学是studing and guiding，注重学生价值导向的引领和学习能力的培养。新闻学原理是专业理论基础课程，本身具有丰富的思政元素且价值取向明确，其在新闻专业的教学中的地位不言而喻，除了课程体系构建外，如何创新课程教学模式、有效融入思政元素、实现立德树人是该课程教学改革的重点与难点。

**（一）以课堂为主渠道，以马新观为指导，采用问题导向式，注重案例教学，将价值引领与知识传授相统一**

习近平在"5.17"讲话中指出："坚持问题导向是马克思主义的鲜明特点。"新闻学原理是一门来自于新闻实践、指导新闻实践的鲜活的理论课程，在课堂教学中，要坚持以问题为导向，紧密联系学生思想，要带着强烈的问题意识，回应他们的关切。要解决学生所关心的新闻理论与实践中的各种热点、疑点和难点问题，了解把握他们的所思所想所需所求，直面他们在理论和实践中的困惑与问题，并旗帜鲜明地阐述观点、表达立场。在多元价值观下成长起来的"95后"大学生，大多数排斥一切说教与知识的生硬灌输，因此在敏感问题的设置与导向方面要精心设计，巧妙处理，且注重说服力。

例如：在新闻与舆论一节的教学中，在基本的概念讲述之后，通过最新的新冠肺炎疫情的现实案例引导学生思考如下几个问题：①如何认识习近平提出的八个"全面讲导向"？舆论导向需要管得那么严吗？②为什么要把网上舆论引导作为新闻舆论工作的重中之重？③如何把握好舆论引导的时效度？通过与学生进行讨论与分析，在教学中，融入以下课程思政元素：

（1）舆论导向正确，党和人民之福；舆论导向错误，党和人民之祸。（江泽民）

（2）舆论引导正确，利党利国利民；舆论引导错误，误党误国误民。（胡锦涛）

（3）新闻舆论工作各个方面、各个环节都要坚持正确的舆论导向。（习近平）

新闻学原理课程既是新闻专业的重要理论课，又兼有培养学生新闻专业理想的职能。正因为如此，学生对课程的接受度和认可度是至关重要的。如果来自学生的反馈信息是肯定和基本肯定的，那么，课程对学生的正面影响作用就比较大；相反，则情况不容乐观。所以，在课程教学中，既要注重内容传授，还要注重价值引领，这样才能有效实现立德树人的目标。

**（二）借助千人互聘计划，学界与业界双导师融合，扩大教师和学生视野，提升学生社会感知度**

联大自2014年始落实高校与新闻单位互聘"千人计划"，至今已实施7年，先后派出多位教师赴千龙网、中国青年报、北京电视台等媒体单位挂职，与此同时，中央人民广播电台、光明日报、北京日报等媒体单位多位业界专家来联大新闻学专业任教。

北京日报高级记者彭俐老师主要讲授新闻学原理课程。彭俐老师博学、风趣，在教学中结合自己在北京日报制作的视频谈话如《北京2008年奥运会珠峰火炬登顶记者采访追述》《1999年澳门回归北京盛大庆典仪式记者采访回顾》及《1977年、1978年中国高等教育高考恢复追忆》等中国改革开放以来的重大事件表达中华民族奋发进取的精神。这些系列谈话内容对大学生直接产生极大感染力和教育作用，效果良好，学生们全神贯注，表情异常严肃、认真。思政教育，贵在入脑入心。

笔者作为千人互聘成员，去中国青年报·中青在线挂职总编辑助理，除了日常的新闻策划、制作及编审工作外，还参与了中宣部和国家网信办的指定项目。其中带领学生，参与策划、录制剪辑制作了中国青年报"两会"期间重点打造的视频谈话节目《"两会"青年说》，在节目创作中，用马克思主义新闻观来指导整个节目的制作，注重青年新闻观的展现及价值引领，讲好中国故事。所制作的节目曝光量突破2亿，获得中宣部领导表扬点赞，并得到网信办和学习强国APP首屏推荐。在课堂教学中，深度结合该案例的出台过程，生动地解析了主流媒体如何进行议程设置，如何进行舆论引导。

### （三）带领学生依托校外实践基地，实现双课堂教学，把学校小课程与媒介大环境结合起来

首先，在教学中要将基本理论教学与媒介前沿研讨相融合。结合当前融媒传播生态，把最新的研究成果融入课程中。在教学中，以习近平总书记2019年1月25日在人民日报社的讲话中提出的"全程媒体、全息媒体、全员媒体、全效媒体""四全"论断为基础，带领学生探讨如下问题：①如何推动媒体融合向纵深发展，做强做大主流舆论，巩固全党全国人民团结奋斗的共同思想基础？②如何理解"以先进技术为支撑，以内容建设为根本"？通过哪些途径才能提高传统媒体的竞争力、传播力、影响力和公信力？在当前新媒体格局与传播新技术条件下怎样打造一批新型主流媒体？

其次，新闻学原理是一门理论性与实践性并重的课程，不仅要结合当前新闻传播实践来开展教学，还要让学生能够根据自己的实践体验来参与教学过程，实现从理论到实践再到理论的升华。例如，在上述《"两会"青年说》整个节目的策划与制作过程中，笔者安排学生积极参与，将课程思政引入实际节

目制作中，激发他们的新闻情怀。此外，为了让学生感受主流媒体的融媒改革实践，不仅带领学生去中青报融媒小厨参观，深入了解当下媒介生态及融媒环境下的新闻采写流程，还组织学生对中国青年报APP进行分析，撰写APP分析报告，学生很有兴趣，经过亲身体验，从APP结构、内容、特点、互动、传播等维度进行了深入解析，将理论与媒介现实实践有机结合在一起。

## （四）发挥学生主体作用，创新线上线下混合教学模式，并通过一周一次的当周新闻点评，将理论融入新闻实践的分析之中，培养学生的家国情怀

当前的新闻实践处于融媒共生阶段，面对新一代的学生群体，新闻理论的教学也要创新教学模式，充分利用中国大学慕课、企业微信群、网络学堂等多种教学平台，借助平台丰富的内容资源及互动性，与时俱进地满足学生的全媒体需求。同时，为了调动学生观察现实社会及新闻实践的积极性，特组织一周一次的新闻点评，每次2～3位同学主讲，其他同学点评，通过热点案例解析实现对学生价值观的指引。在2020年的抗疫报道中，涌现出众多振奋人心的新闻作品，引导学生对这些新闻案例进行解析，帮助学生树立"四个自信"，尤其是道路自信。

## 五、课程思政目标考核设计

新闻学原理课程在大二第一学期开设，是学生接触较早的一门课程，他们需要从学科平台大类理论基础过渡到专业课程的学习。而且，他们刚经历了大一的新鲜时期，大二出现了多级分化的现象。

（1）部分学生确立了继续深造或就业的明确目标，并从理论或实践层面做准备，学习状态良好，积极创造各类实践机会。

（2）部分学生出现了无目标、无动力、无所谓的"三无"状况，学习上懈怠，思想上迷茫，对未来无设想，自律能力弱，时间管理差，容易陷入游戏、追剧、网络社交等空虚娱乐中。

（3）个别学生有自我实现的意识，但因环境变化和个人能力所限，容易陷入自卑与自负的双重困扰中，不能积极主动面对学习和社交困难，受挫后容易一蹶不振或自我放弃，或脱离群体。

该课程在新闻专业教学中占据着举足轻重的地位，不仅通过新闻理论知

识的学习，培养学生坚持马克思主义新闻观，坚定新闻理想，增强学生的专业认同感和归属感，提升学生对中国社会现实的全面、客观认识，还要通过课程的教学，帮助学生顺利实现专业学习及个人认知的过渡，进入下一阶段的专业学习及实践活动。经过多轮的教学，该课程设定了如下测评模式（见表2）。

**表2　课程测评模式**

| 考核形式 | 所占比重 | 考核目标 | 考核平台 | 考核内容及要求 | 评价标准 |
|---|---|---|---|---|---|
| 课堂提问及讨论 | 10% | 考核学生对专业学习、自我目标的认知，新闻理论基础识记与理解、应用 | 企业微信群及课堂 | 章节理论知识及课堂所讲授案例的讨论 | 态度端正（20分），自我认知积极（20分），知识点正确（30分），有理有据（30分） |
| MOOC线上测验 | 20% | 考查学生对每一个章节知识点识记及理解程度 | MOOC平台 | 完成每周一次的课后测验 | 依据系统所给出的评分标准自动生成分数 |
| 读书笔记 | 5% | 考查学生对经典文献的理解 | 网络学堂 | 根据所给出的书单，选择2～3本精读，并撰写读书笔记及读后感 | 文献选择符合要求（10分），内容完整逻辑清晰（40分），语言表达通顺（30分），有个人见解（20分） |
| 新闻案例评析 | 15% | 考查学生价值观及探究能力 | 企业微信群及课堂 | 能够运用所学知识进行当前热点案例评析 | 导向正确（20分），观点鲜明（20分），依托原理（20分），论证得当（20分），表达流畅（20分） |
| 期末闭卷考试 | 50% | 考核学生对新闻理论的识记、理解、分析、应用和评价 | 课堂 | 考核范围涵盖所有章节，重点是基本概念、基本理论及基本规律的理解与运用 | 依据不同知识点掌握维度确定试卷，并根据主客观题不同的考核标准及能力要求确定分值 |

## 六、教学效果及成果

新闻学原理课程教学坚持从育人价值的本位出发来探讨"课程思政"的价值聚焦，在教学过程中坚持"合目的性、合规律性与合必然性"（即"三合")的统一。

### （一）实现立德树人，提升了学生自我认知，明确了专业认知

新闻学原理课程的教学秉承"三合"原则，以马克思主义新闻观为指导，将课程思政元素融入新闻学原理课程教学，实现了知识传授与价值引领相统一；并在教学中，以问题为导向，依托多渠道多场景教学平台，实现媒介融合背景下新闻学原理课程内容和教学方式创新。学生普遍反映，通过该课程的学习，对自己未来的学业和就业生涯有了更清晰的规划，对自我的认知有了提升。学生建立了相对完善的新闻学原理知识体系，强化了其对党的新闻事业的理想情怀，深化了其对新闻理论的认识，培养其学习新闻专业知识的兴趣；同时，通过教学环境的设置及教学内容的创新改革，提升了学生对学校的认同度与归属感。

### （二）提升了学校的美誉度，增强了教师立德树人的责任感和自信心

教育者先自育是课程思政建设的基础。教师要把习近平新闻思想系统融入课堂，注重理论指引，以马新观作为实践指导，在理论教学与新闻实践中提升自身的马克思主义新闻理论素养与业务实践能力。新闻学原理的主讲教师通过积极参与新闻传播一线实践，带领学生完成了《"两会"青年说》《中国吸引力》等多项重点新闻报道，取得了较好的报道效果，引起一定的社会反响。学生通过参与，深化了对新闻理论知识的理解，了解了媒介实践一线新闻报道的基本流程，对中国社会有了较为正向客观的评价，同时也进一步增强了教师立德树人的责任感与自信心。在教学实践之外，主讲教师将科研融入教学，主编了课程思政论文集，发表了2篇论文，完成了校级重点建设项目。

### （三）促进了新闻学原理课程的自身建设，将双导师双课堂教学的模式推广到专业其他课程

通过理论知识的深化学习及媒介实践的积极参与，主讲教师对课程的认识进一步深化，并在整个学科及专业的课程体系下来进行新闻学原理的教学，对整个教学体系和内容有了更全面的理解，对课堂的把握也更自如了，对学生所提的敏感问题不回避了，在课堂中形成了将知识点融入互动讨论从而深化理论学习的热烈场面。此外，该课程所依托的双师双课堂教学模式，推广

到了数据新闻、音视频节目制作、全媒体新闻采写设计Ⅱ等课程的教学中，将主流媒体一线新闻记者引入课堂，与课程主讲教师同步同行，协作指导学生，并将学生带入媒介实践的真实环境中，真正实现了新闻学专业理论与实践相融合的教学目标。

## 七、教学反思与持续改进

新闻学原理的课程思政改革取得了一点成效，但教学改革永无止境，立德树人是我们教学中一直要遵循的首要原则。该课程还需要在教学模式、教学内容和价值引导等维度上进行进一步探讨。

### （一）价值层面的引导还有待加强：部分学生思维已形成定式，思政教育任重道远

通过讲授发现，学生对热点新闻案例的分析与讨论比较感兴趣，但多局限于内容与传播，上升到舆论引导的层面就比较茫然，学生对主流媒体舆论引导力的建设和社会主义核心价值观的有效传播还没有一个明确的认识，这正说明了在新闻传播教育中课程思政融入的必要性。在教学中如何把握尺度、精选案例，将马克思主义新闻观及社会核心价值观融入教学中，春风化雨，润物无声，还需要教师深入思考。

### （二）学情分析还有待深化：需要深入了解学生真实情况，因材施教

教学中经常会出现教师认真备课、学生消极接受甚至抵触学习的情况，这需要任课教师对学生进行更深入的了解。要采用总体调研与个别谈话相结合的方式，根据调查研究结果及精准分类情况，了解学生的真正需求，根据课程及学生特点，凝练教学内容中蕴含的思政元素，将学科资源、课程资源内化为立德树人，帮助学生树立正确的马克思主义新闻观，培养学生的家国情怀。

### （三）优化课程体系，创新教学模式：依托多元平台，注重阶段式评价

教师是课程思政的开拓者、营养师和助燃剂，课程教学仍然要遵循内容为王的准则，在精准分析学生的基础上进一步优化课程体系，依托中国大学

MOOC完善及开发教学资源，包括多媒体课件、微视频、网络资源及案例库、试题库，建立立体化的教学资源库。线上教学与线下课堂教学紧密结合，调整传统教学模式及教学进度计划，加强3个教学环节——课前、课中、课后各环节的教学资源准备及教学组织。同时，注重教学考核，将阶段考核与期末考核统一起来，注重课堂参与度、案例讨论与互动表现、课后练习，注重理论与实践的结合，通过多种考核模式实现促进传授与价值引领的有效统一。

## 参考文献

[1] 丁柏铨. 略论马克思主义新闻观课程建设和其他相应建设 [J]. 当代传播，2018（6）：6-8.

[2] 刘建明. 提升党媒理论的中国特色与新闻学原理的国际影响力：兼论习近平哲学社会科学思想的精辟论断 [J]. 新闻爱好者，2017（10）：4-8.

[3] 骆正林. 卓越人才培养与新闻理论"教""学" [J]. 青年记者，2020（1）：69-71.

[4] 朱清河，宋佳. 文献学视域下马克思主义新闻观中国化的历史进路 [J]. 陕西师范大学学报：哲学社会科学版，2020（3）:34-48.

[5] 杨保军. 新闻理论教程 [M]. 4版，中国人民大学出版社，2019：105.

[6] 韩宪洲. 深化"课程思政"建设需要着力把握的几个关键问题 [J]. 北京联合大学学报：人文社会科学版，2019，17（2）：1-6，15.

[7] 邱伟光. 课程思政的价值意蕴与生成路径 [J]. 思想理论教育，2017（7）：10-14.

作者简介：刘文红（1976—　　），女，讲师，博士。研究方向：融媒新闻理论与实践。

# 摄影与摄像课程
# 思政建设研究与实践

（北京联合大学　应用文理学院　李瑞华）

**【摘要】**本文基于摄影与摄像课程和课程思政相融合的实践经验，探析短视频和摄影教学课程思政的有效开展路径，对课程思政的模式和实施方案、效果评估进行了实践探索，尝试把影像拍摄技能和思政内容结合起来，形成协同效应，拍摄正能量、积极向上的影像作品，提升课程思政的境界，落实立德树人的根本任务，"育人育德"齐头并进。

**【关键词】**课程思政，真实项目，实践教学模式；价值引领

## 一、课程简介

课程名称：摄影与摄像

课程类别：专业必修课程

学时学分：64学时4学分

适用专业：新闻学（含影视传播方向）专业

内容简介：摄影与摄像课程是新闻学专业本科生的专业基础课，是新闻传播专业学生了解和掌握新闻摄影与摄像知识的主要课程。运用摄影与摄像图像传播新闻信息，是现代新闻传播的重要一翼。这就要求新闻传播专业的学生通过专业学习与专业训练，熟练掌握摄影传播的规律与技巧，并能运用于具体的新闻传播实践。本课程的目的有两个方面：一是给学生以摄影与摄像所需要的基础知识和基本原理的学习；二是给学生以新闻摄影实践操作方面的训练，拍摄大量的短视频和纪录片。

要求学生通过本课程的学习，懂得新闻摄影与摄像的基本原理和基础知

识；掌握新闻摄影与摄像的基本技能；对新闻照片和影像进行基本准确客观的分析和评价。在此基础上，学生能独立创作短视频和纪录片作品。

表1 预期学习成果与专业学习成果对照表

| 预期学习成果 | 本课程学习成果会对以下专业学习成果作出贡献 |
| --- | --- |
| 1.掌握摄影的基本理论和知识 | 具备较为扎实的摄影基础知识及基本理论，了解本专业前沿发展现状和趋势 |
| 2.掌握新闻摄影方法和技巧 | 了解与本专业相关的行业情况与发展趋势 |
| 3.能够独立拍摄新闻摄影作品 | 具有运用所学语言理论和技术手段分析并解决本专业相关问题的基本能力 |
| 4.对当下的新闻影视现状进行批评 | 能应用专业知识技能于实践，具备一定的拍摄能力 |
| 5.了解主流传播思想 | 培养责任意识，具备和专业相关的社会责任感 |

## 二、课程思政目标设计

课程思政是一种创新的教育理念，2016年12月，习近平总书记强调：要坚持把立德树人作为中心环节，实现全程育人、全方位育人，努力开创我国高等教育事业发展的新局面。在全面推广课程思政的背景下，要求把专业课程教育和思想政治教育融为一体，把思想政治工作贯穿教育教学全过程。在课程思政精神的引领下，以实践为主的摄影与摄像课程要利用好课堂教学这个渠道，把影像制作技能和思政内容结合起来，形成协同效应。

教师要有效地发挥课程思政"润物细无声"的育人功能，培养同学们不畏艰难、锲而不舍的敬业精神和敬畏生命、崇尚真理的科学精神，对新闻影像和生活真相锲而不舍的探索精神。学生们要学会用镜头记录社会，记录真实、发现真实有助于这个世界变得更好，从而具有良好的思想境界、人文情怀和社会责任，最终成为具备政治洞察力、新闻真实发现力的人。

汲取正向的拍摄素材，传递积极的社会能量，是摄影教学在思政课堂融合环境下得以发展的途径。教师要落实课程思政的影像社会实践，开展丰富的实践拍摄活动，赋予专业课程价值引领的重任，提升深化课程思政建设的境界和情怀，落实好立德树人的根本任务，实现专业教学与思政内容的同频共振。

## 三、课程思政教学内容设计

"所谓课程思政，其实质不是在高校中增设一门课程，也不是增设一项活动，而是将思想政治教育融入课程教学和改革各环节、各方面，实现立德树人润物无声。"习近平总书记所倡导的思想政治理论课是要与其他课程协同起来，在专业课中融入思政元素，使这些课程在传授知识的同时发挥育人功能。

摄影与摄像课程是一门新闻学专业的必修课，旨在全方位培养学生的影像制作能力。作为一门带有鲜明动手能力和实践特色的课程，拍摄身边的正能量，记录优秀北京文化，拍摄社会公益题材，实现思政与专业的立体融合，自然成为课程思政的首选。

### （一）拍摄正能量，传播主流意识形态

1. 拍摄"我身边的好党员"，塑造积极向上的价值观

2017年北京联合大学应用文理学院党总支评选出24位"我身边的好党员"，学院希望能把这24位好党员的故事拍成纪录片，让更多的学生来了解党员，认同党员身份，弘扬积极向上的价值观。

新闻与传播系系主任杜剑峰老师认为这是一个锻炼学生专业技能的好机会，她将这个活动作为摄影与摄像课程的一个实践项目融入教学中，让活生生的真实项目进入课堂。当时两个班的同学被分成12个创作小组，杜老师请了多位专业摄影师来拍摄现场指导学生，快速提升了学生的拍摄能力。从学生的视角来拍摄身边好党员的故事，很有意义，这个活动赢得了学院师生的一致好评，这些纪录片为文理学院的党建工作增添了一抹独特的影像风采。

2. 拍摄博物馆微视频，参与社会公益服务

2017年年初，北京数字科普协会、北京市文物局信息中心以及北京市科学技术协会信息中心联合举办首都高校博物馆微视频大赛，通过开展首都高校博物馆微视频作品的设计和制作活动，推广"微视频"在博物馆领域的广泛应用，并通过打造"微视频"的拍摄及制作平台，发掘更多优秀的"微视频"作品以及优秀的"微视频"制作人才。

为了让学生参与社会公益活动，用专业技能为社会服务，摄影与摄像课程被直接搬进了各大博物馆，教师一边完成专业拍摄教学，一边组织学生拍摄了奥运博物馆、自然博物馆、艺术博物馆、大钟寺博物馆总计8部微视频。

在后来的比赛中，新闻与传播系获得了1个一等奖、2个二等奖、1个三等奖、4个纪念奖。这些微视频宣传了北京市各个博物馆的专业性和公益性，取得了很好的传播效果；学生们在拍摄这些短片中，丰富了自己的历史文化素养和博物馆知识，提高了拍摄、剪辑技能，增强了专业自信心。

3. 拍摄招生宣传片，宣扬学校品牌文化

每年高考之后，各大高校会推送招生宣传片，一部高质量的学校宣传片不仅能够提高招生率，更重要的是能够体现学校的精神风貌和人文素养。一般来说，这样的宣传片是各高校花重金聘请社会上的专业团队来拍摄。但是，文理学院连续两年的招生宣传片都是新闻与传播系的学生完成的。2017年6月中旬，在教师的带领下，6位学生用了6天时间，完成了一部符合影视行业标准、主题明确、影像风格独特的文理学院招生宣传片。这部宣传片一经推出便受到了全院师生的一致好评，网上互动评价、留言丰富且正面，反响热烈，增强了师生对学院的身份认同和自我归属感，为文理学院招生宣传和学院形象的塑造与推广贡献了力量。

2018年5月，吸取学院招生宣传片的制作经验，从摄影与摄像课上选拔了大二、大三、大四三个年级的7名优秀学生，这7名学生用一个月的时间，为文理学院的档案学、地理信息科学、法学、历史学等制作了7部专业招生宣传片，7部片子7个创意，风格各不相同。各大高校拍摄专业招生宣传片的并不多，依托于摄影与摄像课程所诞生的这7部短片创造了由在校大学生制作专业招生宣传片的数量纪录。

## （二）立足北京，拍摄北京文化

作为千年古都和当代中国的首都，文化是北京城市发展之魂。习近平总书记关心首都文化建设，两次视察北京都对北京文化建设作出重要指示，明确把全国文化中心建设作为首都城市战略定位之一。建设全国文化中心，要集中做好首都文化这篇大文章，特别是源远流长的古都文化、丰富厚重的红色文化、特色鲜明的京味儿文化以及蓬勃兴起的创新文化。在对北京文化的发掘、体验、诠释、传承与传播的过程中，培养学生的专业能力，提升学生的文化自信和文化认同。

摄影与摄像课程思政内容紧扣文化指引，让学生拍摄"北京中轴线文化"影像、"北京大西山文化"纪录片、"北京名人故居文化"纪录片、"北京红色文化"纪录片、京西文化短视频等。通过走拍北京，学生们用脚步丈量北京，感受北京文化的博大精深，认清自身的责任和使命。《我走在卢沟桥上》的导演在实践总结中写道："除了在拍摄方面的收获，拍摄这部影片也给我思想上带来很大的启发。从前我是一个对红色文化没有什么兴趣的人，但是在卢沟桥抗战纪念馆志愿者郭秀芝奶奶的带领下，我走近了像戴安澜、邓玉芬和赵一曼这样一个个鲜活的抗战英雄，我被他们的事迹和精神所感动。渐渐地，我发现红色文化是永远不会过时的，也并不是枯燥的，他们身上总有一些特质是值得我们学习的。我发现红色文化的传扬真的是有意义的，奶奶所做的事情也是有价值的。"学生通过创意实践重温历史，深切体味中华民族在艰苦卓绝的斗争中焕发出的自强不息的精神。

### （三）关注社会现实问题，坚守纪录理想

2018年，习近平在全国教育大会上讲道："培养什么人，是教育的首要问题。我国是中国共产党领导的社会主义国家，这就决定了我们的教育必须把培养社会主义建设者和接班人作为根本任务，培养一代又一代拥护中国共产党领导和我国社会主义制度、立志为中国特色社会主义奋斗终身的有用人才。"这是教育工作的根本任务，也是教育现代化的方向目标。育人是本，把培养什么人作为教育的首要任务，摄影与摄像课程思政的第三个切入点放置在关注社会现实问题、坚守纪录理想、培育有职业精神的传媒人才上。

习近平总书记强调"要运用新媒体新技术使工作活起来，推动思想政治工作传统优势同信息技术高度融合，增强时代感和吸引力"。在突发疫情和短视频井喷式增长的背景下，运用新媒体做好摄影与摄像课程的思政工作，如何创新及生产优质内容，成为课程思政的重要现实性课题。在高校思政工作应该落实到实践创作中这一思想的指引下，摄影与摄像课程思政必须坚持思想性、理论性和实践性的统一，呼应疫情短视频内容的热潮，内容为王，组织学生以"宅家抗疫"和"我身边的抗疫模范"为主题进行抗疫短视频创作，从学生的角度讲述抗疫最美的故事，传递抗疫最强力量。学生们创作了《北京按下播放键》《疫情之下》《疫情之下的我们》《疫情下的快递员》《疫情下的门卫》等大量短视频。例如，王海璐等创作的《疫情之下的我们》，讲述了四个女同学在疫情期间宅家的生活，采用第一人称的叙事方式，学生自己拍摄自己的日常，虽然不能正常回到学校，但是她们在家里坚持学习、网上兼职、照顾生病的家人，和爸爸妈妈一起下地干活，感受家乡土地的温暖，突发的疫情让四个女孩反思生活的意义与自我价值，这部短视频真实、生动、质朴，

在平静中传递出积极向上、勇敢面对一切突发事件的力量。王逸然创作的《疫情之下》聚焦身边的普通人，拍摄以自己爸爸为首的一群基层防控人员在新冠肺炎疫情暴发期间的付出与奉献，关注个体的生存，传递"小人物、大情怀和正能量"。还有许多学生拍摄了疫情期间给家人做饭、外出购物的微视频，自我创作意识浓厚，个人色彩突出，丰富了疫情短视频的传播内容，呈现出多样的视角与感悟。

引导学生通过完成各种疫情短视频的拍摄和传播任务，关注社会现实，拓展了课程思政的时间和空间，延长课程思政的时效性，在实践的过程中不断提高短视频拍摄水平，加强社会责任教育，从而提升价值引领和意识形态教育效果。

## 四、课程思政教学策略设计

摄影与摄像课程思政的教学策略力求实践真实项目与行业接轨，通过在实践中创作大量融合课程思政的项目，达成教学创新的目的。

### （一）传统的教学实践模式存在弊端

传统的摄影与摄像教学一般采取课堂讲授方式，教师在课堂讲解、演示，告诉学生如何拍摄和剪辑，然后学生练习。一般来说，教师会出一个虚拟的题目，比如"拍摄小景深的一段影像"，在课程快结束时让学生反馈练习，这种方式的优点是可以节省时间，信息量比较大，并且可以实施大班教学。但是，这种教学方式也存在很多局限性，主要体现在：一是学生在练习、拍摄阶段的效果并不理想，由于缺乏实战的压力，很多同学并没有真正练习，并且看不到差距，不利于因材施教、选拔一些优秀的学生；二是实操的精确度和准确度远远不够，与行业要求存在一定脱节。因为是虚拟题目，学生们抱着完成作业的心态，放松了对专业实际操作的要求。

### （二）真实的思政项目带动创作

不管是《我身边的好党员》纪录片、博物馆微视频，还是招生宣传片、北京文化系列影像作品，都是来自社会的真实创作项目。教师把这些真实项目引进课堂，组建学徒模式，如同师傅带徒弟一样拍摄，激发了学生的学习兴趣和创作激情，并且在行业规范的要求下，学生会自觉将自己置换成"社会"角色进而严格要求自己,不再以"学生"身份、以"完成作业"的心态来应付实践。

"实践项目"和公司需求之间的社会"契约关系",督促师生严格按照行业和市场标准进行创作拍摄,极大地提升了实践人才培养的效率和质量。在真实项目的压力下,要把片子推向市场,学生们意识到"失误素材"后,便会积极想办法解决问题。学生张莉在拍摄《我身边的好党员——黄宗英》时,第一次拍摄的素材画面达不到行业要求,全部废掉,她又进行了二次拍摄,按照纪录片的行业标准来严格拍摄每一个画面;剪辑成片之后,她发现黄宗英老师采访画面的绿色背景很难看,于是主动进行了第三次拍摄。类似这样的重拍经历更多地存在于真实项目中,因为虚拟项目不存在市场检验,学生们不自觉地便放弃了对自我错误的纠正,因此很难取得专业上的进步。

几乎每一个真实项目小组都经历了"拍摄失误"然后"再次重拍"的过程,经过一次次"失误与纠正"的过程,学生们渐渐意识到实践是一种渐进尝试错误的过程,在这个实践过程中,无关的错误反应逐渐减少,而正确的反应最终形成,学生们以主动、积极的心态改进了拍摄影像的质量,提高了创作水平,激发了学习兴趣。

## 五、课程思政目标考核设计

以课程思政为主体创新考核方式,构建全方位考核的模式,实现"思政"和"专业"相结合的双向考核方法。

考核学生的学习状态,通过设计调查问卷的形式,探究学生的学习兴趣。

考核学生的思想状态,通过小组谈话的形式,摸清学生对社会新闻和重大话题的反应。

实践课严格考核学生的考勤,通过每次实践课上交作业的形式,紧抓实践效果,并积极反馈给学生。

在专业考核上,采取小作业日常化的形式,提升专业实践水平。

大作业的考核是项目制,考核团队合作水平和专业实践能力。

## 六、教学效果及成果

### （一）课程思政效果：传授知识与价值，引领同频共振

1.引领价值观

课程思政注重在价值传播中凝聚知识底蕴，在知识传播中强调价值引领。课程思政采取价值引领和知识传授相结合这一最具效能的育人基本实现形式，在专业知识的传授中融入价值观的引领，实现知识传授与价值引领的同频共振。摄影与摄像课程思政摒弃了传统的实践理念和方法，突破了单一的专业教育范式，为影像技能搭建了积极向上的拍摄内容，注重在知识技能练习中强调价值引领。

"教育就是一棵树摇动一棵树，一朵云推动一朵云，一个灵魂唤醒另一个灵魂"，通过拍摄《我身边的好党员》纪录片，纪录这些党员的真实工作，党员身上的闪光点影响着拍摄者，积极为社会奉献的党员精神悄无声息地传递到学生身上。在潜移默化中，课程思政引领了积极向上的价值观，实现了思政课程教育目标与专业课程知识点的精准对接。

2.培养职业精神

摄影与摄像课程思政在引领积极价值观的同时，一直在通过行业实践培养学生的职业精神。从某种角度来说，优秀的新闻影视人才必然来自于实际工作，单纯的课堂实践不利于培养学生的志趣、特长和发展他们的个性，不利于激发学生的独创性。把拍摄好党员、博物馆微视频、招生宣传片等积极向上的真实项目引进课堂教学之后，能更好地按照影视行业的标准锻炼学生，培养职业精神，在学校完成人才与社会的接轨。

### （二）主要成果

自实施课程思政教学改革以来，在教师的带领下，以学生为实践主体，依托于摄影与摄像课程，完成了多个项目的制作，主要成果如下。

（1）我身边的好党员（纪录片，13部，2017年1月）；

（2）北京联合大学应用文理学院招生宣传片（宣传片,1部,2017年5月）；

（3）博物馆短视频（纪录短片，8部，2017年6月）；

（4）"诗意成都"旅游宣传片（宣传片，1部，2017年10月）；

（5）一棵知道很多故事的树（纪录片，1部，2017年11月）；

（6）江西龙南、瑞金红色宣传片（宣传片，2部，2017年12月）；

（7）北京联合大学应用文理学院专业招生宣传片（宣传片，8部，2018年5月）；

（8）"廉政"主题短视频（故事片，3部，2018年6月）；

（9）"中关村一小"毕业短片（纪录片，2部，2018年7月）；

（10）"再见，我的幼儿园"（纪录片，1部，2018年8月）；

（11）"婺源拍摄实践"纪录片（纪录片，1部，2018年11月）；

（12）"联大正青春"校庆宣传片（宣传片，1部，2018年10月）；

（13）文化西山系列微视频创作（纪录片，6部，2018年11月）；

（14）西美医疗美容纪录片（纪录片，1部，2019年2月）；

（15）西美医疗美容短视频（短视频，5部，2019年4月）；

（16）奶奶的面（故事片，1部，2019年5月）；

（17）我们（纪录片，1部，2019年6月）；

（18）remember me（纪录片，1部，2019年6月）；

（19）北京中轴线系列纪录片（纪录片，8部，2019年6月）；

（20）名人故居系列纪录片（纪录片，7部，2019年7月）；

（21）抗击疫情题材纪录片（纪录片，5部，2020年5月）；

（22）脱贫攻坚纪录片（纪录片，3部，2020年10月）；

（23）读懂中国系列纪录片（纪录片，2部，2020年12月）；

（24）奥氮平（故事片，2020年12月）；

（25）随风而去（故事片，2020年12月）；

（26）我不是笨小孩（纪录片，3部，2021年1月，央视纪录频道播出）；

（27）出版教材一部《微电影制作实验教程》（2020年8月）。

这些作品孵化于摄影与摄像的课程改革过程中，并且取得了一些社会影响力。《我不是笨小孩》是国内第一部长时间观察阅读障碍儿童成长的纪录片，2021年1月25—28日在央视纪录频道播出并在央视频和央视网同步上线，引发广泛社会关注，新华社、中国新闻社、光明日报、中央广播电视总台、中国日报、中国教育报、中国青年报、新华日报、南方周末、中国新闻周刊、中国艺术报、华西都市报等十几家主流媒体和有影响力的地方媒体进行了报道；学习强国APP上相关报道共有7篇；据不完全统计，截至2020年3月18日，共有236个微信公众号推送了介绍纪录片的文章，其中90篇为原创文章，"乌鸦电影""独立鱼电影""真实故事计划""Figure映画"等公众号推送的"10W+"文章共计9篇，"央视纪录"的相关推文创造了该平台的浏览量最高纪录（浏览量是先前最高流量的5倍），新浪微博相关话题总浏览量超过2000万。纪录片播出当天上了热搜榜单，海外Vice主站教育频道也出了英文报道，作品口碑良好，豆瓣评分获得9.4的高分，是2020年播出（上线）纪录片中豆瓣口碑最高的国产纪录片之一，通过作品传播和相关报道对全民进行了一次关于阅读障碍的知识普及，让这一先前鲜为人知的概念深入人心，同时引发关于教育问题的广泛社会讨论，取得良好社会效益。这一依托于摄影与摄像课程的课程思政实践成果，已经开始着手第二季节目的生产研发。《一棵知道很多故事的树》荣获2018年第八届中国影视学院奖作品类一等奖，入围第二届中国民族学学会影视人类学分会"学会奖"和2017年中国（广州）国际纪录片节"金红棉"评优单元，并入选国家广播电视总局"百人百部中国梦短纪录片创作扶持计划"。在首都高校博物馆微视频创作中，博物馆系列短视频《寻路》《缘起奥运》获得二等奖，《驻守宁静》获得三等奖，《北京自然博物馆宣传片》《奥运博物馆宣传片》《万寿寺之建筑艺术》获得纪念奖。文化西山系列微视频创作中，《香山慈幼院》《我走在卢沟桥上》《苏州街里》分别荣获2018年北京联合大学第三届社会记忆传承与保护作品大赛一等奖、二等奖和三等奖。

## 七、教学反思与持续改进

摄影与摄像课程的思政载体是真实项目，要求是职场规范，评价是市场标准，价值是传播正能量，实现了教、学、做合一，影视专业课程和思政内容实现了同向同行、协同一致、"育人育德"齐头并进，在专业实践教学过程中，全方位贯彻推进了育人理念。

摄影与摄像课程在日常的教学工作中可以加入很多"思政教育"内容。教学课程的设计和安排，需要融合先进的理念和教育内容、专业技术，从专业的角度进行课程指导，在价值观和拍摄选题的挖掘上，还有很多可开垦的方面。

思政内容的融入和方法策略、评价方式上过于粗放，亟须细化。思政和摄影专业两个学科的融合发展，需要结合它们各自的优势，互相促进，找到最佳的教学实践方式，既要重视专业技术性内容，更要时刻融合思政教育。

**参考文献**

[1] 李如占，张冬冬. 课程思政：各类课程与思想政治理论课协同育人的有效路径 [J]. 高教论坛，2018（6）：14-16.

[2] 习近平. 全程育人，全方位育人，开创我国高等教育事业发展新局面：习近平总书记在全国高校思想政治工作会议上重要讲话引起热烈反响 [N]. 人民日报，2016-12-09（1）.

[3] 杨涵. 从"思政课程"到课程思政：论上海高校思想政治理论改革的切入点 [J]. 扬州大学学报，2018（2）：98-104.

作者简介：李瑞华（1978— ），女，电影学博士，主要研究方向为纪录电影。

# 中国新闻事业史课程
# 思政建设研究与实践

（北京联合大学　应用文理学院　李彦冰）

【摘要】中国新闻事业史课程是新闻学专业核心课。课程思政设计目标是：融入辩证唯物主义与历史唯物主义理论与方法；培养学生新闻传播职业理想和精神；融入社会主义核心价值观要求；落实习近平总书记关于新闻传播的重要论述；鼓励学生的创新精神。方案设计遵循两条原则：根据教学重点难点融入思政元素；根据学生所获能力融入思政元素。设计特色是：全面贯彻马克思主义新闻观思想，采用从人物到事件再到普遍的现象逐层演进的思路来设计；既注重思政内容的主体设计，也兼顾了以学生为中心的接受程度。本设计采用了实践体验、翻转课堂、网络学堂等教学策略，达到了良好的课堂效果和社会效果。未来本课程还要在与其他课程的知识协同育人上多做工作，需注意专业知识获取与价值观、教师主体与学生中心、短期效果和长期效果的统筹评估等方面的关系问题。

【关键词】中国新闻事业史；课程思政；思政元素融入；课堂效果；价值观

## 一、课程简介

课程名称：中国新闻事业史

课程类别：专业核心课

学时学分：32学时2学分

适用专业：新闻学、网络与新媒体

内容简介：中国新闻事业史是新闻学专业的核心课程。该课程根据历史的分期将中国新闻事业的发展划分为不同发展阶段，分别介绍中国古代新闻事业的发展、近代新式报刊的兴起、早期维新派的办报思想、维新运动时期中国新闻事业的发展、辛亥革命时期中国新闻事业的发展、民国初年的新闻事业、五四时期的新闻事业、土地革命战争时期的新闻事业、抗日战争时期的新闻事业、解放战争时期的新闻事业、新中国成立初期的新闻事业、社会主义探索时期的新闻事业、"文革"时期的新闻事业、改革开放时期的新闻事业等。对这些历史时期新闻事业的讲授主要介绍这些时期新闻事业的发展特征，涌现出来的著名的报纸、通讯社、电台等，同时对这些不同历史时期所出现的著名报人、记者及其新闻思想进行详细分析，对不同历史时期的重点事件进行讨论。通过这些内容的阐述厘清中国新闻事业发展与中国社会发展、中国革命之间的关系，以期为今天的新闻传播事业发展提供历史经验。同时注重培养学生的历史思维、政治思维和对中国新闻事业发展脉络的基本认知，奠定学生的职业道德和职业理想。

## 二、课程思政目标设计

本课程要在思政的融入上达到如下五个基本目标。

第一，融入辩证唯物主义与历史唯物主义理论与方法。通过对中国新闻史重点历史事件的分析，让学生能运用历史唯物主义的理论与方法，正确科学地认识新闻事件，形成正确的历史观、马克思主义新闻观，旗帜鲜明地抵制历史虚无主义。

第二，全面培养学生的新闻传播职业理想和职业精神。通过对中国新闻事业史上的著名新闻记者的介绍和讲解，全面融入新闻记者的职业伦理、职业道德、职业性格、职业能力和职业信仰问题，坚定学生做马克思主义新闻人的信念。

第三，系统挖掘重点融入社会主义核心价值观的要求。通过对著名新闻记者的介绍重点融入社会主义核心价值观的"爱国"和"敬业"两个元素，"润物细无声"地渗透社会主义核心价值观。

第四，落实新时代习近平总书记关于新闻传播的重要论述。结合中国新闻事业史上能贯通现实的知识点，全面融入习近平总书记关于新闻传播的系列讲话精神。

第五，鼓励学生在新闻传播的实践中实现创新与发展。以中国新闻改革史为主线，选择五四时期的新闻改革、史量才的新闻改革、《大公报》的新闻改革、《解放日报》的新闻改革、《人民日报》的新闻改革、改革开放以来的新闻改革等事件，挖掘其中的创新精神。

## 三、课程思政教学内容设计

### （一）课程思政整体建设方案

本课程在思想政治教育的融入上，整体建设遵循两条纵向原则。这两条纵向原则基本上解决的是本课程的课程思政的融入思路问题，这两个原则分别是：第一，根据教学大纲要求的重点难点融入思政元素。因为重点、难点知识是支撑课程的核心内容；重点、难点知识最能体现对学生能力和素质的要求；重点、难点知识与思政元素的结合更容易达到育人效果。第二，根据课程要求学生所获能力融入思政元素。要培养学生的历史思维及把握历史规律的能力；培养学生对新闻历史现象的认知能力，抵制历史虚无主义；培养学生的职业操守和职业技能；培养学生独立思考历史并运用于现实的能力。

### （二）思政元素挖掘及课程内容的合理设置

第一，融入辩证唯物主义与历史唯物主义理论与方法（见表1、表2和表3）。

表1　课程思政融入设计

| 基本思路一 | 历史分期 | 专业知识点 | 思政元素 |
|---|---|---|---|
| 融入辩证唯物主义与历史唯物主义理论与方法——能正确认识和评价新闻史重点事件 | 维新运动时期 | 《时务报》与梁汪争论 | 大时代中的个人恩怨 |
| | 辛亥革命时期 | 清末对报业的法制管理 | 法制管理的反动与进步 |
| | 民国初年 | 癸丑报灾 | 对袁世凯个人独裁的评价 |
| | 大革命时期 | 《热血日报》五卅运动报道 | 大时代中学生的人生选择 |
| | "文革"期间 | "文革"中的个人崇拜宣传 | 正确认识个人崇拜 |

表2　课程思政融入设计

| 基本思路一 | 新闻现象 | 专业知识点 | 思政元素 |
|---|---|---|---|
| 融入辩证唯物主义与历史唯物主义理论与方法——能正确认识和评价新闻史重点事件 | 政论文体发展史 | 王韬的经世致用 | 正确认识和理解文以载道、文体的发展变化与时代政治发展的关系 |
| | | 梁启超的新文体 | |
| | | 五四时期的政论 | |
| | | 北洋军阀时期的政论 | |
| | | 鲁迅的杂文 | |
| | 通讯社的发展史 | 路透社远东分社 | 正确认识和理解通讯社的发展与世界政治、国内政治的发展的关系 |
| | | 五四时期的通讯社 | |
| | | 国民党中央通讯社 | |
| | | 红中社与新华社 | |

表3　课程思政融入设计

| 基本思路一 | 历史分期 | 专业知识点 | 思政元素 |
|---|---|---|---|
| 融入辩证唯物主义与历史唯物主义理论与方法——坚持马克思主义新闻真实观 | 抗日战争期间 | 《解放日报》整风改革 | 全面反映解放区抗日现状 |
| | 解放战争期间 | 反"客里空"运动 | 新闻要坚持真实性 |
| | 社会主义改造时期 | 1956年《人民日报》改革 | 解放思想实事求是 |
| | 全面建设社会主义时期 | "大跃进"中的新闻报道 | 新闻真实的重要性 |
| | 改革开放时期 | 三色报道与舆论监督 | 新闻说真话的力量 |
| 自觉抵制历史虚无主义 | 新式报刊时期 | 《察世俗每月统记传》 | 传教士办报的文化渗透与客观效果 |

第二，全面培养学生的新闻传播职业理想和职业精神（见表4、表5和

表6)。

**表4　课程思政融入设计**

| 基本思路二 | 人物 | 专业知识点 | 思政元素 |
|---|---|---|---|
| 全面培养学生的新闻传播职业理想和职业精神——职业性格 | 梁启超 | 《异哉所谓国体问题者》发表 | 富贵不能淫的品性 |
| | 黄远生 | 拒绝为袁世凯服务 | |
| | 林白水 | 批评军阀张宗昌被杀害 | 威武不能屈的性格 |
| | 史量才 | 史量才与蒋介石的关系 | |
| | 邹韬奋 | 大学期间的勤工俭学 | 艰苦奋斗与独立品性 |
| | 邵飘萍 | 狱中写信明志做记者 | 高洁人格坚韧品性 |
| | 萧　乾 | 未带地图采访欧洲战场 | 英勇无畏的精神 |

**表5　课程思政融入设计**

| 基本思路二 | 人物 | 专业知识点 | 思政元素 |
|---|---|---|---|
| 培养学生新闻传播职业理想和职业精神——职业能力 | 梁启超 | 对新闻理论的系统阐发 | 记者的理论思维 |
| | | 新民体与时务文体 | 过硬的文字表达能力 |
| | 萧　乾 | 由文学家转入做记者 | |
| | 黄远生 | 新闻的"四能"说 | 锻炼好身体素质 |
| | 邵飘萍 | 办报、采编、办通讯社、写著作 | 多学与多能 |
| | 邹韬奋 | 注重广告经营收入 | 报业经营思维 |
| | 范长江 | 沿红军长征路线采访西北 | 新闻实践精神 |
| | | 《中国的西北角》 | 思维的前瞻性 |
| | 成舍我 | 世界报系的创办 | 新闻专业主义精神 |
| | 张季鸾 | "四不"方针 | |
| | 徐铸成 | 中原大战中的独家新闻 | 新闻敏感性 |

**表6　课程思政融入设计**

| 基本思路二 | 人物 | 专业知识点 | 思政元素 |
|---|---|---|---|
| 培养学生新闻传播职业理想和职业精神——职业信仰 | 邵飘萍 | 思想转向马克思主义 | 大时代人的信仰选择 |
| | 李大钊 | 创办《每周评论》 | 马克思主义的思想转向 |
| | 邹韬奋 | 临终遗嘱申请入党 | 职业与信仰选择 |
| | 范长江 | 由《大公报》进入延安 | 乱局中职业信仰的改变 |
| | 史沫特莱 | 撰写《伟大的道路》 | 坚定的国际主义精神 |

第三，系统挖掘重点融入社会主义核心价值观的要求（见表7）。

**表7　课程思政融入设计**

| 基本思路三 | 人物 | 专业知识点 | 思政元素 |
|---|---|---|---|
| 社会主义核心价值观——爱国 | 张季鸾 | 《大公报》的抗战表现 | 以文报国的意识 |
| | 萧　乾 | 采访欧洲时心系祖国 | 家国情怀 |
| | 斯　诺 | 《红星照耀中国》出版 | 国际主义精神与对中国的情怀 |
| | 杜重远 | 新生事件 | 抗日与家国情怀 |
| 社会主义核心价值观——敬业 | 鲁　迅 | 为报社写补白稿件 | 为报社着想的敬业精神 |
| | 张季鸾 | 在病榻上口述写评论 | 用生命成就新闻的精神 |
| | 邹韬奋 | 为每一位读者来信复信 | 为读者着想的敬业精神 |

第四，落实新时代习近平总书记关于新闻传播的重要论述（见表8）。

**表8　课程思政融入设计**

| 基本思路四 | 历史时期 | 专业知识点 | 思政元素 |
|---|---|---|---|
| 落实新时代习近平总书记新闻传播的重要论述 | 戊戌变法时期 | 梁启超关于舆论问题的论述 | 习近平在党的新闻舆论工作座谈会上的讲话，2016-02-20 |
| | 抗日战争时期 | 《解放日报》改版中加强报纸党性的措施 | 习近平视察解放军报社时的讲话，2015-12-26 |
| | 五四时期 | 《新青年》及其意义 | 习近平总书记在纪念五四百年大会上的讲话，2019-04-30 |
| | 新中国成立初期 | 新闻界对经济、政治、文化的报道 | 习近平在全国宣传思想工作会议上的讲话，2018-08-21 |

第五，鼓励学生在新闻传播的实践中实现创新与发展（见表9）。

表9　课程思政融入设计

| 基本思路五 | 新闻现象 | 专业知识点 | 思政元素 |
|---|---|---|---|
| 鼓励学生在新闻传播的实践中实现创新与发展 | 中国新闻改革史 | 五四时期新闻改革 | 新闻业创新的时代条件；新闻改革创新的动力；新闻改革创新中的个人因素 |
| | | 史量才新闻改革 | |
| | | 《大公报》新闻改革 | |
| | | 《解放日报》新闻改革 | |
| | | 《人民日报》新闻改革 | |
| | | 改革开放以来的新闻改革 | |

## （三）特色与创新

本课程的特色与创新体现在以下几个方面。

第一，在内容上全面贯彻了马克思主义新闻观的思想，将马克思主义新闻观的理论与方法全面融入其中，将辩证唯物主义和历史唯物主义的理论与方法融入其中，把握住了课程思政最根本的灵魂。

第二，在贯彻课程思政时结合课程内容采用了逐步深入的方法，采用从人物到事件再到普遍的现象逐层演进的思路来设计课程思政的元素。

第三，既注重思政内容的主体设计，也兼顾了以学生为中心的接受程度。前四个目标的设计主要是从知识传授的角度设计的思政元素，但是第五个目标则完全以学生为中心来设计，考虑到了学生的能力培养和思维开发，让学生在对历史的感知中实现能力和品格的培养，从而达到课程思政最根本的目标，即为中国特色社会主义事业培养合格的建设者和接班人。

## 四、课程思政教学策略设计

第一，实践体验：课堂讲授与实践体验相结合。课堂讲授所要解决的是理论分析中国新闻事业发展的历史脉络和基本规律，而实践体验则是与课堂讲授相配合，寻找中国新闻事业史中的历史遗存、遗迹进行参观访问，增强课堂讲授的效果。尤其对历史类的课程来说，单纯的理论讲授无法有效承担起育人的任务，将课本里的知识与现实的走读实践结合起来，让学生在访问实践中体会历史的情景和今昔对比，如此能增强学生的感受能力。这种将读万卷书和行万里路结合起来的方法，比起单纯的课堂讲授，会使学生有更深刻的认识。比如讲到邵飘萍时去京报馆旧址参观，讲到《新青年》杂志时要到北大红楼和北京大学参观访问，两者结合增强授课效果，在讲到《热血日报》时，让学生课下去参观樱桃沟的"一二·九运动"纪念亭，让学生在现实的感受中去体会、回味历史。

第二，翻转课堂：结合时事热点组织课堂讨论。这种方式是先给学生布置任务，让学生课下搜集资料做好课堂汇报的准备工作，组织学生以小组的方式团队协作去共同完成资料的搜集和整理工作，以学生派出代表的方式进行课堂汇报，教师负责点评学生的完成情况。历史只有与现实结合才能显现自身的魅力。中国新闻事业史的讲授也必须关注当下媒介实践、中国社会转变、政治时事等的进展。比如讲到五四时期的新闻事业时，结合习近平总书记在纪念五四运动一百周年大会上的讲话，组织学生讨论当代新闻学子的历史使命，讨论如何在一个觉醒的年代做一个觉醒的人，以服务于当代社会；在讲到1918年中国新闻学的高等教育的开端——北京大学新闻学研究会成立时，组织学生对全国的新闻学高等教育进行小调查，增强对新闻学专业在全国布局的认识。

第三，网络学堂：运用网络学堂进行辅助授课。所有授课的教案、PPT、资料和视频均上传到了网络学堂，学生可以随时获取，进行复习。

第四，新媒体资料：尽可能地搜集视频资料以满足新媒体时代学生的视觉阅读转向。搜集了一些新闻史上著名人物的纪录片，供学生学习参考，提高学习效果。比如邵飘萍、邹韬奋、范长江、斯特朗、斯诺、史沫特莱、萧乾、王芸生、张季鸾、史量才等人的纪录片，这些人都是新闻史上的重点人物。

第五，知识的裁剪和加工。课程思政的有效设计不是简单的知识传授，必须进行知识体系的再加工和提炼，也就是教学过程必须是一个深入研究课程体系的过程，必须对原有的知识进行再加工，这种加工需要教师提供更扎实、更详细的佐证材料，以增强学生的接受程度。比如讲五四时期的新闻传播事业时，要让学生接受这一时期新闻传播事业的优秀人物对新闻传播的贡献，就必须深刻地理解这些人的思想，他们对科学与民主的推崇、对封建主义的批判等，在教材上只是抽象的介绍，而在课堂讲授的过程中必须针对每一个人物选择其重点的思想，回归到阅读原始材料的方法，让学生读原始的文献，以帮助学生理解这些人的深刻思想，从而达到对整段历史的把握。比如讲到胡适与李大钊等人的"问题与主义"之争时，建议学生去读他们论证的文章，提炼其观点，这样学生就能对这个知识点有更深刻的理解。

## 五、课程思政目标考核设计

第一，关于学生的学习状态。学生的学习状态有一定的改变，主要体现在以感性的方式传递思政元素后，学生的抬头率明显提高，同时看手机的情况也获得了一定程度改善，尤其是采用翻转课堂的部分章节，学生的学习状态较好，参与度较高。

第二，学生探究问题的主动性获得了一定程度的增强。最主要的表现是学生下课之后与教师的讨论增多了，尤其是就相关课程知识点的讨论增多，咨询考研的学生也增多了。这从一个侧面反映了教学效果的提高，因为凡是咨询考研的学生，基本表明他们对这门课程已经提起了兴趣，并有进一步深入学习的意愿，甚至愿意去考相关专业的研究生，这本身就证明课程的知识体系已经入脑入心了。

第三，关于课程的调查评价问题。

课堂提问。在每一次课堂教学中都会根据上述设计的思政元素，在课堂讲授中设计相应的问题，供学生课堂上思考回答。比如，在讲到中国近代报刊最先由传教士创办的问题时，设计了"如何评价西方传教士创办报刊的主观目的与客观效果"的思考题，促使学生思考中国近代报刊兴起的特殊性，从而也廓清学生们的认识，有效批判历史虚无主义的观点。

个别谈话。本课程较多采用了个别谈话的方式来了解实施课程思政设计之后的效果。基本上每个月找3～4名学生进行深度访谈。学生们反馈多为正向积极反馈，但是也有学生反馈感觉有说教意味，这与刚开始实施课程思政的授课艺术不够高超有关系，实际上这反映出用思想政治体系贯通专业知识体系不是件很容易的事情，它既考验教师的政治素质，也考验教师的专业能力，还考验教师的衔接技术和授课艺术，这真是一个复杂的系统工程，不可能一蹴而就。

期中作业测试。从学生的作业可以看出，价值观都是端正的，而且表明自己价值观的语句比比皆是，国家、民族、新闻理想等都是学生在作业中使用比较多的词汇，这实际上反映出了学生的精神状态。

## 六、教学效果及成果

本项目在推广与应用方面取得了良好的效果,尤其是社会效果广泛而明显。

第一,经过课程思政的设计之后,课堂教学效果的提升比较明显。对于中国新闻事业史课程而言,学生最明显的变化是其政治意识有了很大提高。比如在讲到近代中文报刊的主办者多为西方传教士的问题时,学生能主动地联系到当前的某些文件,进行主动思考和提问,这是学生政治意识增强的很明显的一个变化,也是知识实现迁移的一个重要表现。诸如此类的案例比较多。总之,学生的价值观得到一定程度的塑造。

第二,本项目形成了5篇高质量的学术论文,对课程思政和专业思政中的理论问题进行了详细的分析和讨论。这五篇文章分别是:

《新闻传播教育实施"专业思政"的三个基本问题》,发表于《今传媒》,2018年第11期。

《论专业思政建设中的基本问题》,发表于《北京教育》,2019年第5期。

《三全育人工作中的误区析论》,发表于《文化与传播》,2019年第6期。

《在落实课程思政中实现党建创新》,收录于《新闻传播课程思政论文集》,知识产权出版社,2018年版。

《依托新闻传播核心课程和科研项目 打造学习型党支部 持续推进课程思政入脑入心》,收录于《新闻传播课程思政论文集》,知识产权出版社,2018年版。

第三,项目的理论成果被多家高校采纳,课题主持人被邀请到相应的高校做交流和辅导。辅导和交流所涉及的高校高达150多所,具体的讲座包括:

2018年11月11日,课题负责人赴杭州参加北京师范大学马克思主义学院主办的全国课程思政培训班,并对来自全国150所高校的教师进行授课。

2019年4月17日,课题主持人赴郑州科技学院做课程思政专题辅导报告。全体教师和德育工作者300多人参加辅导。

2019年5月7日,课题主持人赴中国开放大学魏善庄校区做专业思政辅导。本期辅导是国家开放大学举办的1901期金融学专业骨干教师研究班,该校金融专业55人参加辅导班,同时讲座对中国开放大学的地方各校区进行同步直播。

　　2019年5月9日，课题主持人在北京联合大学应用文理学院全学院教师大会上，做课程思政和专业思政的交流发言。本次大会是北京联合大学应用文理学院2019版培养方案修订培训会，全学院领导、学院督导专家、全体教师、教务处全体工作人员等200多人参加会议。

　　2019年5月16日，全国各地近20所高校共60余位人员共聚北京联合大学，共同研讨"课程思政"的工作推进与提升，在本次会议上，课题主持人受邀做专业思政的学术交流发言。

　　2020年先后受到首都师范大学、北京交通大学、中华女子学院、上海财经大学等高校邀请，分享中国新闻事业史的课程思政设计方案，效果良好。

# 七、教学反思与持续改进

## （一）本课程的课程思政设计与其他相关课程的思政设计的协同问题

　　本课程在进行课程思政设计的时候更多的是从本课程的课程体系出发的，对本课程的课程思政与其他相关课程的课程思政元素的协同育人的问题关注不够，实际上这样的设计思路至少没有全面贯彻"三全育人"的思想。这就要求在后续的设计和完善中，要多开展本专业其他任课教师的教研研讨活动，增强课程的知识协同效应，达到各门课程协同育人的目的。

## （二）专业思政效果评估中专业知识获得与价值观内化的张力问题

　　在专业思政的实施过程中，就要注意把握"专业"与"思政"的辩证关系。实际上，这两者关系的核心是如何处理"专业"所代表的知识体系与"思政"所代表的价值体系的关系问题。把握住"贯通"一词的核心含义是解决这一问题的关键。在此，需要警惕两种极端偏向：一是过分强调思想政治工作的比重，造成专业建设的思政化，把专业建设意识形态化；二是只强调专业建设和专业知识传授，甚至片面强调学生专业技能、动手操作能力的培养，忽视思想政治工作的贯通作用，而这恰恰是"专业思政"概念提出之前，部分高校专业建设中存在的问题。专业知识体系与思想政治工作的价值体系要做到有机衔接、适度匹配，使两者保持适度的张力、最佳的状态，使思政元素在专业知识体系中实现无缝衔接、自然流淌，使"思政"的价值体系能有效统摄"专业"所代表的知识体系。

## （三）专业思政效果评估中教师主体与学生中心的张力问题

专业思政的实施由组成专业共同体的教师来完成，教师是专业思政落实的责任人，是专业思政实施的施动者、发动机。有研究者指出，"'专业思政'和'课程思政'在本质上是一体的，不论'课程思政'抑或'专业思政'，都是专业建设的重要内容，专业负责人必须从专业层面一体化设计和实施"。从这一论断不难看出，专业思政是一种带有设计感的活动，这一专业活动又因为要贯通"思政"而使它带有了更强烈的目的性、意图性和主体性，在一定程度上还带有政治性，成为一种政治活动。概言之，专业思政是以教师作为实施主体的，带有一定设计感、强烈主体性、目的性的政治活动。"专业思政"教育的对象是学生，学生是这一主体性、目的性政治活动的接受者。这一政治活动是否有效，最终要看在学生身上所产生的反应。也就是说，学生的获得感、是否成才是检验专业思政育人效果的最终指标。专业思政效果评估中要适度把握教师主体与学生中心的张力。两者的适度张力，可以使教育活动中这对最重要的主体产生良性互动。在效果评估中偏重任何一方，都会带来不良后果。过度强调以教师为主体的专业思政设计，会使教师在教育中的主体性、意图性、目的性和政治性凸显出来，虽然能够增强教师对整个教育活动的控制感，但却把"专业思政"这一专业育人活动所强调的师生互动、双向交流的意味减弱，使学生专业能力获得、成人成才的效果弱化；过分强调"以学生为中心"的专业思政设计，会使学生的成长失之于宽、失之于管，在学生处于人生观、价值观、世界观形成的关键时期，这也有失偏颇，这种情况下学生"人生的第一粒扣子"也很难扣好。这实际上是推进课程思政深入下去的一个难点工作。

## （四）短期效果和长期效果统筹评估的张力问题

短期效果是指在实施这项改革一段时间之后，在专业建设所能涉及的范围内，此项改革所取得的结果和成效。一般来说，虽然各个学校实施专业思政的措施不同，但就短期而言，应以学生入学到其大学毕业这段时间为限。专业思政的长期效果则是考查育人活动在相当长一段时间内，育人主体的育人活动对学生成人成才的影响。从时间跨度来说，这既包含了学生大学就读期间这一时间段，还包括学生大学毕业后，甚至包括其一生直到终老。专业思政的短期效果适宜于用工作评价来衡量，而专业思政的长期效果则适宜于用综合评价来衡量。教育工作者需要警惕的是两者的混用，即用工作评价的标准来衡量长期效果，或者用综合评价的标准来衡量短期效果。前者易于陷入着急见效果的急功近利的状态中，而后者则易于陷入把简单的问题复杂化的状态中。这里需要把握短期效果和长期效果的适度张力，这种张力就在于在实施专业思政建设中，要有立足长远的意识，能从中国特色社会主义教育的终极目的的角度出发设计专业思政，即便是对其做工作评价的短期评估时，也不能丢掉"为中国特色社会主义培养合格的建设者和接班人"的出发点；同样地，在对专业思政的效果进行综合评价时，不能否认学校教育在学生成长中的基础性、主动性的地位，更不能颠倒家庭教育、社会教育和学校教育的主次关系。

## 参考文献

[1] 韩宪洲. 深化"课程思政"建设需要着力把握的几个关键问题 [J]. 北京联合大学学报，2019，17（2）：1-6，15.

[2] 张耀灿. 思想政治教育的特点与规律探析 [J]. 思想·理论·教育，2005（3）：1，4-10.

[3] 李兴建，王滨. 思想政治教育的本质：政治家用理论掌握群众的一种政治活动 [J]. 思想政治研究，2014（1）：39-41.

[4] 习近平. 坚持中国特色社会主义教育发展道路培养德智体美劳全面发展的社会主义建设者和接班人 [EB/OL]，新华网. 2018-09-10.

作者简介：李彦冰（1980—　），男，副教授，博士。研究方向：政治传播。

# 第三部分　市场营销专业

# 市场营销专业
# 思政建设研究与实践

（北京联合大学　商务学院　韦恒）

**【摘要】**专业思政是落实高校立德树人根本任务的重要环节，从专业层面细化人才培养核心素养，探索专业思政的内涵与价值，强化商科人才价值引领，其目的在于提高商科人才培养质量。市场营销专业是一个综合性很强的专业，涉及管理、运营、税务、会计、法律、信息传播等，所有的内容能否被健康科学的价值观主导和引领，会受到方案制订者和执行者的价值观的直接影响，最终会反映在社会上起到不同的影响和效果。因此，进行专业思政建设，对于学生从一开始就建立起科学健康的人生观、价值观至关重要。本文介绍了市场营销专业的人才培养目标和人才培养模式设计思路，并从教材建设、实践教学、第二课堂以及师资队伍等方面探讨了如何进行专业思政建设，希望为高校商科类尤其是市场营销专业开展专业思政提供参考和借鉴。

**【关键词】**专业思政；市场营销专业；人才培养；价值引领

## 一、专业简介

北京联合大学商务学院市场营销专业成立于2001年，已有20年历史。20年来，为社会培养了一届又一届的优秀营销骨干和精英。本专业定位为"泛营销，偏重网络营销方向"，符合当今社会时代潮流。

北京联合大学商务学院市场营销专业的特点是实践性强，就业率高，订单式培养。市场营销专业校外实践基地众多，为学生搭建起了实习平台，从而为未来学生就业搭建了"出口"平台。目前实践基地涵盖各类企业，包括北京时尚控股集团、北京隆盛泰健康科技股份有限公司、平安保险北京分公司、中搜网络技术有限公司等。扎实的理论指导和"接地气"的实践教学使学生的实操能力受到长足的训练，近三年学生的就业率达到100%。此外，专业和企业合作，开展订单式培养：①专业和实践基地合作，提前聘请企业导师入校，与学校共同开展订单式培养，学生有大量机会即时参与企业的项目。②通过和企业合作，开展创业营形式，学习新媒体技能，如微信营销、微博营销、社群营销等，获得结业证书后，有机会被推荐到国内知名优秀互联网企业就业，如小米集团、联想集团等。

市场营销专业学生毕业后能够从事市场调查与分析、网络营销策划与执行、客户管理与客户服务等，在各领域，尤其是服务性行业组织进行营销管理，也可以在政府部门从事市场调研、分析、规划等方面的工作。

## 二、专业人才培养目标设计

中共中央、国务院《关于加强和改进新形势下高校思想政治工作的意见》指出：要强化思想理论教育和价值引领，要加强对课堂教学和各类思想文化阵地的建设管理，充分挖掘和运用各学科蕴含的思想政治教学资源。前教育部部长陈宝生在新时代全国高等学校本科教育工作会议上的讲话中提出"加强课程思政、专业思政十分重要，要提升到中国特色高等教育制度层面来认识"，这是"专业思政"理念首次在正式场合提出，反映了高校思政取得的最新成果和重大突破。开展专业思政是高校落实立德树人根本任务、培养德智体美劳全面发展的社会主义建设者和接班人的必然要求。

作为落实立德树人根本任务的根本举措，专业思政正是解决"培养什么样的人、如何培养人以及为谁培养人"这个根本问题的必要途径。

市场营销专业根据学院特色和专业实际，凝练专业核心素养，在人才培养目标设计上力求体现社会的需求，为社会培养术德兼修、知行合一，具有伦理道德、职业道德和社会责任感的专业人才。因此，市场营销专业的人才培养目标是：培养具有社会主义核心价值观、商业伦理观念、职业道德和社会责任感，掌握经济、管理理论基础和市场营销专业理论知识，能够运用现代信息技术分析和解决问题，能够进行互联网相关企业市场调查与分析、品牌运营、网络营销策划与执行、客户管理、营销业务策划、项目管理、组织和协调团队营销项目运作，具有创新精神和可持续发展能力的高素质、应用型营销管理专门人才。

经过专业的培养，毕业生将具有如下预期能力：

（1）践行社会主义核心价值观、商业伦理观念、职业道德和社会责任感；

（2）能够应用管理、营销理论及现代信息技术分析和解决营销问题，评判营销策略；

（3）能够熟练应用营销项目管理工具，独立或与他人共同承担营销项目管理，组织和协调团队进行营销项目运作，具备团队领导力；

（4）具有创新精神和可持续发展能力。

基于专业人才培养目标，在本专业关于人才培养的核心素养要求中，也对毕业生在思想政治素质方面的要求和目标进行了精准设计，明确提出专业思政的总要求。

（1）专业思政建设总体目标

本专业培养具有家国情怀、职业素养和社会责任感的高素质、应用型营销管理专门人才。

（2）专业思政建设具体目标（见表1）

**表1　专业思政建设具体目标**

| 目标1：具有家国情怀 | 1-1：知晓本行业领域的国家战略 |
| --- | --- |
| | 1-2：具有民族自豪感 |
| 目标2：具有社会责任感 | 2-1：能够理解社会责任相关理论 |
| | 2-2：能够辨识商业行为与决策中的社会责任 |
| 目标3：具有良好的职业素养 | 3-1：具有人文修养与科学素养、社会责任感 |
| | 3-2：能够处理好个人利益、单位利益与公共利益的关系 |
| | 3-3：具有商业伦理观念，在营销实践中理解并遵守职业道德和规范，履行责任，树立社会主义核心价值观 |

## 三、人才培养模式/体系设计

专业思政，即把思想政治工作贯穿专业教育教学全过程，形成高水平人才培养体系。推进专业思政建设，需要搭建专业范畴内的思想政治教育平台，营造良好的专业育人氛围，以此拓展专业建设内涵，完善专业人才培养体系，提升专业建设能力和水平。其内涵在于以专业为载体，发掘专业特点和优势，通过专业核心价值体系引领教育教学全过程、全要素的融合设计，实现专业教育与思想政治教育一体化建设与发展，形成特色鲜明的专业人才培养模式。

市场营销专业在人才培养模式设计方面，首先，坚持"学生中心、成果导向、持续改进"的教育理念，突出课程思政教育理念与OBE教育理念的融合。秉承OBE教育理念，先通过高校及行业企业调研，确定人才培养的目标及毕业生应具备的基本素质与能力，然后依据培养目标确定学生毕业要求及相关指标点，根据现有课程对毕业要求指标点的支撑情况，确定对每一个毕业要求指标点有最强支撑力的课程，同时也确定专业的核心课程，即市场营销学、消费者行为学、市场调查与预测、品牌营销和网络营销。

其次，市场营销专业是一门综合性很强的专业，涉及管理、运营、税务、会计、法律、方案制订、信息传播等，所有内容能否被健康科学的价值观主导和引领，会受到方案制订者和执行者的价值观的直接影响，最终会反映在社会上起到不同的影响和效果。因此，进行专业思政建设，并结合课程进行思政建设，对于学生从一开始就建立起科学健康的人生观价值观至关重要。市场营销专业的培养方案就是本着这样的思路来制订的，从专业培养目标、培养方案，到每一门课程的培养目标、内容的构建，都力求把握对学生的价值引领、知识应用、能力培养的主线，将思想政治教育、创新创业教育融入人才培养全过程，打造德智体美劳全面发展的高素质应用型人才培养体系。

最后，以学生未来升学就业发展为指引，通过构建课程地图，设计专业的主干课程群体系结构，建立专业课程与核心能力培养的对应关系，促进主干课程群的建设和优化。市场营销专业根据社会和市场的发展，不断调整课程机构，在原有课程不能完全支撑人才培养目标的情况下，增加了10门新的课程以加强对学生毕业要求的支撑，分别为整合营销传播、数据营销、营销项目管理、营销专业英语、事件营销、营销文案、创业营销实践、跨境电商运营与推广、财务管理、商务礼仪与沟通。这些课程的增加，不仅极大增强了学生的学习兴趣，也紧跟时代潮流，将最实用最有效的知识传授给学生，并通过实践课程的训练、企业的项目合作等形式，促进学生将知识转化为能力，使其毕业后极快融入社会。

为保证专业思政建设的顺利推进，并在此基础上认真贯彻专业人才培养目标，专业全体教师不断研讨，认真审视本专业的人才培养方案所关涉的各环节、各方面，包括课程体系（含实践教学）、教学规范、师资队伍、教学条件、质量保障、学科支撑等，对达成本专业毕业生在思想政治素质方面的核心素养的实现路径进行整体设计，把专业思政目标细化落实到教育教学各环节、各方面，明确专业思政实施步骤和进度计划，形成专业思政图谱（见图1）。

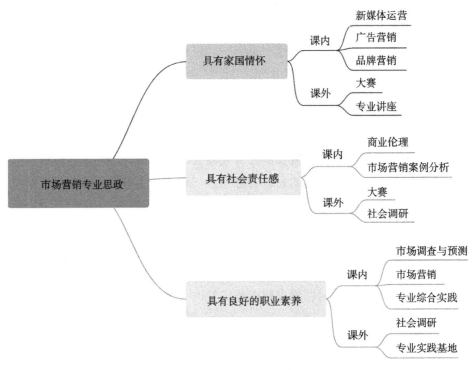

**图1 专业思政图谱**

市场营销专业思政的具体目标1即具有家国情怀，可以通过课内、课外两条路径实现，课内通过新媒体营销、广告营销、品牌营销等课程支撑，课外可借助学科竞赛和专业讲座完成。目标2具有社会责任感，也同样通过课内和课外两大路径实现，课内通过商业伦理、市场营销案例分析等课程支撑，课外通过学科竞赛与社会调研完成。同样，目标3具有良好的职业素养，也需要通过市场调查与预测、市场营销、专业综合实践等课程的课内教学活动实现，课外可以通过社会调研、专业实践基地的合作与培养进行支撑。

## 四、课程、教材建设

专业思政具有专业教育与思政教育融合的独特性和体系性，而课程思政是专业思政的重要组成和基础。对于高校而言，思政的本质是育人问题。专业人才培养方案是专业建设的核心内容，而人才培养方案是通过一门门专业课程来实现的。有效开展专业思政建设，需要对专业思政和课程思政进行整体性设计和一体化实施，结合市场营销专业人才培养特色和思政目标，制订落实具体的专业与课程实施方案。专业思政要解决包括课程思政的设计、专业课教师思政能力提升、专业课程思政的评价以及与思想政治理论课程的关系等问题。专业思政目标明确了，课程思政才会"润物细无声"，从而帮助学生建立正确的人生观、世界观和价值观。

课程思政是把思想政治工作体系贯通人才培养体系的最基础手段，而专业思政则是把思想政治工作体系贯通人才培养体系的体系化和规范化体现。专业思政规定了对专业核心素养的总体思政要求，为深化课程思政建设提供了专业规定性，搭建了共同的思政资源平台，营造了更好的育人氛围。建立长效运行机制和协同创新机制，是确保"课程思政"取得实效的关键。因此，课程思政既是专业思政的重要组成，也是开展专业思政建设的重要载体。专业思政要结合不同专业人才培养特点，突出对专业核心素养的总体思政要求，体现专业思政的规定性；而专业所开设的所有课程要根据专业思政要求开展课程思政，既体现专业对课程思政的规定性，又体现课程思政自身的相对独立性和教师自主性。

为做好专业思政建设，市场营销专业重新梳理了专业培养目标和课程培养目标，制订专业计划，做好专业和课程的再设计。全体专业教师共同探讨，深度挖掘提炼专业知识体系中所蕴含的思想价值和精神内涵，科学合理拓展专业课程的广度、深度和温度，从课程所涉及专业、行业、国家、国际、文化、历史等角度，增加课程的知识性、人文性，提升引领性、时代性和开放性。此外，在选择教材的时候，注重选择能够体现时代精神和正确价值观的教材，希望能够通过每一次课程的传授和讨论，将"做人做事的基本道理、社会主义核心价值观的要求、实现民族复兴的理想和责任"融入各类课程和教育教学全过程。部分教师在教材建设中，也能够力求创新教材呈现方式和话语体系，实现理论体系向教材体系转化、教材体系向教学体系转化、知识体系向学生的价值体系转化，使教材更加体现科学性、前沿性。

同时，专业邀请系部党支部参加，共同召开专业思政教育讨论会，将德育目标分解到本专业相关课程中，形成德育目标实践途径，循序渐进地协同所有专业课程进行课程思政建设。2019年新版培养方案的专业课程大纲中，都融入了思政教育，切实落实课程思政教育。

此外，市场营销专业承接了学院两门平台课——商业伦理和批判性思维，这两门课都是比较典型的思政型课程，两门课程都建立了课程团队，在结合专业与思政教育方面有一定的经验和基础。在学院平台课进行课程思政建设的同时，市场营销专业也打造了专业的"课程思政"示范课。2019—2020年，建设通识课品牌中国、专业课网络营销与新媒体营销三门课程，旨在摸索经验，通过示范效应，带动专业的所有课程开展课程思政建设。

## 五、实践教学

如前所述，市场营销专业最主要的特点就是实践性强，学生学到理论知识仅仅是第一步，还要学以致用，才能真正转化为能力，达到毕业要求，进入社会做贡献。因此，在市场营销专业的培养方案中，实践教学贯穿人才培养全过程，有相当一部分课程的设置是实践教学，有的是课内的实践教学环节，有的则是集中性的综合实践教学。例如，第7学期开设的专业综合实践针对学生所学专业课程进行综合实习，主要包含两大部分。第一部分为校内实习，学生通过营销专业软件了解企业整体运行过程，运用沙盘模拟的方法让学生身临其境地感受企业经营过程中的各类营销决策制订和实施，及相关活动对企业经营效果的影响。第二部分为校外实习，学生到专业人才培养基地进行实践活动，参与企业运营环节，了解真实情况下企业的运营过程、营销方案制订过程及营销方案的实施过程。毕业实习是学生在进行毕业论文工作前的必经环节。该项实习的地点由学生自行联系并经教师确认，学生进入各自感兴趣的行业领域进行实习，在实习过程中体验企业某一方面的具体情况，为毕业论文搜集必要的素材，并进行独立工作。

可见，对学生来讲，实践教学就是一座更为坚实的通往社会和企业的桥梁。通过实践教学，可以检验学生是否对所学知识融会贯通，是否只是"纸上谈兵"，毕竟，实践是检验真理的唯一标准。因此，在实践教学中开展思想政治教育，强化实践能力和创新创业精神培养，对于学生树立正确的人生观和价值观、培养伦理道德观和社会责任感，具有不可替代的关键作用。

市场营销专业不断推行开放性、创新型实践教学，构建实践育人协同体系，创新实践形式，拓展实践平台。专业主要从以下几方面将思政教育有效融入实践教学。

（1）结合校外实践基地，将企业文化注入到实践教学之中，让学生在实践中感同身受，了解企业的使命和文化，从而在内心潜移默化地接受正确的价值引领，树立正确的理念。例如，北京隆盛泰健康科技股份有限公司是市场营销专业合作多年的校级实践基地，这个企业从创立之初就明确了"传播健康生活"的经营理念，后期更是将稻盛和夫的"利他"思想作为经营的宗旨。公司对每一个去实习的学生都会赠送一本稻盛和夫先生的书，并且对实习生的要求和企业员工一样。每一个经营环节都体现出为客户服务、为消费者服务、为社会服务的宗旨，不虚假经营，不假冒伪劣，不偷税漏税，不诋毁竞品，正当做事，清白做人。这样的点点滴滴，使学生在耳濡目染中学到了企业家精神和正确的经营理念。这种精神在学生中进行传颂，这正是思政教育最强大的力量。

（2）市场营销专业一直与768教育集团合作，开展"新媒体训练营"，每年1～2期的训练营覆盖全学院的各个专业和各个年级，聘请企业家进行授课，并通过实操演练，将新媒体的各种运营方式，如微信营销、微博营销、社群营销、短视频营销、直播等目前最主流的营销方式传授给学生。学生在学习中，学会了用正确的方式和态度去运营，不传输虚假信息，尊重法律法规，尊重行业规则，逐渐培养了健康正确的经营理念。此外，市场营销专业还通过新媒体训练营与很多知名企业建立联系，如小米集团、联想集团、中国青年报等，带领学生参观，聆听企业高层分享励志故事，从而激发学生不怕吃苦、不怕失败、勇往直前、敢做敢当的精神。2020年12月，在参观联想未来中心时，学生感受到中国科技的发展和中国力量的强大，很多学生表示"深受震撼"，再一次激发出学生的学习热情和爱国热情，有效实现了思政教育的目的。

（3）市场营销专业实践教学的另一个主要亮点在于不断推动学生的创新创业活动，通过专业教师指导学生进行创新创业，不仅能够让学生学以致用，而且可以感受作为企业经营者的不易，作为企业家应具备的能力和胸怀，从而培养学生脚踏实地、不断进取的精神。目前商务学院大部分学生的创新创业项目，都有市场营销专业教师的身影，从"清轩华坊"到"高端个人护理用品体验店"，从"新零售无人超市"到"自动售货机"，每一个项目都能看到专业教师与学生共进退同甘苦，学生看到了专业教师的认真与严谨，这种教师对学生潜移默化的影响，就是专业思政教育最好的诠释。

# 六、第二课堂

市场营销专业人才不仅要具备专业知识"硬技能"，更要具备沟通交流、团结协作、爱岗敬业、学习创新等"软技能"，单纯地通过课堂讲授难以实现对学生"软技能"的培养。因此，需要基于市场营销专业人才需求特点，对达成本专业毕业生在思想政治素质方面的核心素养的实现路径进行整体设计，把专业思政目标细化落实到教育教学各环节，形成专业人才培养的全方位育人平台。围绕思想政治引领、素质拓展提升、社会实践锻炼、科技创新创业四个目标，突出内容设置、师资配备、规范实施、完善考核等方面。建设包括校外实习基地、创新创业孵化基地、沙盘模拟实验室、专业综合实训室、大数据研究实验室在内的多个实践实训平台，保障学生能够将课程内容通过虚拟仿真平台进行业务实践。以校企合作基地为基础，形成校内实训平台、校外实习平台、学科技能大赛、职业资格认证平台、专业素质拓展层层推进的递进式实践能力培养模式，使校企合作水平、人才培养质量、学生职业素养和竞争力得到显著提升。

结合专业德育目标，市场营销专业注重开展第二课堂，建设"课堂+第二课堂+实践基地"三位一体的思政教育阵地。在此目标下，专业继续与校级实践基地北京隆盛泰健康科技股份有限公司和768教育咨询公司合作，以创新创业项目、品牌策划大赛、新媒体训练营培训等为依托载体，将思政教育、企业文化教育、学生素质教育等协同起来，帮助学生建立科学的人生观、价值观，激发学生的爱国热情，同时提升学生的实际操作能力、就业能力，搭建就业平台。

此外，2019年市场营销专业联合学生部门，组织专业学生，召开"爱国主义"研讨活动，促进学生积极主动思考国家、社会、自身的关系，激发学生的爱国热情。活动邀请了学院党委副书记和组织部长参加，同时也邀请了校实践基地北京隆盛泰健康科技股份有限公司副总参加。

2019年以市场营销专业教师为主的电子商务系"新零售联合开放示范实验室"创立,这是一个由学生团队独立运营的24小时无人售货创新创业平台。新零售实验室运营状况良好,客流量充足,顾客消费体验评价很高。数据结果显示,新零售实验室实现了"零恶意偷盗、零破坏",在前台"无人化"、后台"数据化"的同时,实现了"安全化"运营,充分体现商务学院学生较高的社会诚信力。

## 七、师资队伍

目前,市场营销专业共有9名教师,其中,教授2人,副教授5人,高级职称占比77.78%。从学历看,博士5人,博士后2人,硕士2人,学历结构优良。有国外进修经历的教师5人,有企业兼职经历的4人,具有双师资格的教师5人。从这些指标看,市场营销专业师资力量强大。

商务学院确定了"关于深化课程思政建设,落实立德树人根本任务的行动方案",并形成了文件,从总体思路到基本目标、主要任务及保障措施等,都提出了明确的行动路径。从学院到系部、专业,以及每一位教师,从思想到实际工作,都深入开展了课程思政教育活动。

进行课程思政和专业思政建设的基础,是要建立"课程思政"协同育人团队,建设"课堂+第二课堂+实践基地"三位一体的思政教育阵地,联合学生部门、企业实践基地,建设专业的"课程思政"协同育人团队。

市场营销专业早在几年前就开始推行导师制,把每一届学生分到各位教师名下,指导4年直至毕业,包括学生平常的思想动态、毕业论文,到学生大赛、创新创业项目,取得了一系列的成果。这就为课程思政和专业思政建设奠定了扎实的基础,导师通过言传身教和价值引领,培养学生正确的人生观与价值观。

专业从建立之初就注重"薪火相传",给专业教师提供各种机会,通过研修培训、学术交流、项目资助、教师职业生涯发展指导、发展性教学评价等方式,提升教师特别是青年教师的课堂教学能力,提高课堂教学质量和效果。

此外,专业也注重和支部结合,提升专业教师的德育理论水平。2019年8月至2020年6月,市场营销专业组织专业教师进行系统的理论学习,提高德育意识与结合专业的思政教育执教能力。依托学习强国APP、党员E先锋等新媒体平台，通过线上线下结合，持续开展系统理论学习和有针对性的培训。遴选专业骨干教师（汪蓉、刘宇涵、郭慧馨）参加外校相关论坛和培训交流，鼓励专业教师发表思政教育方面的教改论文，申报相关教改课题，将科研成果融入教学。

2020年5月，专业教师汪蓉老师代表专业参与由中国贸促会商业行业委员会和中国贸易报社联合主办的2020年百所高校服务百家中小企业品牌建设专项活动推进会暨"宣贯团体标准、深化产教融合、助推品牌建设"专题研讨会，就人才培养、课程建设、专业思政建设、综合实践、项目开发、教学方法改革及师资配备等方面提出了自己看法。

## 八、质量保障

市场营销专业在专业思政建设中，根据学校和学院指示，按照计划采取一系列措施，以确保专业思政建设顺利实施。在课程建设、课程教学组织实施、质量评价等环节中，将增强和发挥价值引领功能作为首要因素。在教学过程管理和质量评价中，也会将价值引领作为重要的监测点指标之一。

### （一）重新设计梳理专业培养目标和课程培养目标，融入思政育人目标

将思政育人目标分解到专业相关课程中，探索思政目标实践途径，循序渐进协同所有专业课程进行课程思政建设。将思政教育融进每一门专业课程中，坚持"知识传授与价值引领"相结合的原则，围绕"知识目标""能力目标""素质目标"三位一体构建专业思政与课程思政教育体系。在每一门专业课程中有机融入思政教育元素，帮助学生树立正确的人生观与价值观，激发学生的爱国热情，使学生成为具有商业伦理观念、职业道德和社会责任感的应用型人才。

### （二）根据专业思政建设目标，分阶段、有计划地推进专业课程思政建设

通过开展部分通识课与专业课的思政建设，以品牌中国、网络营销、新媒体营销等课程为先导，逐步开展所有专业课程的思政内容建设，打造专业"课程思政"示范课，摸索经验，通过示范效应，带动专业的所有课程开展课

程思政的深入实践。

### （三）加强师资队伍建设，提升教师德育意识与执教能力

专业与支部紧密结合，组织全体教师进行系统的政治理论学习和有针对性的课程思政培训，教育者先受教育。有计划地遴选专业骨干教师参加校内外相关论坛和培训交流，鼓励专业教师发表思政方面的教改论文，参加课程思政大赛，申报相关教改课题，将教学科研成果融入课堂教学中，不断提升专业教师的育人能力和素养，学以致用。

### （四）与校外企业共建育人平台，将企业文化、社会需求与思政教育结合，通过支部"牵手活动"，与校外实践基地共同进行专业思政建设

通过企业的专题讲座、共建活动、企业文化培训、创新创业实践等，让学生明白社会的需求与思政教育的重要性，最终与企业共同培育符合社会主义核心价值观的专业人才。与多家机构和企业合作，以创新创业项目、品牌策划大赛、新媒体训练营培训等为实施载体，通过思政教育、企业文化教育、学生素质教育协同育人，帮助学生建立正确的人生观、价值观，培养民族自豪感和爱国热情，同时提升学生的实践能力和就业竞争力。

### （五）建立"课程思政"协同育人团队，联合学生部门、校外企业实践基地等，建设"课堂 + 第二课堂 + 实践基地"三位一体的专业思政育人团队

提高专业全体教师对专业发展与思政教育结合重要性的认识，在2019版培养方案的课程大纲制订与实施中仔细推敲课程思政的每一个细节，力求将思政教育与专业教育有效结合，提升育人成效。

需要明确的是，在课程建设、课程教学组织实施、质量评价等环节中，将增强和发挥价值引领功能作为首要因素。在教学过程管理和质量评价中，也会将价值引领作为重要的监测指标之一。

通过专业思政建设，市场营销专业集全体专业教师之力撰写了市场营销专业2019版培养方案和2020年专业建设方案，将专业思政建设的内容融入培养方案和建设方案中，为后续的专业建设和课程思政建设打好基础。

经过一年多的跟踪调查，学生受益颇多，包括：

（1）健康的人生观与价值观，科学的职业观。具有较强的商业伦理道德和社会责任感，最终成为对社会有用的人。

（2）理论与实践相结合的能力提升。例如，通过创新创业项目，学生能深刻理解作为企业运营者应该具备的能力和胸怀，能认识到自身理论知识的不足，从而加强自主学习意识。通过品牌大赛，能了解民族品牌的发展与振兴，从而提升文化自信与民族自豪感。

（3）明白个人与集体的关系。通过思政教育和课程模拟训练，能更加深刻理解个人与集体、个人利益与集体利益的关系，具有同理心和团队协作意识。

（4）终身学习方面。具有自主学习和终身学习的意识，有不断学习和适应发展的能力；具有爱祖国、爱人民、爱学校的家国情怀，坚持道路自信、理论自信、文化自信等素质。

## 参考文献

[1] 孙洁，韦恒. 高校新商科人才培养中开展专业思政的探索与实践 [J]. 创新教育研究，2021，9（1）：156-161.

[2] 陈宝生. 在新时代全国高等学校本科教育工作会议上的讲话 [J]. 中国高等教育，2018（Z3）：4-10.

[3] 韩宪洲. 论课程思政建设中的几个基本问题：课程思政是什么、为什么、怎么干、怎么看 [J]. 北京教育：高教版，2020（5）：48-50.

[4] 李文武. 工商管理专业课思政建设理性思维 [J]. 高教学刊，2020（26）：153-155，159.

[5] 敖祖辉，王瑶. 高校"课程思政"的价值内核及其实践路径选择研究 [J]. 黑龙江高教研究，2019，37（3）：128-132.

[6] 陆道坤. 课程思政推行中若干核心问题及解决思路：基于专业课程思政的探讨 [J]. 思想理论教育，2018（3）：64-69.

[7] 高燕. 课程思政建设的关键问题与解决路径 [J]. 中国高等教育，2017（Z3）：11-14.

作者简介：韦恒（1973—　　　），女，教授，博士研究生。研究方向：市场营销、品牌营销。

# 新媒体营销课程
# 思政建设研究与实践

（北京联合大学　商务学院　郭慧馨）

**【摘要】**专业课的教学过程中要融入思政教学内容，新媒体营销课程作为一门实践性很强的课程同样不能例外，本论文以新媒体营销课程教学为基础，探讨思政元素融入课程的目标、方式方法、考核方式等，提出了案例教学法与课程思政相结合的具体步骤和方法。为实现思政元素与专业教学方向一致，共同促进，论文还探讨了专业教育与课程思政相结合的具体路径，具有一定的实践意义。

**【关键词】**新媒体；营销；课程思政；案例教学

## 一、课程简介

课程名称：新媒体营销
课程类别：专业任选课
学时学分：48学时3学分
适用专业：市场营销
内容简介：新媒体营销代表了未来营销活动的方向，本课程从企业全媒体营销的视角出发，对新媒体营销进行较为系统的介绍，内容囊括网络新媒体、手机新媒体、数字电视新媒体、户外新媒体等。尤其是目前比较流行的短视频、网络直播等传播方式，从根本上颠覆了企业营销体系，对这些新型媒体的认识和使用也是本课程的重要内容。此外，本课程帮助学生了解目前主流的新媒体相关领域、应用和营销活动，对传统营销理论是有益的补充。同时，通过本课程的学习，学生可以掌握系统的新媒体营销理论知识，并能够综合运用新媒体进行企业营销策划、活动安排等。

## 二、课程思政目标设计

习近平总书记在全国高校思想政治工作会议上强调，"要用好课堂教学这个主渠道，各类课程都要与思想政治理论课同向同行，形成协同效应"。课程思政即在"全员育人、全程育人、全方位育人"的"三全育人"理念的指导下，在各类专业课的教学过程中把思政教育的内容充分融入专业知识的讲授中，使专业课教学和思政教育高度融合，从而实现习近平总书记提出的协同效应，形成以立德树人为根本的大思政综合教育理念。

商务学院已经开展了课程思政的相关研究，新媒体营销课程教学团队就课程思政的建设问题也进行过专题讨论，确定了融入思政教育的基本方向，利用新媒体营销课程特点，从不同角度挖掘其蕴含的法律法规知识、伦理道德价值和现实发展意义，实现专业课程与思政理论课同向同行、协同育人，能有效引导学生自觉树立正确的新媒体营销价值观，掌握新媒体营销法律法规知识，提高新媒体营销职业道德素质，全方位合力培养全面发展的高素质营销人才。

通过本课程的学习，学生在理论层面上能够深刻理解营销人员所承担的社会责任，自觉践行社会主义核心价值观，恪守营销道德。从实践层面，学生能够从消费者的角度出发考虑营销方式的选择和营销工具的使用，实事求是地进行营销信息传播，不作伪，不浮夸。

## 三、课程思政教学内容设计

新媒体营销课程思政教学研究的重点在于，探索新媒体营销课程中思政教学与案例教学相结合的新方法，找到思政教学元素融入案例分析教学的角度，通过润物细无声的方式，将思政教学元素传递给学生。新媒体营销相关的案例较多，其研究难点在于，如何与思政元素相结合，将专业知识和思政元素同时传递给学生，达到专业和思政的同频共振。

通过新媒体营销中融入课程思政的研究，可以将思政教学与案例教学相结合，用学生喜闻乐见的教学方式传递思政元素，让学生在不知不觉中提高思政水平，真正实现盐溶于水的思政教学效果。本研究的创新之处在于，在知识讲授中穿插案例分析，在案例分析中设置思政内容与环节，将思政教育融入每一堂课、每一个章节，采取浸润式的课程思政教学方法，保证课程思政收到良好的效果。

新媒体营销课程思政的教学内容设计以案例教学中融入思政内容为主。本项目的主要研究内容为新媒体营销课程中，案例教学环节融入课程思政的内容和方法。新媒体营销课程是一门实践性很强的课程，在课程讲授的过程中，需要加入大量的案例，在案例分析中强化理论知识，因此，案例教学法是新媒体营销课程中一个应用广泛且非常重要的教学方法。在目前的新媒体营销课程教学中，案例教学占到教学时间的80%以上，因此，在案例教学中融入课程思政元素显得尤为重要。

在新媒体营销课程的教学过程中，教学团队结合案例教学方法，依据新媒体营销课程的教学内容，撰写了具有实践特色的教学案例和案例教学方案，供教师们在授课过程中参考使用。在教学案例中，针对案例的具体情况，结合时事政治，总结提炼了大量的思政元素，并针对具体的思政元素如何融入教学当中进行了详细说明，为教学团队成员在授课过程中提供了思政教学的依据。

本项目研究围绕新媒体营销课程的具体教学内容，总结和挖掘相应的思政元素，依据思政元素寻找或设计合适的案例，融入课程讲解，通过课堂上的案例分析讲授，将课程思政的相关内容传递给学生，从而实现思政案例的"润物细无声"。

第一，针对新媒体营销课程讲授的内容按照知识点进行系统梳理，列出详细的表格。新媒体营销课程具有实时性和实践性双重特点。实时性是指新媒体营销紧跟实时热点，利用新闻热点进行企业营销活动，一波热点到来就必须马上抓住消费者的眼球进行营销，因此，根据热点判断营销重点和思政内涵是非常重要的。根据一般的营销经验，需要先按照时间点列出营销热点计划，这是企业的基本营销节奏，然后根据实时热点加入热点计划列表，进行热点营销，因此，预先设计计划表、列出可能的思政元素就成为课程思政教学的基本盘。

实践性是指新媒体营销课程侧重营销实践，需要根据企业营销计划和热点营销计划做出具体的实施方案，安排营销活动。在教学中，侧重营销活动中的商业伦理认知，从实践层面对思政元素融入的环节和过程进行列表说明，这对于课程的实践教学可以起到很大的帮助作用。

　　第二，依据不同的知识点设置案例，融入思政元素。在案例选择的过程中，需要注意案例中思政元素的承载量。基本上每个案例融入的思政元素以2～3个最为合适。原因在于，如果思政元素过多，在教学中就很难实现盐溶于水的效果；如果思政元素不足，则无法达到思政教学的目的。此外，在教学案例的选择方面，结合了社会热点，在热点中挖掘思政元素，为课程加入最新的教学内容，提升课程的实时性。同时，学生也能够意识到，任何时候、任何地点、任何事件当中，都应该有对事、对人的正确认知，有正能量的价值观；在对营销问题进行分析和判断时，在进行营销方案的策划时，应该注重弘扬正能量，宣传正确的价值观，随时注意活动可能带来的不良影响。

　　第三，编写新媒体营销思政案例教学方案。思政教学方案与普通的教学方案有很大的区别，重点在于对思政元素融入的教学内容、融入的方法和融入的程度进行说明。根据前期系统整理的教学内容与思政元素对照表，安排教学案例，并撰写案例教学说明。在案例教学说明中，明确列出思政元素融入的方法和手段，方便授课教师把握思政内容。案例教学方案是对原有课程教学方案的重新梳理和补充，从内容上将思政元素加入教学方案，对原有的教学方案来说，是一种有效的提升，不仅对教学起到重要作用，对教师本身也有一定的教育意义。对于没有接触过思政教学的教师而言，对其教学水平也有提升作用。

　　第四，授课中按照教学方案计划融入课程思政内容，并在课程考核中加入思政相关的考核内容。针对学生考核，同样需要加入思政内容，以此判断课程是否达到思政教学目标。新媒体营销课程的考核分为平时考核和期末考核两部分。平时考核采用大作业和案例分析的形式，可以有意识地针对思政元素提出一些问题，引发学生的思考，并借此提升学生的品德水平。在期末考核中，针对案例分析题可以提出一些有关商业伦理和为人处世等价值观方面的判断，引发学生的思考，并用主流价值观作为参考答案，引导学生明确什么是对的，什么是不对的，培养学生的是非观。

## 四、课程思政教学策略设计

　　新媒体营销课程授课团队针对课程中融入的思政元素、选取的案例等进行了多次研讨，同时也请外校营销专业的教师介绍了相关经验，在研讨的基础上逐步形成了工作思路，并具体开展了项目研究工作。

本项目在北京联合大学商务学院本科教学中实施，受益范围为所有选修和必修新媒体营销课程的本科生，2019—2020学年第二学期有商务营销、商务国贸专业学生修读本课程。

结合学校的教学大纲修订工作，本项目研究首先开展了新媒体营销课程教学大纲的修订，着重针对课程的教学目标、教学手段等，结合课程思政的相关元素，提出了课程思政教学的基本目标和相关的考核方式，作为新媒体营销课程思政的教学依据。

教学大纲修订完成之后，课题组成员对新媒体营销课程的基本内容进行了系统梳理，针对课程特点，总结出以下几种可以融入的思政元素。

第一，体现责任与担当的家国情怀。内容包括党和国家意识，社会主义核心价值观，民族精神和时代精神，优秀的中华传统文化的认同和坚持等。

第二，关于如何做人的个人品格。内容包括道德情操如社会道德、个人道德、职业道德、人文素养、正确的"三观"等；健全人格如思想、情感、态度、行为、心理、哲学、艺术、性格、体质等；智力如观察、想象、思考、判断、推理、逻辑、思维等。

第三，关于如何做事的科学观。内容包括认识论和方法论、求真务实、开拓进取、钻研、毅力、勤奋、视野、批判性思维、创新意识、学术诚信等。

针对该课程实践性强的特点，课程教学的过程中融入了大量的实践案例，本项目研究在不改变原教学方法的基础上，在案例教学中加入思政元素，在强化专业知识的同时，教学生做人的道理，培养学生正确的人生观和价值观。

针对专业课程，特别要求学生能够理解营销人员在新媒体营销活动中承担的社会责任、具有的营销职业道德，同时能够分辨哪些热点信息是可以为企业所用的，哪些信息是需要自觉屏蔽和杜绝传播的。同时，在新媒体营销活动的执行过程中，能够了解哪些环节需要进行舆论的控制，以保证信息传播中的正能量。

## 五、课程思政目标考核设计

课程思政的教学目标是否达到，是本项目研究中一个非常重要的问题。进行课程思政教学改革的目的就是提升高校思政教学水平，让思政教育与专业教育同向同行，无处不在。

为了达到课程思政教学目标，可以设置必要的考核环节考查教学效果和教学目标的达成情况。本课程的考核分为平时考核和期末考核两个模块。平时考核可以通过案例分析测试、市场调查及营销策划方案等形式，对学生掌握思政知识点的情况进行考查；期末考试采用新媒体营销策划方案撰写的形式，对学生主流价值观、正确价值观及人生观、正能量在方案中的应用等方面进行评价，以此实现全面考核的目的。

除了上述考核，还要评价学生对课程思政的接受程度、认知程度等，该类评价属于针对研究项目的内容，因此采用问卷调查和访谈的方式进行。通过问卷调查和访谈了解学生的学习状态、课程思政的参与情况、思政教育的接受程度等。只有了解学生对哪些课程思政的形式更感兴趣，对哪些形式更乐于接受，才能有针对性地进行集体备课，准备相关思政元素，才能更好地将思政元素融入教学，实现最佳思政教学效果。

## 六、教学效果及成果

本项目研究成果主要使用在新媒体营销课程的课堂教学中，思政案例教学方案也在基本完成后推广给其他院校的教师使用。

第一，在本课程中使用。受疫情影响，2020—2021第二学期的新媒体营销课程采取了网络教学的授课方式。本课程在中国大学慕课平台开设了异步SPOC课程，充分利用项目负责人在2019年录制的慕课课程辅助教学，同时在企业微信直播教学中采用案例教学的方式，每次课进行一个专题案例分析。按照思政案例教学方案中的思政要点，在讲解专业知识之外，同步进行思政元素的融入。

由于专业知识的讲解和思政元素的融入在同一个案例中，在进行分析的过程中，学生的学习是连贯的，不会明确区分专业知识和思政元素，真正实现了盐溶于水。

第二，推广到其他院校使用。习近平总书记在全国高校思想政治工作会议上强调，"要用好课堂教学这个主渠道，各类课程都要与思想政治理论课同向同行，形成协同效应"。课程思政的概念自从提出以来就备受高校教师关注，在思政元素的融入方面，不同的专业、不同的教师都有各自的做法，课题组根据新媒体营销课程的特点撰写的思政案例教学方案也受到了广泛的关注，吉林电子工业学校的万海霞教授、西南财经大学的叶作亮教授都在授课中应用了本课题编制的案例教学材料，也收到了良好的教学效果。

## 七、教学反思与持续改进

新媒体营销课程的思政建设对于培养学生的主流价值观、提高学生的道德修养具有重要作用，在本项目建设的基础上，下一步将继续开展以下相关工作。

第一，持续撰写新媒体营销思政案例及相关教学方案，争取出版一部思政案例集。项目组在进行资料检索工作中发现，目前针对新媒体营销课程的案例教学，还没有一部能够融入思政元素、供教师在教学过程中使用的案例教学手册。如果能够出版这样一本案例教学手册，将对教师的思政教学活动起到一定的帮助作用，同时也能够结合时事，不断更新案例，丰富教学内容，让教学活动更有吸引力，客观上也可以提高教学效果。

第二，适时对新媒体营销课程的思政教学进行总结，撰写相关教学研究论文。

## 参考文献

[1] 贺武华，王凌敦. 我国课程思政研究的回顾与展望[J]. 学校党建与思想教育，2021（4）：26-30.

[2] 郭焕焕. 高校思政课课程资源有效开发的两重维度及路径探析[J]. 汉江师范学院学报，2021，41（1）：129-134.

[3] 齐再前，林妍梅. 以课程思政推动高水平本科人才培养体系建设[J]. 北京教育：高教版，2021（2）：30-32.

[4] 王桂林，裴清清，陈曦. 新时代高校课程思政与思政课程协同育人探析[J]. 教育评论，2021（2）：106-112.

[5] 蒲清平，何丽玲. 高校课程思政改革的趋势、堵点、痛点、难点与应对策略[J]. 新疆师范大学学报：哲学社会科学版，2021（5）：1-10.

[6] 王学俭，石岩. 新时代课程思政的内涵、特点、难点及应对策略[J]. 新疆师范大学学报：哲学社会科学版，2020，41（2）：50-58.

[7] 罗仲尤，段丽，陈辉. 高校专业课教师推进课程思政的实践逻辑[J]. 思想理论教育导刊，2019（11）：138-143.

[8] 朱广琴. 基于立德树人的"课程思政"教学要素及机制探析[J]. 南京理

工大学学报：社会科学版，2019，32（6）：84-87．

[9] 何源．高校专业课教师的课程思政能力表现及其培育路径 [J]．江苏高教，2019（11）：80-84．

[10] 何玉海．关于"课程思政"的本质内涵与实现路径的探索 [J]．思想理论教育导刊，2019（10）：130-134．

[11] 王振雷．论高校课程思政改革的三维进路 [J]．思想理论教育，2019（10）：72-75．

[12] 巩茹敏，林铁松．课程思政：隐性思想政治教育的新形态 [J]．教学与研究，2019（6）：45-51．

[13] 胡洪彬．课程思政：从理论基础到制度构建 [J]．重庆高教研究，2019，7（1）：112-120．

作者简介：郭慧馨（1977— ），女，经济学博士，现任北京联合大学商务学院创新创业孵化基地主任，市场营销专业副教授，新媒体运营专家，中国市场学会会员，工信部高级电子商务师、高级新媒体运营师，中华全国青年联合会KAB认证讲师，国际创业导师协会高级国际创业教练。主要讲授市场营销学、新媒体营销、市场营销案例分析、公司战略与风险管理等课程。主要研究方向包括零售供应链、新媒体与自媒体、企业品牌战略等。

# 网络营销课程
# 思政建设研究与实践

（北京联合大学　商务学院　刘宇涵）

【摘要】网络营销课程思政建设着眼于学生终身可持续发展的教育观，目标是提升学生人文素养和职业素养中综合性思考、判别、管理、决策、营销能力以及知自我、懂他人、建信任、善沟通等营销能力，最终实现知识体系向价值体系转化、价值体系向实践体系转化。本文介绍了课程基本信息，优化了课程思政目标，设计了课程思政内容，创新了课程思政建设策略及考核标准，并获得了良好的教学效果。

【关键词】网络营销；课程思政；职业素养

## 一、课程简介

课程名称：网络营销
课程类别：专业必修课程
学时学分：48学时3学分
适用专业：市场营销
内容简介：本课程是市场营销专业必修课程，是为了适应网络营销在全球的蓬勃发展和广泛应用而开设的。本课程较为全面地介绍了网络营销的基本概念、理论及主要营销策略和技术，教授借助互联网进行市场营销的方式、方法和技能。学生在学习本课程后，应理解和掌握网络营销的基本概念和特点，网络营销基本理论的演变，网络市场分析和定位，网络营销产品策略、价格策略、渠道策略、促销策略的特点及内容，并且能够将其运用到网络营销案例的分析及网络营销实践中。本课程的学习能够培养学生形成良好的团队合作精神和营销职业道德。网络营销课程融合了互联网与营销相关学科的内容，是奠定市场营销专业学生学习、就业发展的一门专业核心课。网络营销课程思政建设着眼于学生终身可持续发展的教育观，目标是提升学生人文素养和职业素养中综合性思考、判别、管理、决策、营销能力以及知自我、懂他人、建信任、善沟通等营销能力，最终实现知识体系向价值体系转化、价值体系向实践体系转化。在网络营销课程思政的教学中，需贯彻习近平总书记关于加强高校思想政治工作的一系列重要指示精神，根据学生的认知特点和新时期高素质技术技能人才培养需求，提升育德意识、育德能力、育德实效。紧紧围绕立德树人根本任务，构建网络营销课程体系，探索提升学生人文素养、职业素养的教育新途径，为高校用习近平新时代中国特色社会主义思想铸魂育人做出相应实践。

## 二、课程思政目标设计

网络营销课程思政的目标是使学生具有良好的职业素养，践行社会主义核心价值观、职业道德和社会责任感。学生能够在团队中和他人进行企业网络营销策划咨询的有效沟通与交流，能够在口头表达自己的观点和传递信息的同时，在创新和创意层面上理解他人的观点，形成良好的团队合作意识。同时，学生能够在网络营销实践中，自觉树立正确的网络营销价值观和良好的职业情怀，坚定互联网经济的健康发展信念。

根据网络营销的课程特点，从不同角度挖掘其蕴含的法律法规知识、伦理道德价值和现实发展意义，将专业课程与思政课程同向同行、协同育人，把新时代社会主义核心价值观的要求、把实现民族复兴的理想和责任融入网络营销专业课程教学之中，能有效引导学生自觉树立正确的网络营销价值观，掌握网络营销法律法规知识，提高网络营销职业道德素质，全方位合力培养全面发展的高素质营销人才，落实立德树人根本任务，培养建设者和接班人。

## 三、课程思政教学内容设计

网络营销课程思政建设应当将思政元素充分融入知识和技能的培养中，从课程内容的安排到学习方法的选择，始终将"德智兼修"的育人理念贯通于课程实施的整体过程。《国家中长期教育改革和发展规划纲要（2010—2020

年)》指出：职业教育要面向人人、面向社会，着力培养学生的职业道德、职业技能和就业创业能力。因此，学生能否具备良好的职业素质，不但关系到个人事业的发展，也关系到国家的前途和民族的命运。要在网络营销课程教学过程中，结合本门专业课程特点，将社会主义核心价值观的基本内涵、主要内容等有机、有意、有效地纳入整体教学布局和课程安排，做到专业课程教育和核心价值观教育相融共进，引导学生做社会主义核心价值观的坚定信仰者、积极传播者、模范践行者。网络营销课程思政教学内容的设计主要包括四大方面。

第一，将课程思政内容纳入网络营销课程标准，明确思政教学目标。

将课程思政内容纳入网络营销课程标准，明确思政教学目标。坚持以"知识传授与价值引领"相结合的原则为基础，围绕"知识目标""能力目标""素质目标"三位一体构建课程思政教育体系。

使学生掌握网络营销法律知识，具备鉴别网络信息的能力，具有正确的网络营销价值观，具有从事网络营销专业领域工作的方法素质和就业能力，有良好的职业操守、敬业精神等。

第二，深入挖掘网络营销思政元素，充分发挥课程教学的价值引领作用。

发掘网络营销"隐性"思政教育资源，梳理各章节知识点，系统建立思政内容资料库。例如，网络营销环境中的信息安全问题，可结合《网络商品交易及有关服务行为管理暂行办法》中第十六条，"网络商品经营者和网络服务经营者对收集的消费者信息，负有安全保管、合理使用、限期持有和妥善销毁义务；不得收集与提供商品和服务无关的信息，不得不正当使用，不得公开、出租、出售"。网络消费者购买决策过程中的信息展示，可结合《网络商品交易及有关服务行为管理暂行办法》中第十三条，"应当事先向消费者说明商品或者服务的名称、种类、数量、质量、价格、运费、配送方式、支付形式、退换货方式等主要信息，采取安全保障措施确保交易安全可靠，并按照承诺提供商品或者服务"。

第三，创新教学方法，引领行动自觉。

网络营销课程教学中，一是要引导学生不断掌握最新的网络市场发展动态，不仅能不断延续课程思政教育，更能帮助其塑造良好的职业道德素质。

二是引导学生自觉树立正确的网络营销价值观，从市场营销的核心价值观——"以顾客为中心"出发，融合社会主义核心价值观中的"诚信""公正""法治""平等"，培育并践行"诚信经营""公平交易""顾客至上"等积极正确的网络营销价值观。

第四，完善网络营销课程考核方案，增加思政考核模块。

将课程思政模块纳入网络营销课程考核方案。确定将课程专业知识和技能模块的考核比例压缩至80%，将课程思政模块的考核比例提高至20%。课程思政考核模块包括网络营销法律法规和网络营销职业道德两部分，通过思政论文写作等方式，着重考核学生在掌握专业知识和技能的同时，是否树立了正确的网络营销职业观和社会主义核心价值观，是否具备了良好的职业道德。

网络营销课程思政建设主要体现了两方面的特色。

一方面，构建独具网络营销课程思政特色的"价值塑造—知识探究—能力培养"三位一体式教学体系。创新规划"知识探究"式课程内容体系；紧密结合创新创业平台，创建"能力培养"式网络营销第二课堂；创新实践课程思政，打造"价值塑造"式课程教学示范模式，将"知识""能力"与"思政价值"有机融合，提升课程教学质量，使网络营销课堂焕发生机和活力。

另一方面，创建"新零售联合开放示范实验室"第二课堂，创新实践教学方法。本课程以"新零售联合开放示范实验室"创新创业真实项目为依托，改革创新网络营销课程思政实践方法，以学生为本，践行新时代大学生的责任与使命，培养学生的网络营销课程创新思维，锻炼学生的网络营销课程实战能力，自觉树立正确的网络营销价值观。

## 四、课程思政教学策略设计

网络营销课程思政教学策略设计的思路如下：第一，明确教学目标，构建课程体系。结合市场营销专业人才培养目标，制订网络营销课程教学目标，增强思政教学的系统性、规范性、统一性。第二，挖掘教学资源，突出专业背景，选取与网络营销课程教学目标紧密结合的思政教学内容和案例，以学生感兴趣的热点剖析为主线，以具体生动形象的实时数据材料为载体，提高学生兴趣，帮助学生树立起与网络营销工作相关的职业理想、职业道德、职业纪律、责任意识等。第三，创新教学方法，提高课程实效。通过创建"新零售联合开放示范实验室"作为网络营销课程的第二课堂，创新实践教学方法。第四，完善网络营销课程考核方案，增加思政考核模块。

### （一）领导领学，支部引领，持续提升课程思政认知和领悟

在本项目建设中，数次参加学校、学院等各级部门关于"专业思政与课程思政"的领导领学以及学校组织的各项课程思政培训；同时，以电子商务系教工党支部为依托，结合学习强国等平台的每日学习，持续提升理论认知，参加了2019年商务学院课程思政教学设计大赛并获奖。

### （二）网络营销课程思政学习目标建设

本项目学习目标的建设主线是有机融合课程思政教学目标与网络营销课程学习目标。首先，以深入贯彻联大立德树人育人使命为基础；其次，以新商科市场营销专业人才培养目标为主线；最后，将思政元素内容融入网络营销课程体系。从知识目标、能力目标和素质目标三个视角，明晰网络营销课程思政学习目标：①培养学生鉴别网络信息的能力；②帮助学生养成正确的网络营销价值观；③引导学生具有从事网络营销专业领域工作的方法素质和就业能力，具有良好的职业操守和企业家精神，诚信经营、践行社会责任等。

### （三）网络营销课程思政元素深挖与打磨

网络营销课程是在2019—2020学年第二学期开课。目前，已从网络营销课程目标、课程章节、教学资源、考核形式等方面系统梳理和设计了思政元素的融入体系（见表1），深度发掘网络营销"隐性"思政教育资源，并精细打磨各章节思政知识点，融合新时代社会主义核心价值观中的"诚信""公正""法治""平等"，培育并践行"家国情怀""爱岗敬业""诚信经营""公平交易"等积极正确的网络营销价值观，充分体现"育人有温度，润物细无声"。

### （四）创办学院新零售实验室，打造网络营销课程思政育人平台

基于本项目建设，创办商务学院"新零售联合开放示范实验室"。该实验室作为网络营销第二课堂，串联课程多个章节知识点进行教学，例如：市场网络调研与数据分析、产品销量预测、消费者偏好分析、市场细分与目标市场的选择、产品组合、产品渠道管理、促销策略的制定，等等。实验室从知识传授（知识目标）、课堂迁移（能力目标）、学创结合（素质目标）三位一体式的全视角定位网络营销课程的"理论＋实践"教学环节，知行合一，实践育人融入课程思政，以提高大学生创新创业实践能力和专业综合素质，培

养大学生社会责任感与诚信精神；通过实体智能场景的实验环境，弘扬奋斗精神，践行责任使命，不断提升大学生的高度责任感，营造立德树人的思政教育空间。

**表1　网络营销思政主题与课程思政可结合内容汇总表**

| 思政主题 | | "课程思政"可结合内容 |
|---|---|---|
| 社会主义核心价值观 | 富强 | 物质现代化　科学技术现代化　共同富裕　生产力标准　勤劳致富　综合国力　基本国情　中国梦等 |
| | 民主 | 民主集中制　制度现代化　生存权　发展权　言论自由　宗教信仰自由　人民民主专政　人民代表大会制度　中国共产党领导的多党合作制度　民族区域自治制度　基层民主制度等 |
| | 文明 | 人的现代化　以人为本　物质文明　精神文明　政治文明　社会文明　生态文明　社会秩序　国家软实力　国民素质　科学精神　人文精神　工匠精神　公序良俗　优秀传统文化　社会风尚等 |
| | 和谐 | 真善美　和而不同　以和为贵　依道而和等 |
| | 自由 | 集体主义　人的自由全面发展　实践　马克思主义指导思想　意志自由　行动自由　政治自由　言论自由　出版自由　集会自由　结社自由等 |
| | 平等 | 社会平等　人格平等　众生平等　权利平等　公平正义　经济平等　政治平等　文化平等　机会平等等 |
| | 公正 | 起点公正　过程公正　结果公正　程序公正　社会公正等 |
| | 法治 | 依法治国　以德治国　权利意识　责任意识　纪律意识等 |
| | 爱国 | 爱祖国　爱人民　爱家乡　爱学校　道路自信　理论自信　制度自信　文化自信　政治意识　大局意识　核心意识　看齐意识　民族精神　时代精神等 |
| | 敬业 | 热爱劳动　热爱工作　热爱岗位　职业道德等 |
| | 诚信 | 守信　说老实话　办老实事　做老实人　谦逊　社会公德　家庭美德等 |
| | 友善 | 包容　协作　团结　尊重　和气　宽厚　推己及人　己所不欲勿施于人等 |
| 高素质内涵 | 家国情怀 | 爱祖国　爱人民　爱家乡　爱学校　道路自信　理论自信　制度自信　文化自信　政治意识　大局意识　核心意识　看齐意识　民族精神　时代精神等 |
| | 国际视野 | 人类命运共同体　世界文化与全球议题　开放与尊重　沟通与协作　道德与责任等 |
| | 创新思维 | 责任与使命　个人成长与奉献社会　诚信意识　传承与创新 |
| | 工匠精神 | 敬业奉献　精益求精　爱国为民　修业　敬业　乐业　精业 |

2019年，实验室运营状况良好，客流量充足，校园顾客消费体验评价很高。数据结果显示，实验室实现了"零恶意偷盗、零破坏"，在前台"无人化"、后台"数据化"的同时，实现了"安全化"运营，这从一定程度上引导商务学院全体学生养成了较高的社会诚信力。同时，通过网络营销第二课堂实体智能场景的实验环境，引导学生弘扬奋斗精神和创新意识、践行社会责任与使命担当，持续深化思政教育，彰显立德树人溢出效应。

## 五、课程思政目标考核设计

网络营销课程思政建设中学生受益有三方面的体现形式：①职业规范方面：具有较强的职业道德和社会责任感，在网络营销实践中具有法制意识，履行相应责任与义务；②个人和团队方面：能够在网络营销课程背景下的团队中承担个体、团队成员及负责人的角色；③沟通方面：能够就网络营销问题与行业社会公众进行有效沟通和交流；④终身学习方面：具有自主学习和终身学习的意识，有不断学习和适应发展的能力；具有爱祖国、爱人民、爱学校的家国情怀，坚持道路自信、理论自信、文化自信等素质。因此，网络营销课程思政目标考核设计如下。

### （一）学生考勤考核

本项考核依据考勤记录，满分是10分。对于旷课、迟到早退、病事假等缺勤情况的成绩评定标准为：无故旷课三节课或者有请假但累计缺勤达到本课程1/3学时的，取消本课程的考试资格。迟到早退，每次扣减1分；因病假或事假缺勤，每次扣减2分；无故旷课，每次扣减5分。

### （二）学生的学习状态和参与程度考核

本项考核依据课堂主要发言记录，满分是10分。对于能够正确回答教师随堂提出的知识点问题的，每次得1分。对于能够积极参与小组讨论，并主动随堂发言表达小组讨论观点和结论的，每次得1分。

### （三）学生对课程思政的接受程度考核

本项考核方式的依据是学生完成的三次随堂小测验，每次满分是5分，合计满分是15分。每次测验根据其标准答案和相应分值进行成绩评定。

## （四）学生团队合作能力与探究问题深度的考核

本项考核方式的依据是学生小组完成一份关于企业网络营销策略方案报告，并在课上做15分钟的展示交流，满分100分，占总评成绩的30%。评价要素的具体要求如表2所示。

表2 学生团队合作能力与探究问题深度的考核评价要素

| 评价要素 | 权重 | 80～100分 | 60～80分 | 60分以下 |
|---|---|---|---|---|
| 1.企业概况及环境分析 | 20% | 能够对企业概况进行全面描述，并能够对网络营销环境进行全面分析 | 能够部分对企业概况进行描述，并能够部分进行网络营销环境分析 | 能够个别对企业概况进行描述，并能够个别进行网络营销环境分析 |
| 2.网络调查及数据统计分析 | 20% | 能够运用合理的网络市场调查方法针对企业网络营销思政问题进行全面的调查与数据统计分析 | 能够运用合理的网络市场调查方法针对企业网络营销思政问题进行部分的调查与数据统计分析 | 不能运用合理的网络市场调查方法，仅针对企业网络营销思政的个别问题进行不全面的调查与数据统计分析 |
| 3.网络市场细分、目标市场选择及市场定位 | 20% | 能够全面对企业的网络STP进行分析，能够充分结合企业思政自身特点，规划具有强针对性，行文流畅，并具有一定的高度 | 能够部分对企业的网络STP进行分析，能够部分结合企业思政自身特点，规划具有一定的针对性，行文较为流畅 | 企业的网络STP分析部分缺失，或仅有个别情况的分析，不能结合企业自身思政特点，不具有针对性，行文较为晦涩 |
| 4.网络市场营销策略方案 | 20% | 能够对网络营销策略进行全面规划，能够充分结合企业自身思政特点，规划具有强针对性，行文流畅，并具有一定的高度 | 能够部分对网络营销策略进行规划，能够部分结合企业自身思政特点，规划具有一定的针对性，行文较为流畅 | 规划网络营销策略部分缺失，或仅有个别情况的规划，不能结合企业自身思政特点，不具有针对性，行文较为晦涩 |
| 5.团队合作演讲展示与表达交流 | 20% | 能够准确、全面、详细对小组报告进行演讲和展示，能够全面参与课堂交流并清晰表达 | 能够较准确、部分、较详细对小组报告进行演讲和展示，能够部分参与课堂交流并较清晰表达 | 不能准确、全面、详细对小组报告进行演讲和展示，不参与课堂交流且不能清晰表达 |

## 六、教学效果及成果

本项目通过网络营销课程思政研究，完成了网络营销课程思政学习目标的建设、思政教学资源的深挖与打磨、思政教学实践方法与方式的创新，第二课堂课程思政育人平台的创建，以及思政考核方案的科学规划，并在2019—2020学年第二学期完成网络营销课堂运行。学生在本课程学习中不仅培养了鉴别网络信息的能力，养成了正确的网络营销价值观，思政素养还得到了提升。通过学生在本课程的作业汇报与展示，能够检验出学生已基本具备了从事网络营销专业领域工作的方法素质和就业能力，具有良好的职业操守和企业家精神，诚信经营、践行社会责任等，达成了网络营销课程思政的育人目标。

具体成果形式如下：

参加面向商务学院进行专题报告的交流研讨。2020年1月商务学院课程思政素养提升交流研讨会，原校党委书记韩宪洲、党委研究室副主任周月朋莅临出席研讨会，全体学院教师参加。本项目负责人，作为市场营销专业示范课程代表，进行了《"立德树人"网络营销课程实践创新建设》的主题报告及交流发言。

参加2019年"创新商科、创新零售"新技术背景下商科人才培养论坛（主办单位：中国信息经济学会行业信息经济专业委员会），本项目负责人，以网络营销课程与新零售实验室第二课堂实践为主题，做主题报告1次，分享了网络营销课程运用——知识传授、课堂迁移、学创结合的实践平台思政元素融入视角和思路，以及取得的成果，得到了来自中国人民大学、北京交通大学、首都经贸大学等全国各大高校教授、企业专家及零售业精英的高度评价。

完成网络营销课程思政研究与建设、2019—2020学年第二学期完成网络营销课程思政的课堂运行，撰写结题报告。

## 七、教学反思与持续改进

因疫情影响，本次网络营销课程思政的课堂运行采用的是远程网络教学。在一定程度上，这给课堂教学效果和学生思想体系成长的培养增加了一定难度。虽然本学期网络营销课堂通过科学合理设计网络教学方案，努力拉近远程教学的距离感，灵活应对动态变化的学情特点，及时定向跟踪学生的学习效果，帮助学生在知识体系、能力体系、思想体系等全方面不断自我成长，从而达成学习目标，但教学效果与实际课堂仍然存在一些差异，因此，需要在今后的网络营销课堂中持续深化立德树人、思政育人，优化课程思政效果，不断提升网络营销课程思政的示范效应。

## 参考文献

[1] 韩宪洲．深刻认识"课程思政"的时代价值 [N]．人民日报，2019-08-18（5）．

[2] 鲁晨琪.《网络营销与创业》课程思政的探索与实践 [J]．时代经贸，2018（3）：100-102．

[3] 姜滴.《网络营销》课程思政的改革与实践 [J]，大众文艺，2020（23），25．

作者简介：刘宇涵（1983—　），女，市场营销教研室主任，副教授，博士。研究方向：网络营销与创新管理。

# 品牌中国课程
# 思政建设研究与实践

（北京联合大学　商务学院　汪蓉）

**【摘要】**品牌建设涉及国家、企业、组织、个人的方方面面，开设品牌中国课程是国家与时代发展要求。品牌中国课程思政研究结合当代中国实际，基于品牌管理理论，融合时代与思政元素，通过进行课程思政研究与建设，完成该课程思想政治教育体系的构建，实现课程内容中思政元素的有机融入。课程创新点是运用了逆向教学设计理论和沉浸式教学法，使学生能够更好地领悟课程带来的指导意义，激发学生的民族认同感，树立文化自信，凝聚社会共识。

**【关键词】**品牌中国；课程思政；沉浸式教学

## 一、课程简介

课程名称：品牌中国

课程类别：通识教育选修课

学时学分：32学时2学分

适用专业：全部本科专业

内容简介：在经济全球化的大背景下，品牌既是中国企业获得强大竞争优势和赢得核心竞争力的重要武器，也是财富创造的重要来源。中共中央、国务院《关于开展质量提升行动的指导意见》明确要求"着力打造中国品牌，培育壮大民族企业和知名品牌，引导企业提升产品和服务附加值，形成自己独有的比较优势"。了解中国品牌发展史，掌握建立和完善品牌建设的方法，关注培育品牌标准体系和评价体系能够凝聚社会共识、提升学生的民族自豪感和文化自信心，也是将思政教育融入品牌课程的价值所在。

品牌中国课程立足中国本土品牌实践，巧妙融入思政元素，结合做人做事道理，进行现代教学设计。

## 二、课程思政目标设计

本课程为通识教育选修课程。通过本课程的学习，学生能够达到以下目标。

知识：能够掌握系统而实用的品牌管理知识，厘清品牌管理的内在逻辑，以品牌基础知识为积淀，搭建国家品牌、企业品牌和个人品牌运作、管理、评价和应用的知识体系。

应用：能够结合现代信息技术收集与处理市场、企业的相关信息，并将所学应用到中国品牌战略规划与定位中，融汇于国产品牌设计策略与决策中。

整合：能够结合品牌构建的流程，将国产品牌建设过程中涉及的多种素材进行整合，具备创新精神。

情感：能够通过学习满足个人对品牌知识的需求，培养良好的团队合作精神和职业道德，开始把自己看作团队的一员，和他人交流有关品牌经营模式的创新与突破，建立多元化品牌视野，在全球化品牌建设中接纳文化的多样性，坚定文化自信。

价值：能够保持对品牌知识与品牌建设学习的兴趣，坚持品牌学习计划，关注国内外品牌特别是国产品牌建设的发展，树立符合主流价值观的商业伦理观念，培养民族自豪感，增强爱国主义情怀，肩负起中华民族伟大复兴的历史重任。

学习：学生能够利用MOOC、微课等线上学习课程和资源，开展自主学习，提升自主学习能力。掌握科学的学习方法，养成将课上理论与课下实践融会贯通的习惯，倡导可持续发展理念，形成终身学习意识，提升自主学习能力。

通过以上目标的设计，能够实现以下几个方面的目的。

### （一）完善品牌中国课程思政建设

课程思政是落实立德树人根本任务的具体行动，而通识教育在塑造学生价值观方面能够起到至关重要的引领作用。因此，通过开设品牌中国通识教育选修课，挖掘课程中的思政元素，培养学生的人文素养、提升人格品质、帮助构建人生发展规划，是意义非凡的"树人"教育。

### （二）提升品牌中国课程思政教学效果

结合学校课程思政建设的思路、商务学院的办学定位和人才培养目标，本课题通过对品牌中国课程进行思政研究与建设，完成该课程思想政治教育体系的构建，完善课程内容中思想政治元素的融入，激发学生强烈的民族认同感和凝聚力，树立坚定的文化自信，培养科学的创新思维，提升品牌建设和应用实践的能力。

### （三）加强品牌中国课程学生思政教育

品牌中国课程旨在使学生通过对品牌理论和中国品牌演进史的学习，能够充分掌握品牌的知识，了解当前中国品牌发展历史及现状，激发民族自豪感，树立文化自信，培养创新理念，理解中华民族伟大复兴的理想和承担相应的责任。

## 三、课程思政教学内容设计

本课题主要通过梳理中国品牌建设发展现状，运用品牌管理理论、逆向教学设计理论和沉浸式教学法，引导和鼓励学生掌握品牌构建途径、熟悉中国品牌发展历程、运用所学为中国品牌建设贡献力量，培养其创新精神和使命感。具体课程学习内容、教学方法和学习活动设计如表1所示。

表1　课程学习内容、教学方法和学习活动设计

| 课程学习内容 | 学时安排 | | | | 教学方法与学习活动 | 支撑的课程目标 | | | | | |
|---|---|---|---|---|---|---|---|---|---|---|---|
| | 理论 | 实践 | 上机 | 小计 | | 1 | 2 | 3 | 4 | 5 | 6 |
| 第一单元 品牌与品牌演进史 | 4 | | | 4 | 讲授法、小组合作学习 | ✓ | ✓ | ✓ | | ✓ | ✓ |
| 第二单元 品牌权益 | 2 | | | 2 | 讲授法、自主学习、小组合作学习 | ✓ | ✓ | ✓ | | ✓ | ✓ |

| 课程学习内容 | 学时安排 | | | | 教学方法与学习活动 | 支撑的课程目标 | | | | | |
|---|---|---|---|---|---|---|---|---|---|---|---|
| | 理论 | 实践 | 上机 | 小计 | | 1 | 2 | 3 | 4 | 5 | 6 |
| 第三单元<br>国产品牌定位 | 4 | 2 | | 6 | 讲授法、案例教学法、体验式教学法、自主学习、小组合作学习 | ✓ | ✓ | ✓ | ✓ | ✓ | ✓ |
| 第四单元<br>国产品牌要素战略 | 4 | | | 4 | 讲授法、案例教学法、体验式教学法、自主学习、交流讨论、展示汇报 | ✓ | ✓ | ✓ | ✓ | ✓ | ✓ |
| 第五单元<br>中国品牌传播战略 | 4 | 2 | | 6 | 讲授法、案例教学法、体验式教学法、自主学习、交流讨论、展示汇报 | ✓ | ✓ | ✓ | ✓ | ✓ | ✓ |
| 第六单元<br>中国品牌文化 | 4 | | | 4 | 讲授法、案例教学法、体验式教学法、自主学习、交流讨论、展示汇报 | ✓ | ✓ | ✓ | ✓ | ✓ | ✓ |
| 第七单元<br>中国品牌杠杆战略 | 2 | 2 | | 4 | 讲授法、案例教学法、体验式教学法、自主学习、小组合作学习 | ✓ | ✓ | ✓ | ✓ | ✓ | ✓ |
| 第八单元<br>品牌延伸 | 2 | | | 2 | 讲授法、案例教学法、体验式教学法、自主学习、交流讨论、展示汇报 | ✓ | ✓ | ✓ | ✓ | ✓ | ✓ |
| 合计 | 26 | 6 | 0 | 32 | | | | | | | |

## 四、课程思政教学策略设计

### （一）主要内容

1. 探索思政元素融入品牌中国课程教学设计的方法

在品牌管理理论的指导下，结合通识课程教学特点，充分挖掘课程理论中的思政元素，深入分析思政元素在品牌中国课程中的应用方式、应用情境和应用策略。

2. 运用逆向教学设计优化通识类选修课教学方式

在逆向教学设计理论指导下，基于通识教育类课程特征，将思政元素与课程内容进行有机融合，逐步探索和重塑有效教学方式，逐步明晰和厘清新型教学方式方法建构的步骤，完成课程思政建设的科学实现，提炼提升课程教学效果的方法和对策建议。

### （二）教学方式方法设计

1.设计思路

首先，运用文献研究法，基于品牌管理理论，结合时代与思政元素，梳理前沿文献，深入学习北京联合大学文件，读懂读透联大文章，结合联大和课程实际，整理品牌中国课程思政的要点和课程框架。

其次，运用案例研究法，将典型案例进行深入剖析，挖掘其中的课程思政元素，并通过逆向教学设计和沉浸式教学方法的应用将思政元素有机融入课堂教学。

2.具体教学方法与学习活动（见表2）

**表2　课程教学方法与学习活动设计**

| 第一单元：品牌与品牌演进史 | 1.通过课堂讲授，阐明品牌的定义，品牌价值、品牌资产与品牌权益的区别与联系，欧美、中国品牌的历史演进，搭建本单元知识框架，深入剖析疑难点。<br>2.通过自主学习，增强对于中国品牌史的认知，获取品牌营销实践的素材 |
| --- | --- |
| 第二单元：品牌权益 | 1.通过课堂讲授，阐明品牌权益的定义、关键要素，品牌权益对企业的重要意义，搭建本单元知识框架，深入剖析疑难点。<br>2.通过小组合作学习，讨论本单元难点，梳理品牌知识的构成要素并结合实例分析，树立团队合作意识，锻炼沟通技能和表达能力。<br>3.通过自主学习，能够辨识品牌权益对企业品牌管理的意义，获取品牌实践的一手素材 |
| 第三单元：国产品牌定位 | 1.通过课堂讲授，阐明品牌定位的概念、内涵，介绍品牌定位的战略与方法，阐述执行品牌定位的5ps框架，搭建本单元知识框架，深入剖析疑难点。<br>2.通过小组合作学习，讨论本单元难点，熟练品牌定位的不同方法，树立团队合作意识，锻炼沟通技能。<br>3.通过案例分析，突出学生的逻辑思维和案例分析能力，加强与品牌管理实践的紧密联系，提高沟通、表达能力。<br>4.通过课堂汇报和课堂辩论，强化品牌定位和执行框架的建立，培养逻辑思维和批判性思维 |

| | |
|---|---|
| 第四单元：国产品牌要素战略 | 1.通过课堂讲授，阐明品牌要素的内涵和意义、品牌设计要素的标准和感官体验的重要性，搭建本单元知识框架，深入剖析重点、难点。<br>2.通过小组合作学习，梳理品牌要素的设计要点，讨论执行品牌设计要素标准的关键，并结合实例分析，树立团队合作意识，锻炼沟通技能和表达能力。<br>3.通过课堂汇报和课堂辩论，强化中国品牌要素设计的原则性，锻炼逻辑思维和批判性思维。<br>4.通过自主学习，能够辨识业界广受好评的品牌要素设计，获取品牌管理实践的素材 |
| 第五单元：中国品牌传播战略 | 1.通过上节课布置的课外作业自主学习本单元的知识点，完成预习练习。通过自主学习，能够识记和理解本单元的部分知识点。<br>2.通过课堂讲授，阐述品牌传播的内涵和意义，明晰品牌传播组合，厘清品牌传播的内涵与过程，理解非媒体传播、自媒体传播和大众媒体传播的方式，以备在课堂小组讨论中加以运用，同时教授不同传播方式的要点，并解答课前学习出现的共性疑难问题。<br>3.通过案例分析，突出不同品牌传播方式在中国本土实践中应用的优劣势，学会根据企业实际情况进行品牌传播方式组合的选择。<br>4．通过小组协作交流学习，树立团队合作意识，锻炼沟通技能和表达能力 |
| 第六单元：中国品牌文化 | 1.通过自主学习，查找中国知名企业塑造的企业文化，并进行整理。<br>2.通过课堂讲授，阐明品牌文化的内涵与意义，介绍品牌文化的功能，列举品牌文化塑造的途径，分析品牌文化对企业的挑战，搭建品牌文化知识框架，深入剖析重点难点。<br>3.通过课堂汇报和课堂辩论，强化对于品牌文化内涵的理解，锻炼逻辑思维和批判性思维。<br>4.通过案例分析，突出对于品牌文化塑造过程的借鉴引导作用，了解中国知名企业品牌文化构建的思路和方式 |
| 第七单元：中国品牌杠杆战略 | 1.通过自主学习，查阅营销实践中有关品牌杠杆的素材，并进行整理。<br>2.通过课堂讲授，阐明品牌杠杆的概念与作用、杠杆组合，阐述国家、区域、代言人的杠杆作用与战略，搭建品牌杠杆知识框架，深入剖析知识难点。<br>3.通过案例分析，突出案例素材对于理解品牌杠杆作用的支撑 |
| 第八单元：品牌延伸 | 1.通过自主学习，能够辨识业界经典的品牌延伸案例，了解品牌延伸的营销实践。<br>2.通过课堂讲授，阐明品牌延伸的概念和作用，阐述品牌延伸的原则，列举品牌延伸的实施步骤，搭建品牌延伸知识框架。<br>3.通过小组合作学习，讨论本单元难点，梳理品牌延伸的实施步骤并结合实例分析 |

### （三）课程教学设计的重难点

1.重点

（1）基于品牌管理理论，结合当代中国实际，深入挖掘授课内容中的思政元素，并全面、系统、有机地融入到课程教学中；

（2）运用逆向教学设计理论和沉浸式教学理念，结合通识选修课程特征，探索有效教学方式，明晰新型教学方法在品牌中国课程中建构的步骤。

2.难点

（1）思政元素在课程体系中全面、系统、有机融入的实际操作问题，需要通过备课—授课—反思进行反复实践与论证；

（2）通识教育选修课开设受多重因素制约，可以将教学设计和教学方法应用在其他课程中加以检验。

### （四）主要结论

品牌中国课程思政建设有利于引导学生了解中国品牌发展史，激发学生民族自豪感和文化自信，通过将做人做事的基本道理、社会主义核心价值观的要求、实现民族复兴的理想和责任渗透在课程中，能够帮助学生树立正确的世界观、人生观和价值观，培养创新理念，承担起中华民族伟大复兴的理想和使命。

逆向教学设计法立足于学习目标来设计教学活动，其设计理念体现了以成果为导向的教育。在品牌中国通识教育选修课程中运用逆向教学设计法，能够实现学生学习效果、教学目标、评价与课堂活动的统一，以帮助学生获得更好的学习效果。

沉浸式教学体验能够帮助思政元素更好地融入课程，在所给出的范围和中国品牌主题设定下，教师与学生们进行真实的互动，师生都有一种沉浸其中、身临其境的感觉，从而做出相应的判断和对策并解决或发现问题。利用这种方式，可以很快地调动学生们学习的兴趣，帮助他们利用自己的知识和能力来解决问题。

### （五）创新或突破点

1.运用逆向教学设计理论

完善课程思政元素在品牌中国课程教学体系中的融合，通过对品牌理论和中国品牌演进史的讲授，将做人做事的基本道理、社会主义核心价值观的要求、实现民族复兴的理想和责任渗透在课程内容中。

2.运用沉浸式教学法

提升学生课堂的情绪体验，这种体验能使他们全身心地投入学习，产生满意、享受、平静及内部和谐的主观感受，并能获得继续向前的动力和创造力。通过对当前中国品牌发展的学习和梳理，激发学生的民族自豪感，树立文化自信，培养创新理念，深入理解中华民族伟大复兴的理想并肩负起相应的责任。

# 五、课程思政目标考核设计

本课程为考查课。考核方式分为过程性考核和终结性考核，其中：过程性考核构成平时成绩，占总评成绩的50%；终结性考核形成期末成绩，占总评成绩的50%。过程性考核包括考勤、作业、案例分析，在平时成绩中的占比分别为20%、40%、40%。

本课程的考核方式、内容、相应权重与对应评价的课程目标汇总列示见表3。

表3 课程考核方式、内容、相应权重与对应评价的课程目标汇总表

| 考核方式 | | 考核内容 | 所属单元 | 占比 | 课程目标 | | | | | |
|---|---|---|---|---|---|---|---|---|---|---|
| | | | | | 1 | 2 | 3 | 4 | 5 | 6 |
| 过程性考核 | 考勤 | 考核学生的学习态度和意志品质。 | 一、二、三、四、五、六、七、八 | 20% | | | | ✓ | ✓ | ✓ |
| | 作业 | 考核学生对品牌传播策略、品牌渠道策略和品牌延伸等策略的掌握，对于品牌启动、品牌强化、品牌扩展和品牌维护等基本理论、基本知识的识记和理解。 | 三、四、五、六、七、八 | 50% / 40% | ✓ | ✓ | ✓ | ✓ | ✓ | ✓ |

续表

| 考核方式 | | 考核内容 | 所属单元 | 占比 | 课程目标 | | | | | |
|---|---|---|---|---|---|---|---|---|---|---|
| | | | | | 1 | 2 | 3 | 4 | 5 | 6 |
| | 案例分析 | 考核学生将品牌演进史、品牌权益、品牌定位、品牌要素、品牌传播等策略的理论知识应用于案例分析和与实践结合的能力。 | 一、二、三、四、五、六、七、八 | 40% | ✓ | ✓ | ✓ | ✓ | ✓ | ✓ |
| | 小计 | | | 100% | | | | | | |
| 终结性考核 | 品牌策划方案设计与展示（围绕实践中的品牌设计、品牌策划方案并进行展示） | 考核学生对实际国产品牌的设计、分析和策划能力，考核学生自主学习、合作学习与沟通交流的能力。 | 一、二、三、四、五、六、七、八 | 50% | ✓ | ✓ | ✓ | ✓ | ✓ | ✓ |
| 合计 | | | | 100% | | | | | | |

课程结束后设计调查问卷了解学生的学习状态、课程参与程度、内容接受程度，明确教学效果及完善教学手段，但不计入学生成绩。

## 六、教学效果及成果

### （一）预期研究成果

（1）申请新开品牌中国通识教育选修课，依据研究与改革的思路，将课程思政理念贯穿于整个授课过程与理论中。

（2）一份新撰写的课程教学大纲（见图1）。

（3）一套新课件。根据新大纲编制能体现课程思政特点的新课件。

（4）一套能体现改革成效的课程建设材料，新开课程（若成功开设）学生的反馈及感悟等。

（5）指导学生参加全球品牌策划大赛。

（6）将改革思路、方法和效果进行梳理、总结，并进行校外交流。

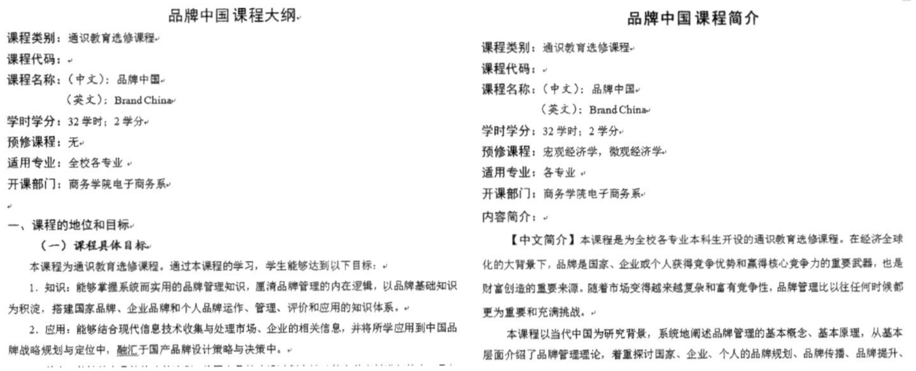

**品牌中国课程大纲**

课程类别：通识教育选修课程
课程代码：
课程名称：（中文）：品牌中国
　　　　　（英文）：Brand China
学时学分：32学时；2学分
预修课程：无
适用专业：全校各专业
开课部门：商务学院电子商务系

一、课程的地位和目标
　（一）课程具体目标
　本课程为通识教育选修课程，通过本课程的学习，学生能够达到以下目标：
　1. 知识：能够掌握系统而实用的品牌管理知识，厘清品牌的内在逻辑，以品牌基础知识为积淀，搭建国家品牌、企业品牌和个人品牌运作、管理、评价和应用的知识体系。
　2. 应用：能够结合现代信息技术收集与处理市场、企业的相关信息，并将所学应用到中国品牌战略规划与定位中。融汇于国产品牌设计策略与决策中。

**品牌中国课程简介**

课程类别：通识教育选修课程
课程代码：
课程名称：（中文）：品牌中国
　　　　　（英文）：Brand China
学时学分：32学时；2学分
预修课程：宏观经济学，微观经济学
适用专业：各专业
开课部门：商务学院电子商务系
内容简介：
　【中文简介】本课程是为全校各专业本科生开设的通识教育选修课程。在经济全球化的大背景下，品牌是国家、企业或个人获得竞争优势和赢得核心竞争力的重要武器，也是财富创造的重要来源。随着市场变得越来越复杂和富有竞争性，品牌管理比以往任何时候都更为重要和充满挑战。
　本课程以当代中国为研究背景，系统地阐述品牌管理的基本概念、基本原理，从基本层面介绍了品牌管理理论，着重探讨国家、企业、个人的品牌规划、品牌传播、品牌提升、

**图1　品牌中国课程大纲与简介**

## （二）项目取得的主要成果内容

1. 应用逆向教学设计，创新课程思政授课方式方法

作为新开通识教育选修课，课程团队深度挖掘品牌中国课程中的思政元素，撰写课程大纲，确立价值塑造、能力培养、知识传授三位一体的课程目标，并结合课程教学内容实际，基于逆向教学设计和沉浸式教学理念，明确思想政治元素的融入点、教学方法和载体途径，注重思政教育与通识课程的有机衔接与融合，并完成课件制作及相应的教学资源的整理。

2. 将课程思政与创新创业深度融合

将品牌中国课程与创新创业相结合，为中国小微创业企业培养品牌策划与咨询人才，先后为商务学院创新创业孵化基地的创业项目"跨境电商体验店""清轩花坊"等进行品牌策划，并进行方案的执行与效果评估。将企业品牌运营作为真实案例融入教学中，把企业的实际问题放到课堂研讨中进行方案制订、问题探讨和经验总结，然后再到企业实践中进行检验，经过复盘提炼理论架构，再把理论融于实践。通过创业实践培养学生的创新精神与责任感，实现课程思政在实践领域的延伸，是真实情境下的教学实践改革，教学效果明显提升。

3. 将课程思政贯穿人才培养全过程

项目团队将思政覆盖范围逐步扩大，通过申请通识教育选修课覆盖全院、全校选课的师生，受益学生将不同程度地影响到全部学生，但因选课学生不

满足开课标准，最终未能开课。但团队教师将课题执行思路在当前所授课程中进行了验证和应用，团队教师带领专业学生走课赛结合道路，指导学生组建团队参加全国品牌大赛，参赛团队覆盖不同专业的学生，通过大赛的参与经验、教师的指导以及与其他参赛团队的交流，内化中国品牌建设的理念，掌握品牌建设的理论，强化中国品牌带来的民族自豪感，提升文化自信，树立创新精神，获得了优异的竞赛成绩。具体获奖情况如表4所示。

### 表4　获奖情况汇总表

| 作品名称 | 比赛名称 | 奖励级别 | 奖励等级 |
|---|---|---|---|
| 贝利达品牌策划方案 | 全球品牌策划大赛中国地区选拔赛 | 国家级 | 一等奖 |
| 洁喜诺品牌策划书 | 全球品牌策划大赛中国地区选拔赛 | 国家级 | 二等奖 |
| "悦容坊"海外旗舰店商业计划书 | "云泽杯"创新创业竞赛全国总决赛 | 国家级 | 一等奖 |
| 晨鲜易到：打造第一个大学生扶贫助农的平台 | 2020年第六届中国"互联网＋"大学生创新创业大赛（北京赛区） | 市级 | 三等奖 |

4.打造创新意识强、教学方法活、思政素养强的师资队伍

团队教师持续进行理论学习，坚持教育者先受教育，在学中做，在做中学，积极参加课程思政和理论培训，分批参与课程思政教学设计大赛，推动习近平新时代中国特色社会主义思想入脑入心，深入学习联大文件和文章，准确把握联大"三全育人"思路，讲好联大课程思政故事，不断提升课程思政建设能力。

5.形成一批有质量的教育教学改革研究成果

本项教育教学改革课题从教育理念、教学方法、课程大纲、师资队伍、人才培养等方面进行了全面探索，结合教师的科研项目，教师团队组织撰写的教学案例《新媒体时代下的品牌营销：哈罗闪的危机与重生》《小米生态链的跨界产品研发模式：价值共创》获得院级案例项目立项，其中《小米生态链的跨界产品研发模式：价值共创》系北京市与中央高校共建一流大学建设计划案例开发项目，目前已提交中国人民大学案例中心。此外，团队教师共发表研究论文5篇，其中2篇SCI，2篇CSSCI；研究报告1部，著作2部，成果详见表5。

**表5　成果详表**

| 序号 | 成果（论文、专著、专利获奖项目）名称 | 发表刊物或出版单位 | 时间 | 级别 |
|---|---|---|---|---|
| 1 | 电信企业流失顾客赢回机制研究——以大学生市场为例 | 哈尔滨商业大学学报（社科版） | 2019.7 | CSSCI |
| 2 | Nash Equilibrium Strategy of Port Construction | Journal of Coastal Research | 2019.12 | SCI |
| 3 | Multi-Depot Vehicle Scheduling Optimization for Port Container Drop and Pull Transport | Journal of Coastal Research | 2019.12 | SCI |
| 4 | 微营销环境下消费者特征研究 | 电子商务评论 | 2020.2 | 无 |
| 5 | 产业疏解对首都劳动力就业的影响效应研究——基于2015—2018年数据的实证分析 | 中国流通经济 | 2020.8 | CSSCI |
| 6 | 营销智能 | 科学出版社 | 2020.6 | 专著 |
| 7 | 新商科人才培养模式的探索与实践 | — | — | 专著 |
| 8 | 大兴区消费市场调研报告 | 大兴区商务局 | 2019.11 | 研究报告 |
| 9 | 小米生态链的跨界产品研发模式：价值共创 | 中国人民大学案例库（在投） | 无 | 教学案例 |
| 10 | 新媒体时代下的品牌营销：哈罗闪的危机与重生 | 无 | 无 | 教学案例 |

6. 校外交流研究成果

教师团队作为主要成员组织和承办了"2019北京时尚高峰论坛北京联合大学分论坛暨第二届品牌与新媒体高峰论坛"，论坛关注中国品牌发展与创新，课题负责人作为主持人分享了专业思政、课程思政的相关成果（见图2）。

此外，项目负责人参与了由中国贸促会牵头组织的《品牌策划职业技能等级标准》起草工作，并在标准宣贯会议上分享了联大专业思政、课程思政的思路与成果，参会嘉宾包括中国贸促会领导和多所高校品牌课程负责人，联大成果获得广泛关注和认可。

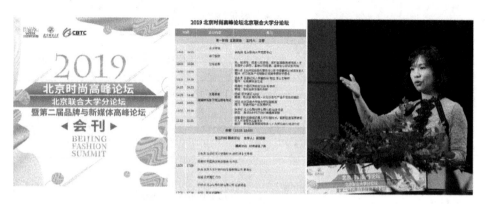

**图2　2019北京时尚高峰论坛北京联合大学分论坛暨第二届品牌与新媒体高峰论坛**

### （三）成果的应用、推广及取得的成效

1.持续输出懂品牌、爱国家、有担当的应用型人才

通过课程建设，指导学生获得2019年全球品牌策划大赛（新加坡）一等奖1项、二等奖1项，2019年"云泽杯"创新创业竞赛全国总决赛一等奖。2020年由于疫情原因各项赛事延期，还将继续指导学生基于国产品牌参加国家级品牌大赛和创新创业大赛，目前已有一组学生进入北京联合大学"致用杯"大学生创新创业大赛决赛，项目致力于打造大学生助农扶贫新媒体平台，体现了青年大学生的责任担当，也呈现了联大践行社会责任、服务区域发展的使命担当。

2.学校专业思政、课程思政建设产生了良好的社会影响力

课题团队通过举办或参加会议、参与行业标准制订和学校间交流的机会主动推广课程思政建设成果，一定程度上扩大了联大特别是市场营销专业进行专业思政、课程思政建设的知名度和影响力。课题组成员先后多次受邀在各类论坛做主题发言，包括：由中国贸促会商业行业委员会和中国贸易报社联合主办的2020年百所高校服务百家中小企业品牌建设专项活动推进会暨"宣贯团体标准、深化产教融合、助推品牌建设"专题研讨会，由北京联合大学、北京时尚控股有限责任公司、北京时装周组委会、北京市朝阳区国际高端商务人才发展中心主办，北京时尚产业研究院协办，北京联合大学商务学院、北京联合大学品牌研究中心、北京时装周有限责任公司承办的北京时尚高峰论坛北京联合大学分论坛暨第二届品牌与新媒体高峰论坛等。

# 七、教学反思与持续改进

存在的问题体现在：第一，通识教育选修课的开设受多种因素制约，本团队连续两次申请开设课程，第一次因选课人数不足未能开设成功，第二次将加大宣传，确保开课，将课程设计的教学内容在课堂中加以应用。虽然目前尚未开设成功，但本课程研究的思路和提炼的方法已经通过品牌营销和营销策划这两门专业课程进行一定程度、一定范围的验证，为将来开设通识教育选修课奠定了坚实的基础。第二，受疫情影响，2019—2020年下学期课程均改为线上授课形式，研究涉及的沉浸式教学因为形式所限，未能全面实施。但随着社会和科技的发展，网络授课因为打破了时间和空间的壁垒，必然会成为未来教育的发展方向。我们不妨通过这次"迫不得已"的实践加速拥抱时代和科技的进程，思考各种教学方法在不同情境下使用如何发挥最大功效。困难确有，未来可期，相信通过不断的思考、探索与努力，我们能够找到更为适合、更行之有效的课程思政教学之道。

基于当前研究成果和对存在问题的反思，项目团队可以通过获批的北京联合大学2020年在线开放课程建设项目"品牌营销"的课程建设验证研究结论，拓展研究情境，将课程思政的建设成果通过在线课程形式传播出去，覆盖更多高校和更多学生。此外，还能通过与企业合作申报教育部高教司产学合作协同育人项目，将课题研究成果进一步深化和推广，实现立德树人的根本目标。

## 参考文献

[1] 房小可，朱建邦．论"课程思政"与"专业思政"的关系：以北京联合大学为例[J]．北京联合大学学报，2021，35（1）：52-56．

[2] 蔡婷婷．基于沉浸式案例体验的混合教学模式设计与实践：以《商务谈判》课程为例[J]．公关世界，2020（13）：64-65．

[3] 江婕，谌童．基于虚拟现实技术的沉浸式教学实践探索[J]．教育信息技术，2020（5）：39-42．

[4] 李艺英，于洋．深化"课程思政"建设落实立德树人根本任务：北京联合大学党委书记韩宪洲访谈录[J]．北京教育：高教版，2019（6）：23-26．

作者简介：汪蓉（1981— ），女，副教授，博士研究生。研究方向为品牌管理、消费者行为。

# 第四部分
# 建筑环境与能源应用工程专业

# 建筑环境与能源应用工程专业
# 思政建设研究与实践

（北京联合大学　生物化学工程学院　李春旺）

【摘要】根据建筑环境与能源应用工程专业的特点和专业核心价值体系，设计了专业思政实施的总体框架，编制了基于价值引领和OBE理念的培养方案，提出"总体框架-融入点"课程思政设计法，开发了32门专业课程思政案例库，持续推进以学生为中心的课程改革。实践养成体系方面，搭建了"产学研创"融合的实践教学平台和垡头社区社会实践平台，以实践教学、科技社团、学科竞赛体系和经典活动为载体，规范和落实立德树人的具体方法和要求。创建研究型教研室提升教师团队立德树人的能力，同时建立了专业的教学质量保障体系。通过专业教育与思想政治教育的教学全过程、全要素的融合设计，逐渐形成了特色鲜明的专业育人文化。

【关键词】专业核心价值体系；OBE理念；课程思政；实践养成体系；融合设计

## 一、专业简介

本专业始终根据不同时期北京市暖通空调行业的发展趋势和对应用型人才的需求而动态调整，1987年开始招收低温与制冷工程专业本科生，1993年调整为空调制冷专业，1996年进一步调整为暖通空调专业。2002年专业更名为建筑环境与设备工程，为解决行业存在的"暖通、自控两张皮"问题，在暖通空调专业的基础上，率先在国内增设了复合型的建筑环境智能控制专业方向，2005年该专业被确定为北京市品牌建设专业，2009年被评为北京市特色专业建设点。

2012年专业更名为建筑环境与能源应用工程，2015年成立了"人工环境与能源应用研究所"，建立了绿色冷热源工程实验室、BIM与智慧建筑实验室、洁净与空气品质实验室，以及人工气候室、多隔间洁净实验平台等大型设施和系统，强化了应用型学科建设和服务北京的能力。

近三年本专业教师承担了"十三五"国家重点研发计划子课题3项，国家和北京市自然科学基金4项，企业委托课题30余项，教师平均科研经费超过20万元/年。专业教师指导学生科技立项和学科竞赛等获得省部级以上奖励超过50项。2020年本专业被评为北京市一流本科专业建设点，同年获批土木水利专业硕士学位授权点。

## 二、专业人才培养目标设计

北京联合大学本科专业人才培养总目标为"培养信念坚定、知行合一，基础知识扎实、实践能力强，具有较强的社会责任感、创新创业精神和可持续发展能力的高素质应用型人才"。学校要求在坚持立德树人根本要求的基础上，进一步明确专业人才培养目标，各专业培养目标要契合并支撑学校人才培养总目标。根据不同专业人才培养特点和专业能力素质要求，将政治引领和价值导向科学合理地融入专业人才培养方案，着力在坚定理想信念、厚植爱国主义情怀、加强品德修养、增长知识见识、培养奋斗精神、增强综合素质上下工夫，培养德智体美劳全面发展的社会主义建设者和接班人。

建筑环境与能源应用工程专业通过先进企业、行业专家和一百多名校友的调研，从精神、使命、伦理和职业特点四个维度梳理了本专业的价值特征，同时融入"做人做事的道理，社会主义核心价值观的要求和实现民族复兴的理想和责任"，从而凝练了"心系天下冷暖，筑梦中国未来"的专业精神和表1所示的专业核心价值体系。

在学校人才培养的总目标下，以专业核心价值体系和专业特点为指导制订了本专业的2019版人才培养目标：面向生态城市与绿色智慧建筑领域，针对建筑环境营造系统、建筑能源供给系统和智慧建筑系统，培养具有较高的人文与工程素养，能运用环境友好型技术与信息化工具进行工程设计与咨询、工程项目管理与运行管理的高素质应用型工程师。

本专业毕业生的目标预期如下：

（1）掌握并运用本专业的理论知识与技能，辨识、分析和解决工程中的实际问题；

（2）具备工程设计、实施和运行维护项目的组织管理与团队工作能力；

（3）懂得执行现行的工程法律规范，具有良好的人文和职业素养与社会责任意识；

（4）能够适应和紧跟专业技术持续发展，尤其是信息化技术在本专业的发展趋势；

（5）能够理解工程的社会、环境、文化等外部约束，并对工程价值做出合理判断。

表1　建筑环境与能源应用工程专业核心价值体系

| 一级 | 二级 | 基本描述 |
|------|------|----------|
| 政治素养 | 理想信念 | 树立共产主义理想，建立中国特色社会主义道路自信、理论自信、制度自信、文化自信，立志肩负起民族复兴的时代重任 |
| | 爱国情怀 | 拥护中国共产党，扎根人民，奉献国家 |
| 专业责任 | 专业使命 | 营造健康环境，人类与环境的可持续发展 |
| | 职业操守 | 关注环境与人类健康，倡导人与自然和谐共处；<br>诚信公正、成就用户、创造精品、团结合作；<br>确保公众安全，遵守职业规范 |
| 道德品格 | 道德规范 | 守法、友善、勤俭、敬业 |
| | 个人品格 | 诚实正直、善学乐知、责任担当、坚毅乐观、感恩宽容 |
| 相关素养 | 智体美劳 | 广学识、善思考、体魄强、会审美、爱劳动 |

# 三、人才培养模式/体系设计

## （一）专业思政体系实施总体框架设计

"专业思政"必须坚持将专业建设和思想政治教育进行一体化设计与实施，体现出鲜明的学科专业特色。建筑环境与能源应用工程专业根据本专业的学科特征与专业核心价值体系，构建了图1所示的"专业思政"体系实施总体框架。专业人才培养方案是人才培养的纲领性文件，因此，制订价值引领的专业人才培养方案至关重要。在专业人才培养方案和专业核心价值体系的引导下，开展课程思政体系和实践养成体系建设。在实践养成体系中，立足本专业的基础和特点，建设开放性专业实践教学平台和堡头社区社会实践平台2个支撑平台，并开展平台、项目和5类学生团队的一体化建设，坚持开展青年创新人才联合会年会、风筝节2个经典活动，并在人才培养过程中强化导师团队和学生团队之间的互动。

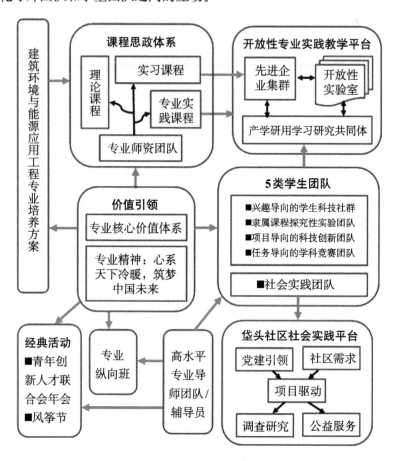

**图1 "专业思政"体系实施总体框架**

## （二）基于OBE的专业人才培养方案设计

1.基于OBE的培养方案设计逻辑

基于OBE的培养方案设计逻辑如图2所示，按照社会需求→培养目标→毕业要求→能力指标→课程体系的逆向约束路径构建培养方案。在此基础上本专业培养方案制订还需要贯彻立德树人（专业思政）、工程教育认证和新工科思维的要求。在专业人才培养方案中贯彻立德树人的基本逻辑，首先要提炼专业使命、社会责任、专业伦理和职业操守要求，构建本专业的核心价值体系。其次将专业核心价值体系融入人才培养目标和毕业生基本要求，并做出明确且可操作的描述。最后结合专业特征构建与之相适应的课程体系，支撑人才培养的德智体美劳全面发展。

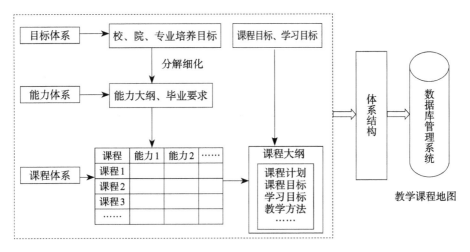

**图2　基于OBE的培养方案设计逻辑**

### 2. 毕业要求设计及支撑矩阵

根据《全国高等学校建筑环境与能源应用工程专业评估（认证）标准》等相关文件的要求，结合本校专业办学特色，将毕业要求分解得到31个二级指标点。根据毕业要求形成专业的课程体系，每个指标点均由具体课程或教学活动支撑，毕业要求对培养目标的支撑矩阵关系见表2。

**表2　毕业要求支撑培养目标的实现**

| 毕业要求 ＼ 培养目标 | 能运用本专业的技术理论与技能，辨识、分析和解决工程设计与实施中的实际问题 | 具备工程设计、实施和运行维护项目的组织管理与团队工作能力 | 懂得执行现行的工程法律与行业规范，具有良好的人文和职业素养与社会责任意识 | 能适应和紧跟专业技术持续发展，尤其是信息化技术在本专业的发展趋势 | 能理解工程的外部约束条件（社会、环境、文化等），并对工程价值做出合理判断 |
|---|---|---|---|---|---|
| 1.工程知识 | ✓ | | | | |
| 2.问题分析 | ✓ | | | | |

| 毕业要求 ＼ 培养目标 | 能运用本专业的技术理论与技能，辨识、分析和解决工程设计与实施中的实际问题 | 具备工程设计、实施和运行维护项目的组织管理与团队工作能力 | 懂得执行现行的工程法律与行业规范，具有良好的人文和职业素养与社会责任意识 | 能适应和紧跟专业技术持续发展，尤其是信息化技术在本专业的发展趋势 | 能理解工程的外部约束条件（社会、环境、文化等），并对工程价值做出合理判断 |
|---|---|---|---|---|---|
| 3.设计/开发解决方案 | ✓ | | | | ✓ |
| 4.研究 | ✓ | | | | |
| 5.使用现代工具 | ✓ | | | ✓ | |
| 6.工程与社会 | ✓ | | | | ✓ |
| 7.职业规范 | | | ✓ | | ✓ |
| 8.个人、团队与终身学习 | | ✓ | | ✓ | |
| 9.沟通 | ✓ | ✓ | | | |
| 10.项目管理 | ✓ | ✓ | | | |

　　根据专业人才培养特点和专业能力素质要求，以及学校对"立德树人，促进学生全面发展"的要求，毕业要求6（工程与社会）和毕业要求7（职业规范）融入了社会主义核心价值观、社会责任、文化以及环境和可持续发展、工程职业道德和行为规范等思想政治元素，并通过分指标点进行了细化和具体化，详见表3。

**表3　毕业要求6、7的指标点**

| 毕业要求 | 指标点 |
|---|---|
| 6.工程与社会：能够基于工程相关背景知识进行合理分析，评价专业工程实践和复杂工程问题解决方案对社会、健康、安全、法律、文化以及环境和可持续发展的影响，并理解应承担的责任 | 6-1：理解人、健康与环境的关系，以及本专业在国家绿色发展战略中的地位、作用与责任 |
| | 6-2：在解决复杂工程问题的技术方案中体现环境友好型技术和节能思想，并客观评价工程实践对环境、社会可持续发展的影响 |

| 毕业要求 | 指标点 |
|---|---|
| | 6-3：理解在工程实践中面临的制约因素，以及工程师对公众的安全健康、环境可持续发展的社会责任，并在工程实践中自觉履行责任 |
| 7.职业规范：具有人文社会科学素养，健康的心态与体魄，在工程实践中理解并遵守工程职业道德和行为规范，履行社会责任，践行社会主义核心价值观 | 7-1：具有人文社会科学素养，健康的心态与体魄和正确的价值观 |
| | 7-2：理解个人与社会的关系，理解中国的历史与国情 |
| | 7-3：了解法律法规和行业规范，并在法律和制度框架下开展工作，自觉遵守诚实公正、诚信守则的工程职业道德和行为规范 |

### （三）课程体系设计

本专业课程体系根据培养目标和毕业要求及学校培养方案结构和体例进行设计，满足规范性和专业培养目标、毕业要求达成的要求。课程体系由教学计划课内设置（第一课堂）和教学计划课外设置（第二课堂）共同构建。课内设置（第一课堂）的课程体系按照通识教育平台、专业培养平台、实践教学平台三个平台进行搭建。课外设置（第二课堂）引导和组织学生开展各种有教育意义的素质教育课程与活动，课程与活动体系按照德育平台、智育平台、体育平台、美育平台、劳育平台进行搭建。反映本专业课程体系逻辑关系及进程安排的课程地图见图3。

为了实现培养目标和达成毕业要求，本专业课程体系加强了立德树人、专业实践能力、信息化素养和创新创业能力培养，以适应行业发展趋势和提高解决复杂工程问题的能力。

（1）课程体系中设置了思想政治理论课程（14学分）和思想政治理论课综合实践（2学分）。针对毕业要求6（工程与社会）设置了17门课程支撑，针对毕业要求7设置了19门课程支撑。

（2）为强化专业实践能力，专业设置了突出专业核心能力的实践必修课程体系，并按BIM、施工管理、绿色建筑评估设置实践选修课程；为加强专业应用性设置了认识实习、专业实习（故障诊断与测试）和毕业实习，实践总学分占比达到30.1%，强化了学生工程实践能力。

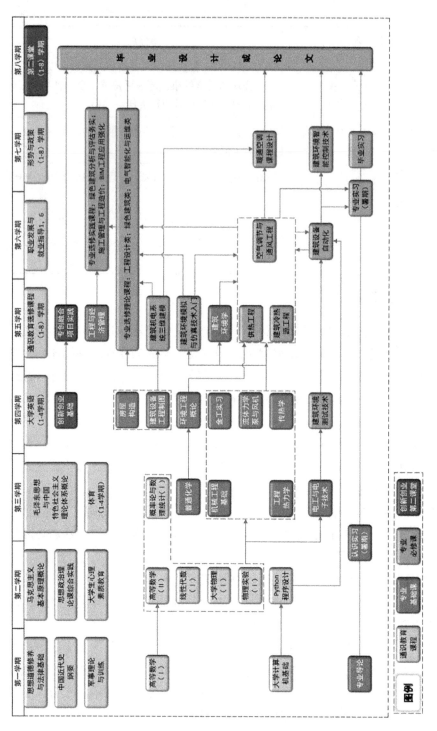

图 3　建环专业课程地图

（3）为强化信息化素养，专业设置了计算机基础、Python程序设计基础课程，设置建筑环境模拟与仿真技术入门课程，支撑对复杂工程问题和绿色建筑评价的分析和研究。专业设置了基于信息化融入递进的课程体系，强化建筑信息模型BIM技术的应用能力。

（4）为强化创新创业能力，专业设置了创新创业基础（必修）、创新创业实务（选修），融入创业元素的专业课程，包括建筑环境学、建筑机电系统三维建模等，并鼓励开展实培计划（创业毕业设计），形成专创融合的体系。

## 四、课程建设

高质量的课程群是支撑人才培养目标实现的保障，课程思政是专业思政的重要组成和基础。对于工科专业课程，教师既要关注课程的知识、技能和方法的传授，更要关注思维方法、价值观念和情感认同。课程思政要体现专业对培养学生核心素养的共性要求，即规定性，同时还要具有相对独立性和教师的自主性。

### （一）"总体框架－融入点"设计法

1. 总体框架设计

首先在专业核心价值体系（见表1）和毕业要求（见表3）的引导下，深入挖掘课程中的共性和特性的思政元素，形成教学内容与思政元素的映射关系。一个思政元素可以对应多个融入点（教学内容），然后将含义相近的思政元素进行合并统一，同时评估融入点的合理性，基本原则是资源充足、教学法明确、润物无声，形成优化后的映射关系，最后凝练融入思政元素的课程目标，可以将知识、能力和思政元素融在一起表述，也可单独表述。课程思政的总体框架设计过程如图4所示。

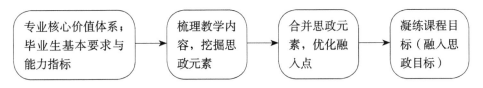

**图4 课程思政总体框架设计过程**

挖掘思政元素的基本方法归纳如下。

（1）知识拓展法：科学故事、榜样人物、科技成就、重大事件、技术发展历史等。

（2）思维启发法：寻找知识点中所蕴含的马克思主义唯物辩证法、生态思维、工程思维、科学思维等。

（3）实践养成法：实验和训练，把理论内容用实践教学法去设计，通过严格要求、亲身体验去产生影响。

（4）专业伦理渗透法：重点思考科学和工程活动对人、环境与社会的影响。

（5）产业挖掘法：产业政策、业务场景、业务规范。

2.融入点的教学设计

融入点的教学设计应考虑如下要素，即知识点或能力点、思政目标、课程资源、教学方法和学习成果。其中课程资源的内容取决于教师学识、获取能力和教学方法的需求。教学方法应多样化且尽量体现以学生为中心，如案例分析法、比较论证法、故事演绎法、讨论—总结法、角色扮演法、价值判断法、体验训练法和创设情境法等。课程学习成果的设计应融入思政目标的要求，用于对知识、能力和思政显性效果的评价，但对以"润物细无声"的方式内化于心的隐性思政效果一般不做评价。

## （二）课程思政案例库建设

依据"总体框架-融入点"设计法，建筑环境与能源应用工程专业在表1所示的专业核心价值体系和表3所示的毕业要求及其指标点的引导下，结合专业课程知识体系的特点，开展了针对全部32门专业课程的课程思政设计，形成持续改进的专业课程思政案例库。在课程思政设计过程中需要充分考虑课程本身的特点重构课程的知识体系和教学方法，以学生为中心，并在此基础上进行思政元素的挖掘和有机融入，从而提升课程的育人效度。下面用2个例子说明。

例1：暖通空调专业核心课程群设计

暖通空调专业核心课程群包括建筑冷热源工程、空气调节与通风、供热工程以及暖通空调课程设计4门课程。课程群以暖通空调工程设计能力为导向，将教学单元重构为制冷原理、冷热源系统、焓湿图与负荷计算、空气热湿处理、空调水系统、通风技术、集中供暖、暖通空调工程设计、节能措施9个模块。在学习过程中贯彻设计工程师核心素养和价值体系，包括：服务用户、创造精品、诚信公正、协同合作的设计师价值观；绿色可持续发展的社会责任；遵守专业伦理、专业技术规范与职业规范；建立系统思维与审辨思维方法；严谨求实、精益求精的工匠精神；激发科技创新意识与家国情怀。

例2：建筑环境学创新课程设计

建筑环境学课程开展了"以学生为中心"的教学模式改革。一是采用"MOOC+SPOC+翻转课堂"的教学；二是探索开放的探索性综合实验，提升课程挑战度；三是融通第一课堂教学与第二课堂并融入创新创业元素。教师团队在指导学生学习和课程实践中融入思政教育，构建了"价值塑造—知识探究—能力培养"三位一体的教学体系。对应课程的知识体系提取了4个思政元素：①通过厘清"人—建筑—环境"三者关系建立绿色发展观；②节能减排与环境可持续发展理念；③营造健康环境，肩负人民健康、幸福生活的使命与责任；④树立以人为本的意识，考虑社会、健康、安全、法律、文化、环境因素，并在工程实践中理解标准规范。

建筑环境学课程设计了"工科课程人文化"的教学环节——"初始建筑环境"。在开课第一周将学生分成小组，由学生自主选择建筑物进行视频拍摄制作，体现建筑的功能、环境、人文艺术等方面的特点，具体安排和要求见表4。通过拍摄制作过程和展示交流环节，潜移默化地影响学生的价值观和情感。

**表4 初始建筑环境任务安排**

| 序号 | 任务 | 任务要求 |
|---|---|---|
| 1 | 布置任务（第一周） | （1）任选1个建筑物，拍摄短片，反映你对建筑内外环境的初步认识；<br>（2）小组自主策划、拍摄、制作，要求有背景音乐、解说词和字幕 |
| 2 | 学生小组策划、拍摄、制作 | （1）团队协同，精益求精；<br>（2）正确解决拍摄过程的各类问题；<br>（3）视频境界高（价值），文化水平高，制作水平高 |
| 3 | 作品展示（第三周） | （1）播放作品；<br>（2）小组介绍视频策划和制作过程；<br>（3）收集提问（蓝墨云班课）；<br>（4）交流、互动、点评 |
| 4 | 2020年完成作品（疫情中） | （1）老舍故居（四合院）；<br>（2）凤凰传媒中心（现代）；<br>（3）燕莎奥特莱斯（街区商业建筑）；<br>（4）正阳门城楼（历史建筑） |

## 五、实践教学

### （一）"产学研创"融合的实践教学平台

为促进产教融合和科教融合协同育人，建筑环境与能源应用工程专业与北京建筑设计研究院有限公司、北京市住宅设计研究院有限公司等先进企业建立战略合作关系，以HAVC全生命周期优化技术实验室、BIM与智慧建筑实验室、绿色冷热源工程实验室、洁净与空气品质实验室为主体，构建了图5所示的"产学研创"融合的实践教学平台。一方面行业企业的资源和学校的实验室资源持续注入和不断融合，特别是行业企业对工程师素养、职业道德、设计师价值观等要求逐渐融合转化为教学实践的文化氛围；另一方面依托平台建立了兴趣导向的学生专业社群、隶属课程的探究性实验团队、项目导向的科技创新团队、任务导向的学科竞赛团队。依托课程实验、实践课程和学生科技项目，导师团队与学生团队面向共同的任务、兴趣和价值构成学习研究共同体（见图6），在进行有效的创新实践学习的同时，团队凝聚，言传身教，实践感悟，学生与教师共同成长。

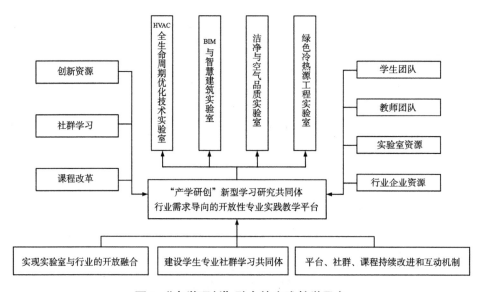

**图5　"产学研创"融合的实践教学平台**

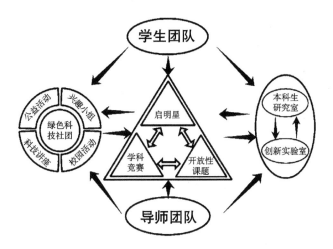

**图6 学习研究共同体机制**

## （二）实践教学体系设置突出工程应用性

建筑环境与能源应用专业独立设置的工程实践环节与专业教育的课内实践教学折算学分之和为48.375学分，占总学分比例达到29.5%，超过工程教育认证标准要求的"至少占总学分20%"。其中，除了专项技术训练，还安排了：暖通空调课程设计、建筑环境智能控制技术2个综合性实践环节；认识实习、金工实习、专业实习（系统诊断与故障分析）、毕业实习4个实习环节；面向绿色建筑评价、工程造价和BIM技术的实务类选修实践环节。毕业设计（论文）分为四个选题方向：工程设计类、工程咨询（专项计算分析）类、实验（试验）分析类和技术研发（开发）类。此外，为培养学生的创新创业能力，学校特别设置了大学生实培计划——创业类毕业设计选题方向。从实践教学体系优化的角度凸显了本专业应用型人才培养的特征。

## （三）实践环节教学的思想政治教育融入

实践养成是思想政治教育的重要手段。首先从实践目标、实践内容、实践方法、实践环境、实践过程和实践成果等方面梳理和分析实践环节的特点；其次挖掘实践环节的思政元素，如工匠精神、设计师价值观、绿色发展理念、做人做事的道理等；最后通过创设情境、规范要求、过程管理和成果考核等方法实现思政元素的有机融入。举例说明如下。

例1：剖析空调自控实验装置实验

知识点：自动控制装置结构与原理，PID调节过程与特性。

思政目标：养成实事求是、耐心专注、严谨规范、精益求精的工匠精神。

教学设计：首先要求学生阅读实验装置说明书，观察结构，分析原理，绘制结构图、原理图、接线图和自控框图；其次操作实验装置，解决实验过程中的各种问题；最后分析数据并编制实验报告。将实验过程细化为表5所示的7个步骤，明确每个步骤的思政要求和规范，实验的综合性和复杂性提高，强化了以学生为中心和工匠精神的养成。

表5　剖析空调自控实验装置实验步骤与要求

| 步骤 | 实验内容 | 思政要求 | 实验资源 |
|---|---|---|---|
| 1 | 研究实物装置，绘制结构图、原理图和接线图 | 关注细节、绘图规范、耐心专注、精益求精 | ①实验设备设计说明书；②实验指导书；③建筑设备自动化；④实验装置；⑤实验仪表 |
| 2 | 描述自控元件功能及系统工作过程 | 理论联系实际 | |
| 3 | 绘制自动控制系统框图 | | |
| 4 | 操作装置完成PID调节温度实验 | 耐心专注、操作规范、辩证思维 | |
| 5 | 分析和解决实验过程中出现的故障和问题 | 实事求是、理论联系实际、善学乐知 | |
| 6 | 根据实验数据进行系统调节特性的分析 | | |
| 7 | 编制实验报告 | 格式严谨、逻辑清晰、抄袭编造一票否决 | |

例2：建筑环境学课程探究性实验设计

建筑环境学是一门体现专业特色的基础理论课程，主要包括建筑外环境、建筑负荷计算理论、室内热湿环境、室内空气品质、通风理论、声环境、光环境。为培养学生的创新能力和探索精神，安排了以小组为单位、自主选题的基于实际场景的探究性实验，并由4位高级职称的教师负责指导，利用学生团队课余时间在8周内完成，具体步骤和实践要求见表6。

表6　基于实际场景的探究性实验步骤与要求

| 序号 | 步骤 | 指导要点 | 实验地点 |
|---|---|---|---|
| 1 | 自主选题 | 关注选题价值取向，强调理论价值、应用价值，解决实际问题 | 多媒体教室 |

续表

| 序号 | 步骤 | 指导要点 | 实验地点 |
|------|------|----------|----------|
| 2 | 实验方案 | 要求切实可行，科学合理，严谨；关注小组在反复研究修订过程中的态度 | 实验室 |
| 3 | 实验过程 | （1）团队合作，测试认真严谨，保证质量；（2）测试现场小组与第三方协调，关注做人做事的道理 | 实际场景的测试现场 |
| 4 | 实验分析 | 科学严谨，创新思维，报告规范，诚实守信 | 实验室 |
| 5 | 展示交流 | 大方、自信 | 多媒体教室 |
| 实验项目示例 | 1.北京迪卡侬冬季室内环境实测与分析；<br>2.北京地铁七号线欢乐谷站台层风场研究；<br>3.冬季公共建筑室内有害物浓度及其对人的舒适度影响研究；<br>4.堡头永辉电影院舒适性测试；<br>5.家用加湿器对室内环境的影响；<br>6.南院食堂室内环境测试与评价；<br>7.水幕对PM2.5净化效用研究探讨实验；<br>8.校园宿舍和食堂室内湿环境研究；<br>9.地铁站声环境研究 | | |

## 六、第二课堂

建筑环境与能源应用工程专业依托"产学研创"融合的实践平台和堡头社区社会实践平台，组建5类学生团队包括学生科技社团、隶属课程的探究性实验团队、科技创新项目团队、学科竞赛团队和面向社区的社会实践团队。针对这5类学生团队建立导师团队，学生团队和导师团队以共同的任务、兴趣和价值形成学习研究共同体，见图6。导师在指导学生团队活动的过程中负有贯彻专业核心价值体系的责任。通过以项目和任务为载体的师生互动，影响学生的价值判断、做人做事方式，锻炼其个人品格，从而达到潜移默化"润物细无声"的作用。

### （一）学生科技社团建设

依托"产学研创"融合的实践平台建立了HVAC新风科技社团和BIM技

术科技社团，并为社团配备了导师团队，创建了课程、科研、工程、学生科技活动融合的环境。社团建设的基本原则是"言传身教、以生为本、科研为基、梯队培养、课程拓展、创新创业"。

科技社团的指导教师注重学科的前沿和最新的理论发展动态，用自己的学识和眼界引导学生，在与学生的朝夕相处中"润物细无声"。在指导过程中更关注培养学生的责任心、韧性、合作、共赢、大局观和爱国情怀。2017—2020年两个社团所依托的实验室承担了多项科研项目，经费达到200万元，企业提供工程项目6项。组织学生参与这些项目，使学生在真刀实枪的实践中得到成长，培养了学生的科研精神和工程师素养。社团成员自我学习、自我规划、自我管理、自我运转，逐渐培养出良好的工作习惯和工作作风。科技社团利用专业知识为社区开展室内空气品质测试公益服务，获得社区表扬信和BTV新闻栏目的报道，入选"北京市双百计划"项目。社团创建的"图易工作室"在2019年中国大学生"互联网＋"创新创业大赛中获得北京市二等奖、北京市优创团队一等奖。

### （二）"2+4+N"的专业学科竞赛体系建设

专业建立了"2+4+N"的学科竞赛体系，即2个综合竞赛："挑战杯"全国大学生课外学术科技作品大赛和创业计划大赛、全国大学生节能减排社会实践与科技竞赛；4个专业竞赛：全国高等学校人工环境学科奖专业基础竞赛、制冷空调全国大学生科技竞赛、北京市暖通空调工程设计竞赛、CAR-ASHRAE学生设计竞赛；N个企业竞赛，如海尔设计竞赛等。从2017—2020年专业省部级以上学科竞赛奖超过50项，在指导学科竞赛时要求指导教师做到以下几点：①阐明竞赛的背景：为国家和行业培养高素质的栋梁之才；②竞赛的准备与训练：关注认真严谨，坚韧不拔，创新思维，做人做事的道理，团队与责任意识；③竞赛的现场：要求学生谦虚谨慎，乐知善学，充满自信。

### （三）堡头社区社会实践平台建设

2019年年初专业与堡头街道办事处深度合作，党支部开展手牵手党建活动，利用学院的专业力量与志愿服务力量支持社区的建设，同时也为学生提供社会公益服务平台。平台运行的基本原则是"党建引领，社区需求，项目驱动，公益服务"。

在办事处组织科和社区办的支持下，双方通过"全要素小区建设"工作研讨会、项目推进和实施碰头会、实地考察等方式，加强沟通、深入了解了堡头街道所属社区的实际需求。组织学生服务团队完成了北里社区无废城市宣传墙及系列活动（协同中华环保联合会、北京市朝阳区方舟社会发展中心等社会单位）、福园社区楼门文化设计、北里社区停车位调研报告、社区的LOGO设计、社区志愿者活动等项目。学生们在发挥专业优势、按照建设国际一流和谐宜居之都的要求、服务美丽北京助力社区发展的过程中得到了启迪和锻炼，社区接连发来两封感谢信对学生们的辛勤工作和真情无私奉献表示感谢。

### （四）经典活动

1.青年创新人才联合会年会

每年12月，系部组织召开主题为"科技引领时代 创新成就未来"的青年创新人才联合会年会，此活动是已坚持了11年的品牌活动，为学生们提供了科技创新活动交流分享的平台，通过年会鼓励青年学生崇尚创新、绿色发展和责任担当。2019年年会主题为十年坚持"追梦、筑梦、圆梦、赓梦"，重点体现青年人竞赛背后的成长故事和青年人要成为有理想、有担当、有爱心的社会栋梁。

2.风筝节

每年4～5月左右由学生团队组织风筝节，该活动是已经坚持9年的品牌活动。学生们在风筝上绘制"正能量"的艺术图案，学院举行展示并投票选出名次，还组织师生一起在操场上放风筝，享受春天的气息和快乐。2020年疫情期间，学生团队开展的风筝节主题为"风雨同舟，共度'筝'嵘岁月"。

## 七、师资队伍

### （一）对教师提出素质的基本要求

专业教师是专业思政改革和实施的关键主体，专业思政最终的落脚点是教师的教育教学实践。教师的价值观、做人做事态度、学识和风格会对学生产生重要的影响，教师肩负着贯彻专业核心价值体系的责任与义务。要实现这一目标，离不开一支政治素质过硬、师德师风高尚、业务能力精湛、育人水平高超的专业教师队伍。因此，专业明确提出了对教师的基本要求，详见

表7，以专业思政与课程思政一体化建设为抓手，凝聚专业的育人共识，不断提升教师思想水平、专业素养和执教能力，逐渐内化为教师的育人自觉。

**表7　对高素质教师的基本要求**

| 序号 | 项目 | 要求描述 |
|---|---|---|
| 1 | 政治素质 | 信念坚定、理论水平高、育人意识强 |
| 2 | 师德师风 | 正己、敬业、爱生、奉献 |
| 3 | 思政能力 | 具有价值引导的课程设计与实施能力和专业实践活动的指导能力 |
| 4 | 专业素养 | 专业精湛，富于活力和激情 |
| 5 | 团结协作 | 导师团队协同、专业教师与辅导员的协同能力 |

### （二）创建研究型教研室和课程群团队

专业推进研究型教研室建设，鼓励全体教师参与课程建设与教学改革。近3年本专业教师获批校级应用型课程建设立项1项、教学创新课程建设立项2项、校级和院级专业核心课程建设立项7项、校级和院级课程思政建设立项8项、"十三五"校级规划教材及讲义建设立项2项，院级专创融合课程建设2项，完成相关课程改革。近3年本专业教师承担了校级教育教学研究与改革委托项目立项7项，本专业教师获得的校级教育教学成果奖4项。

### （三）积极组织教师参加教学培训和竞赛

组织教师参加学校的教学培训，包括新教师训练营、"老带新"青年教师教学指导、专业负责人培训、新晋高级职称专题培训等。组织教师参加学校每年举办的青年教师教学基本功大赛、教师执教能力比赛、教学优秀奖比赛、课程思政教学设计大赛、教师教学创新大赛等系列赛事；教研室还组织教师参加全国专业教学指导委员会主办的青年教师教学能力与工程实践培训、大学生创新创业大赛培训、在线课堂与翻转课堂培训等教学研讨和交流活动，提升教师的教学水平。现专业教学团队有北京市中青年骨干教师4名，北京市青年英才计划1人，北京市师德先进个人1名。本专业教师获得北京市青年教师教学基本功竞赛（理工组）一等奖和二等奖各1项；本专业建筑环境学课程教学团队获得校级教学创新大赛二等奖、2位教师获院级课程思政教学设计大赛二等奖，并获院级课程思政优秀教学团队奖。

# 八、质量保障

## （一）规范课程大纲与课程思政设计

为把立德树人内化到课程内容、教学方法和考核评价中，形成知识传授与情感价值观教育的同频共振，课程大纲编制规范要求：①根据有意义学习的分类框架，课程应从知识、应用、整合、价值、情感、学习六个维度明确课程目标。②通过基于OBE教育理念的教学改革，构建课程目标与毕业要求指标点的对应关系，构建课程内容、教学方法与课程目标的对应关系，构建考核方式与课程目标之间的对应关系，课程内容和教学方法能够支撑课程目标的达成，课程考核与成绩评定方式能够证明课程目标的达成。

在课程大纲的基础上，专业制定了"总体框架-融入点"课程思政设计法指导规范，建立了持续改进的课程思政案例库。课程以专业核心价值体系和毕业要求为引导，通过梳理和挖掘课程中所蕴含的思政元素，形成知识体系与思政元素的映射关系，并采用适宜的教学方法实现润物无声的育人效果，为课程思政的课堂教学和改革奠定了基础。

## （二）培养目标和毕业要求达成度分析

根据工程教育认证的要求，对毕业要求6"工程与社会"和毕业要求7"职业规范"（非技术性指标）的达成情况进行评价。采用各支撑课程达成度与问卷调查达成度相结合的方法，其中课程达成度占70%，问卷调查达成度占30%。根据2020届毕业生的问卷调查和课程达成度评价，毕业要求6和毕业要求7的达成度评价结果均为0.81，大于0.7的合格标准。

根据对2020届毕业生培养目标达成情况的问卷调查，对"理解工程法律与行业规范，具有一定的人文和职业素养与社会责任意识"的评价情况为：选择能够的占68%，基本能够占26%；对"能理解社会、环境、文化等对工程的影响，并对工程价值做出合理判断"的评价情况为：选择能够的占74%，基本能够占20%。

## （三）用人单位调查

专业积极开展了用人单位的问卷调查和走访，调查结果显示：对本专业毕业生的整体满意度：非常满意56.25%、比较满意43.75%；用人单位对"工作责任感""团队意识""道德品质"三项评价最高，评价全部为非常满意或比较满意；用人单位对本专业毕业生的满意度与其他院校相应专业毕业生相比，相对优秀与明显优秀两项合计占比达到56.25%，且均未选择相对不如或明显不如；用人单位认为本专业毕业生的优势主要有专业能力强、实际工作动手能力较强和责任感强。

## 参考文献

[1] 李春旺，范宝祥，田沛哲."专业思政"的内涵、体系构建与实践 [J]. 北京联合大学学报：综合版，2019，33（4）：1-6.

[2] 韩宪洲. 深化"课程思政"建设需要着力把握的几个关键问题 [J]. 北京联合大学学报：人文社会科学版，2019，17（2）：1-6，15.

[3] 韩宪洲. 课程思政方法论探析：以北京联合大学为例 [J]. 北京联合大学学报：人文社会科学版，2020，18（2）：1-6.

作者简介：李春旺（1972—　），男，教授，硕士。研究方向为建筑环境智能控制技术与节能。

# 建筑冷热源工程课程
# 思政建设研究与实践

（北京联合大学　生物化学工程学院　陈福祥）

**【摘要】** 专业教学蕴含着思想政治教育功能，专业教师承担着思想政治教育职责。建筑冷热源工程课程思政设计，遵循专业核心价值体系，凝练课程思政目标。以"设计工程师素养为主线"，梳理冷热源工程的知识体系，挖掘思政元素形成映射关系。建筑冷热源工程的课程思政教学方案与实践，突出"以学生为中心，以学习成果为导向，融合课程"的特点。课程在"挖掘、融入、教育者先受教育"中持续改进，不断提升课程的育人质量。

**【关键词】** 专业核心价值体系；设计工程师素养；课程思政设计

## 一、课程简介

课程名称：建筑冷热源工程
课程类别：专业必修课程
学时学分：48学时3学分
适用专业：建筑环境与能源应用工程
内容简介：本课程学习目标是暖通空调工程中的冷站和热站设计。学习内容：一是制冷原理、典型制冷技术及其设备；二是冷站和热站的系统组成、方案类型、适用范围；三是冷站和热站的方案优化、水力计算、设备选型、能耗分析等。通过本课程学习，理解冷站和热站的设计任务、设计流程、设计规范和行业标准等，借助教材、设计手册和设计软件等工具，对冷站和热站进行科学的论证、设计和计算，完成一套可行、规范的设计方案和计算说明书，从而生成一定的工程思维。

## 二、课程思政目标设计

紧紧抓住"挖掘课程思政元素、有机融入课堂教学、教育者先受教育"这三项基本功，把"做人做事的基本道理、社会主义核心价值观的要求、民族复兴的理想与责任"融入建筑冷热源工程课堂教学中，这是建筑冷热源工程的课程思政总目标。在专业核心价值体系下，梳理建筑冷热源工程的课程思政元素，凝练出以下6点课程思政目标。

（1）以暖通空调工程设计为专业核心能力，有效地进行学业规划和职业规划，理解职业发展与家庭、行业、国家之间的良性互动关系，践行社会主义核心价值观。

（2）认知暖通空调工程师在工程设计、工程造价、工程管理等方面的岗位职责和职业道德，养成遵纪守法、诚实守信、严格自律的职业操守和行为规范。

（3）理解冷热源工程的设计任务、技术职责和社会责任。在工程设计中不仅要考虑可靠性和经济性，同时要考虑其社会性，即可持续发展、环境保护等方面的社会需求。

（4）在冷热源工程设计的各个环节中，能够严谨治学、精益求精，体现出一定的工匠精神；能够分析、评价和优化暖通空调的冷热源方案，养成工程师思维。

（5）辨识各类冷热源技术及其设备结构、工作原理和性能特点，养成独立思考、去伪存真的技术素养。了解冷热源先进技术的发展现状，培养学生的科技强国意识、技术创新意识和拼搏精神。

（6）认知冷热源的工程设计、施工管理和运维管理的组织形式，培养沟通表达能力和团队合作意识。

## 三、课程思政教学内容设计

### （一）厘清课程思政思路

建筑冷热源工程的课程思政，是发挥专业课教师在教学活动中的主导优势，引导学生以工程设计为专业核心能力进行学业和职业规划，认知暖通设计工程师的家庭、社会和国家责任，遵守职业道德和行为规范，践行社会主义核心价值观，理解暖通空调工程设计在国家绿色发展中的地位、作用与责任，从而养成工程师思维。课程思政建设思路如下所述。

（1）挖掘课程思政元素，凝练课程思政目标。在专业核心价值体系的引导下，分析课程特征，深入挖掘课程中的共性和特性的思政元素，凝练出课程思政目标。

（2）研究切入点和融入方式，进行课程思政教学设计。依据培养方案课程大纲，梳理课程内容，研究思政元素的切入点和融入方式，搭建思政元素与教学内容之间的映射关系，制订教学方案，重点是课程思政案例的设计。

（3）课程思政教学实践、阶段评价和持续改进。坚持以学生为中心、以成果为导向实施课程思政教学方案，并进行评价与持续改进。持续改进，一是改进课程思政方案，二是提高任课教师的执教能力。

### （二）搭建思政元素与教学内容之间的映射关系

建筑冷热源工程课程以"暖通空调工程设计"这个核心职业能力为学习导向，而"工程设计"这一职业能力蕴含着技术与责任、道德与法律、合作与沟通、拼搏与创新等多种职业特质和能力元素。在专业核心价值体系和培养方案的引导下，根据"暖通空调工程设计"的职业能力特征，提炼出教学内容中的共性和特性的思政元素，并搭建其与教学内容之间的映射关系。

元素1：理解工程师的职责和素养要求，有效进行学业和职业规划

在暖通空调建筑工程领域一般可分为工程设计、造价与咨询、安装施工组织管理、运行管理和设备销售5大类岗位，其中工程设计能力是其他岗位的基础。理解设计工程师的工作内容和要求，结合自身特长和兴趣，规划学业和职业，实现以职业目标为导向的专业学习。

元素2：认知专业价值，培养家国情怀和社会责任担当意识

冷热源技术及其应用，蕴含着千家万户对生活质量的期待。家庭是国家的组合单元，一名工程师既要承担构建幸福家庭的责任，又要承担环保节能与可持续发展的社会责任，还要具有中华民族伟大复兴的责任担当精神。

元素3：注重职业道德、行为规范和自律意识的养成

在冷热源工程设计的各个环节中，给学生讲解职业道德和行为规范等方面的案例，教育学生遵纪守法，坚守底线。在考勤点名、收集作业、课堂互动、集中训练等环节中，注重学生自律意识的养成，鼓励学生不仅学习自律

还要生活自律，养成良好的学习和生活习惯。

元素4：鼓励学生独立思考和技术创新

针对市场上层出不穷的空调新技术和新设备，如溴化锂、水源热泵、农村煤改电（热泵）等，结合典型工程案例进行剖析，分析其环保、效率和能耗等方面的突出症结，鼓励学生独立思考、调查研究和去伪存真，敢于批判不良商业行为，在技术路线上勇于实践和创新。

元素5：培养学生环保节能意识，建立可持续发展的理念

讲解制冷剂的物理化学性质对地球环境的影响，分析冷热源技术对温室效应、酸雨、雾霾、臭氧层空洞等的生态环境影响。在冷热源工程设计中，要考虑节能、环保和可持续发展等因素，具备工程师素质。

元素6：培养学生团队合作意识、拼搏进取精神和沟通表达能力

在课程实训与科技竞赛等活动中，通过小组协同、分工合作的组织模式，培养学生的合作意识，激励学生的拼搏精神，锻炼学生的表达能力。

## 四、课程思政教学策略设计

### （一）分析课程特色

建筑冷热源工程课程注重培养学生的核心职业能力。以职业能力为主线融入思政元素，是建筑冷热源工程课程思政的特色，具体表述如下。

（1）以暖通空调工程设计为导向，培养职业能力。

（2）职业能力的培养，承载着一定的精神塑造和价值观教育职能。

（3）把精神塑造和价值观塑造渗透到职业素养中，实现价值理性与工具理性的统一。

建筑冷热源工程在教学内容上按两条主线梳理：主线1是"冷热源的系统形式、典型技术和主要设备"，主线2是"冷热源工程的设计方法、程序与要求"。主线2表征了建筑冷热源工程的课程特点，比主线1蕴含着更多的思政元素，这包括价值与责任、道德与法律、合作与沟通、拼搏与创新等。

### （二）遵循专业体系

课程思政是专业思政建设的重要组成部分和基础工作，应与专业思政进行一体化设计与实施。正确处理好课程思政与专业思政的两个关系：一是专

业核心价值体系规范下的思政元素的梳理；二是课程思政目标与毕业生基本要求及能力指标的统一。

课程思政既要体现专业对所培养人才核心素养的共性要求即规定性和纲要性，同时还要体现课程的相对独立性以及任课教师的自主性和能动性。课程的相对独立性，应考虑学习导向、思政目标、课程资源、教学方法、课程组织和学习成果等因素。

### （三）发挥教师优势

专业教学蕴含着思想政治教育功能，专业教师承担着思想政治教育职责。专业教师是课程思政建设的直接实践者和推动者，在教学活动中占有主导地位。在课堂舞台上，专业教师对学生有强烈的感染力和影响力。

教师对学生的感染力和影响力，主要取决于教师的行为世范、专业底蕴、社会阅历、兴趣爱好及沟通表达能力等因素。

### （四）融入隐性教育

专业教师要以隐性教育的融入方式，将思政元素与教学内容有机结合起来，达到润物无声的育人效果。专业课教师要练好基本功，既要教书育人又要潜移默化，既要春风化雨又要润物无声。把思政元素有机地融入教学过程，不能拼凑叠加，更不能生拉硬套。

在教学方法上，既要遵循教学规律，又要灵活应用教学方法，如案例分析法、比较论证法、故事演绎法、讨论—总结法、角色扮演法、价值判断法、体验训练法和合作学习法等。在课程组织上，既要遵守教学秩序，又要体现"以学生为中心"的教学原则，如课程训练、行业竞赛、社会实践和调查研究等教学方式。

### （五）把握切入点位

在"冷热源的系统形式、典型技术和主要设备"这条教学主线上，有效切入点主要有：冷热源的发展历史与现状；制冷剂与环境友好型技术；热泵与节能新技术；能效比计算；自主知识产权磁悬浮冷机技术；新能源技术，等等。

在"冷热源工程的设计方法、程序与要求"这条教学主线上，思政元素有效切入点主要有：设计工程师的任务和责任；中国建筑节能政策与设计标准；暖通空调工程师的职业道德和行为规范；农村煤改电、溴化锂和水源热泵的典型工程案例运行状况分析；负荷计算、水力计算和设备选型的技术关键，等等。

在科技竞赛等第二课堂活动中，思政元素有效切入点主要有：参赛作品的设计；参赛作品的制作；编制参赛申报书；专业技能实操比赛；专业知识现场竞答；创新设计作品现场答辩，等等。

## （六）设计教学过程

课程思政的教学设计，就是用思政元素、教学内容、切入点和融入方式这四个方面的要素，搭建出一套可行的课程思政实施方案，从而有效地完成课程思政目标。

课程思政的教学设计，重点工作是编制教学设计案例。教学设计案例的应用与实施，可推进建筑冷热源工程课程思政的规范性和示范性，有效提高专业教师课程思政的执教能力。

把思政元素有机融入课程教学中，在方式方法和情境的应用方面列举了以下4个教学案例。案例1和案例2隶属于"冷热源的系统形式、典型技术和主要设备"这条教学主线，案例3和案例4隶属于"冷热源工程的设计方法、程序与要求"这条教学主线。

### 案例1　制冷剂的发展及物理化学性质

1. 知识点

制冷剂的物理化学特性及选用原则。通过全球温室效应、酸雨、臭氧层空洞，了解制冷剂对生态环境造成的影响。正确认识空调冷热源技术与地球环境之间的协调发展关系。

2. 思政元素

环境保护意识、安全意识、创新思维和民族自信。

3. 教学过程

【问题导入】观看南极冰川融化、海平面升高、海岛逐渐消失的相关视频。了解全球温度升高的原因、形成臭氧层空洞的原因，让学生了解传统制冷剂的破坏作用以及我们专业面临的挑战，融入环境保护和技术创新的思政元素。

【课程讲授】

（1）传统制冷剂的物理、化学特性对环境和人体的影响。

（2）新型制冷剂的类型、特点及其适用条件。

（3）制冷剂的选择对制冷量的影响。

（4）我国在合理利用制冷剂方面对全球的贡献。

（5）制冷剂的发展方向。

【思考】我们建筑环境与能源应用工程专业，能为环境保护做些什么？

【作业】对制冷剂的应用现状和发展趋势进行文献调研和检索，并整理成调研报告。

### 案例2　热泵技术的原理及分类

1. 知识点

热泵技术的原理、分类及其适用性。

2. 思政元素

节能意识、创新思维和环境友好型技术理念。

3. 教学过程

【问题导入】冬季北方多数地区雾霾严重，雾霾对人体有哪些危害？雾霾产生的主要原因是什么？引入本次课的主要内容——热泵技术，融入节能环保意识和创新思维。

【课程讲授】

（1）热泵技术原理、组成、类型及适用性。

（2）空气源热泵技术原理。

（3）土壤源热泵技术原理。

【穿插案例】

（1）家用空调热泵制热，为什么比电暖器节能？

（2）农村冬季采暖"煤改电"技术，是否节能？是否环保？

【课堂讨论】

（1）热泵技术的发展机遇有哪些？

（2）热泵技术的适用条件？

【作业】对中国目前热泵技术的发展现状进行文献调研，并整理成调研报告。

### 案例3　冷热源工程设计的任务和方法

1. 知识点

冷热源工程的设计内容。

2. 思政元素

明确设计工程师的技术职责和社会责任，引导学生进行学业规划和职业规划。

3. 教学过程

【课程讲授】

（1）工程设计的专业基础知识。

（2）冷热源设计任务与方法。

（3）设计者的责任与担当。

【穿插案例】

（1）优秀毕业生在学习自律、生活自律、学业规划和就业发展方面的案例。

（2）本专业教师在暖通空调工程设计领域的权威性和知识底蕴。

（3）建筑工程设计行业的收入状况与追责案例。

【课堂讨论】行业分工与岗位职责

（1）暖通空调工程领域的分类？你的就业目标倾向哪类？为什么？

（2）建筑设计领域的分工；冷热源工程设计任务；必备专业知识。

【点评原则】鼓励和引导学生厘清职业发展方向，明确工程师责任，激发学习热情。

### 案例4　冷热源分类及其选用原则

1. 知识点

冷热源工程设计及热源的选型。

2. 思政元素

引导学生独立思考、诚实守信，建立绿色可持续发展理念，注重环境友好型技术的推广和应用。

3. 教学过程

【课程讲授】

（1）锅炉供热。

（2）市政供热。

（3）土壤源热泵工程案例。

（4）空气源热泵工程案例。

【典型案例】

（1）去伪存真，坚守底线，保护环境

分析：水源热泵如何导致北京地下水位下降？为什么华北地区水源热泵失败率较高？

问题：水源热泵没有用了吗？用在有地上水源地的地方，比如上海世博会中国馆的应用。

（2）独立思考，诚实守信，职业道德

分析：溴化锂的效率低和寿命短的短板问题。

问题：溴化锂难道没用了吗？用在有余热的地方，比如冷热电三联供。

【课后作业】热源方面的社会调研：

（1）联大供暖热源的类型、可靠性与经济性。

（2）你家小区供暖的热源类型、可靠性与经济性。

（3）北方地区冬季供暖，如果依靠分体空调或多联机空调热泵制热，是否可行？

【点评原则】

（1）鼓励学生坚持实事求是、严谨治学的工作态度。

（2）培养学生坚守底线、保护环境的职业操守。

（3）引导学生培养调查研究、去伪存真的批判思维。

## 五、课程思政目标考核设计

课程思政目标的达成度，一部分是以"润物细无声"的方式潜移默化于学生内心的隐性成果，如道德修养、家国情怀、责任担当等方面；另一部分是学生在学习态度、参与程度和接受程度等方面的显性表现，这部分可以进行一定程度的调查评价。

建筑冷热源工程课程思政的显性成果，有就业倾向清晰度、学习生活自律程度、工程设计严谨规范性、节能环保意识（社会责任）及沟通表达、团结合作等几个方面的表现。考核的办法是在充分利用试卷、作业、课程答辩的基础上，借助问卷调查、师生谈话、信息反馈以及第二课堂等方式进行考核评价。

在课程考核的基础上，梳理课程思政的考核要点，制订适宜的考核评价办法，具体方案如表1所示。

**表1 课程思政目标考核设计**

| 课程思政目标 | 考核评价要点 | 考核评价形式 |
|---|---|---|
| 1.以暖通空调工程设计为专业核心能力，有效地进行学业规划和职业规划，理解职业发展与家庭、行业、国家之间的良性互动关系，践行社会主义核心价值观 | 1.对课程目标、专业目标的认识程度 | 在调查问卷中以客观题的方式进行考核评价 |
| | 2.就业倾向及其专业对口率 | |
| 2.认知暖通空调工程师在工程设计、工程造价、工程管理等方面的岗位职责和职业道德，养成遵纪守法、诚实守信、严格自律的职业操守和行为规范 | 1.学习态度及自律程度 | 教师根据学生的日常表现以及其他教师和同学的反馈，进行定性评估 |
| | 2.生活习惯及自律程度 | |
| 3.理解冷热源工程的设计任务、技术职责和社会责任。在工程设计中不仅要考虑可靠性和经济性，也要考虑社会性，即充分考虑可持续发展、环境保护等方面的社会需求 | 1.对工程设计可靠性的认识程度 | 在试卷或调查问卷中以问答题的方式进行考核评价 |
| | 2.对工程设计经济性的认识程度 | |
| | 3.对工程设计社会性的认识程度 | |
| 4.在冷热源工程设计的各个环节中，能够严谨治学、精益求精，体现工匠精神；能够分析、评价、优化暖通空调的冷热源方案，养成工程师思维 | 1.工匠精神的体现程度：计算说明书和设计图纸的准确性、严谨性、条理性和规范性 | 通过课程作业中的计算说明书和设计图纸进行定性评估 |
| | 2.工程思维的体现程度：冷热源方案选择的合理性以及与其他专业对接的协调性 | 通过课程作业和质询交流的方式进行定性评估 |
| 5.辨识各类冷热源技术及其设备结构、工作原理和性能特点，养成独立思考、去伪存真的技术素养。了解冷热源先进技术的发展现状，培养学生的科技强国意识、技术创新意识和拼搏精神 | 1.独立思考，去伪存真：对热泵和溴化锂技术的适用条件及成功与失败案例进行分析 | 在课程作业或试卷中以案例分析题的方式进行考核评价 |
| | 2.技术创新，拼搏精神：对我国热泵技术的现状、发展瓶颈及对策等方面的分析和设想 | |

| 课程思政目标 | 考核评价要点 | 考核评价形式 |
|---|---|---|
| 6.认知冷热源的工程设计、施工管理和运维管理的组织形式，培养沟通表达能力和团队合作意识 | 1.沟通表达能力的表现程度：文本；语言；应辩 | 结合日常提问、分组活动、个别谈话和课程答辩等方面的表现定性评估 |
| | 2.团队合作意识的表现程度：与同学和班干部合作；与项目负责人的协调 | 通过分组活动、科技竞赛等方面的表现定性评估 |

# 六、教学效果及成果

## （一）课程思政成果

建筑冷热源工程课程思政建设，明确了课程思政目标，制订了课程思政实施方案，有效地进行了教学改革实践，在课程思政研究与实践方面取得了一定的成果。

（1）完成了建筑冷热源工程课程思政的教学设计（含5个案例），制订了建筑冷热源工程课程教学大纲（蕴含思政元素），在建筑环境与能源应用工程专业本科生2017级和2018级进行了教学实践，取得了一定的成效和经验。

（2）多次在校内会议上进行交流，推动课程思政的规范性建设，分享经验共同提高课程思政执教能力，并获得院级一等奖。在校外会议上与北京交通大学、北京工业大学、北京科技大学、南京工业大学、华中科技大学等高校教师进行推广交流，教学设计方案和课程大纲得到了校外同行的好评。

## （二）课程思政效应

（1）在"课程门门有思政"方面发挥了推动作用。2019—2021学年，任课教师承接了建筑冷热源工程、建筑给水排水工程、供热工程和建筑设备自动化四门专业课程。建筑冷热源工程课程中的思政目标、思政元素、切入点、融入方式、教学设计案例等在其他三门课程教学中也得到了借鉴和对接。建筑冷热源工程课程与其他三门课程之间在课程思政的设计与实施上形成了良性互动关系，出现了任课教师为媒介、课程门门有思政的联动效应。

（2）在师德建设上有力推进"教育者先受教育"。课程思政实践带动了师德师风建设，推动了教师以德立身、以德立学和以德施教。同时，教师只有政治素质过硬，业务能力精湛，才能行为世范，有效地感染学生。

（3）在育人方式方法上做到了"春风化雨、润物无声"。例如，学生对工程案例很感兴趣，而工程案例恰恰是任课教师的资源优势。在大量的案例教学中有机地融入了思政元素，达到了师生共鸣、感染强烈的思政效果。

## 七、教学反思与持续改进

### （一）存在问题

课程思政要结合学生的思想动态，要对症下药，有的放矢，要解决当代青年的思想瓶颈。建筑冷热源工程课程在思政目标、思政元素、教学设计、教学实施和考核评价等方面进行了研究和实践，取得了初步成效，但受到时间制约和疫情影响，还存在如下问题。

（1）与其他专业课一体化设计方面，有待进一步深化和细化。

（2）与政治课教师的同向同行方面，有待进一步交流和沟通。

### （二）持续改进

课程思政的教学设计、实施、评价和改进是一个不断迭代、逐步递进的过程。建筑冷热源工程课程思政元素有哪些？如何融入教学过程？思政目标的达成度是多少？这是课程思政建设不断研究、持续改进的重点工作。

（1）分析学生思想动态，凝练课程思政元素。学生的思想是动态变化和多元化的，课程思政元素要有针对性和时效性。经过两个年级的教学实践与改进，2019级本科生建筑冷热源工程课程思政元素的聚焦点为：家国情怀、社会责任、工匠精神、道德修养、学习自律、生活自律和工作自律。

（2）落实专业思政一体化的实施方案，推动各专业课之间的课程思政联动建设。在专业核心价值体系和培养方案的引导下，专业课之间对接思政元素、思政目标和教学大纲，共享教学设计方案、考核评价办法和教学资源，形成专业课之间的联动和协同效应，也避免了课程思政案例方面的重复引用。

（3）融洽的师生关系，是学生理解、吸纳思政元素的发酵剂。任课教师面对的不仅是几十个学生，背后还有几十个家庭。把半生的工程技术传授给后人，是最有情怀的教书育人；把学生当成自己的孩子来培养，是最高境界的课程思政。

## 参考文献

[1]李春旺，范宝祥，田沛哲."专业思政"的内涵、体系构建与实践[J]．北京联合大学学报：综合版，2019，33（4）：1-6.

[2]王浩宇，任晓耕，吴义民，等."课程思政"视野下的专业课程教学改革探讨：以《空调冷热源技术》课程为例[J]．高教学刊，2018（23）：130-132.

[3]孟津竹，任大林，张靖宇，等．规划设计类课程思政的教学改革与实施：以沈阳工业大学建筑与土木工程学院为例[J]．教育现代化，2019,6（44）：47-49.

[4]杨星星，王精明."课程思政"示范课程的教学实践与探索：以惠州学院建筑学专业为例[J]．教育教学论坛，2021（3）：125-128.

作者简介：陈福祥（1967—　　），男，副教授，硕士。研究方向：中央空调工程设计与施工组织管理。

# 传热学课程
# 思政建设研究与实践

（北京联合大学　生物化学工程学院　张传钊）

【摘要】课程思政是落实高校立德树人根本任务的重要举措。本文从课程思政角度分析了传热学课程教学内容的特点，从家国情怀、工程伦理和工程师素养等角度挖掘了课程知识体系所蕴含的思政元素，采用引导互动、线上线下相结合的教学方式，设计了融入思政目标的学习成果考核方式。

【关键词】传热学；价值引导；课程思政设计

## 一、课程简介

课程名称：传热学

课程类别：专业必修课

学时学分：48学时3学分

适用专业：建筑环境与能源应用工程

内容简介：本课程是建筑环境与能源应用工程专业的必修课程，研究热量传递的基本规律，阐述热量传递的三种基本方式（热传导、热对流和热辐射）的机理，用数学方法分析传热过程的规律；并对复杂传热问题的分析方法进行介绍，从而使学生掌握一般传热设备的热设计计算（包括简单情况下的温度分布和换热量计算），了解增强或减弱换热的基本方法及途径，为后续专业课程的学习打下基础。

## 二、课程思政目标设计

"传热学"为建筑环境与能源应用工程专业的专业课，开设在第四学期，此时学生已经基本适应了大学生活，但对专业学习的具体内容及个人职业发展正处于迷茫期，思想容易受到冲击。此期间授课，在教学环节中有机融入社会主义核心价值观、中国优秀传统文化教育，引导学生树立马克思主义世界观、正确的人生观和社会主义核心价值观，继承和发扬中华民族优秀传统文化，有助于增强学生的专业学习自信心。本课程是研究热能间相互传递和强化等规律的科学。要求学生理解传热学基本概念、基本原理、基本定律等基础知识，了解传热的基本方式，分析基本过程和换热器的计算，并与本专业知识相结合分析解决工程实际中存在的传热学问题。据此，课程的教学及育人目标如下。

第一，能够理解、分析热量传递的三种基本方式，会用数学方法分析传热过程，并进行建模，培养学生严谨求实的作风和科学与工程思维。

第二，能够针对生产和生活的实际情况，进行一般传热设备的热设计计算（包括简单情况下的温度分布和换热量计算），能针对具体工程与设备系统，归纳传热问题，并运用传热机理和方法进行分析研究，解决城市发展中的能量有效利用和传热问题，建立起绿色可持续发展理念，理解应承担的社会责任。

## 三、课程思政教学内容设计

在明确课程目标的基础上，对课程进行设计，构建不同的教学模块，明确教学目标，构建出本专业蕴含课程思政理念的教学内容。

本课程属于专业基础课，一方面具有传热基本理论知识系统性，数学推理、论证和数学计算分析的严谨思维；另一方面作为工程物理的一部分，与能量传递传热的实际应用紧密联系，是分析和解释具体工程传热问题和设计换热装备的技术基础。而高效传热技术的创新发展、传热设备的合理设计与应用对国家节能减排和科技强国具有重要价值。

教学内容设计要体现价值观的引导，主要是家国情怀和工程伦理两方面的引导。传热学是研究热量传递规律的科学，课程中的概念、定律、公式等专业知识本身是客观的，但谁来运用这些专业知识，运用专业知识为谁服务、要达到什么目的，这些问题却是主观的、有指向性的、包含意识形态的。如果在这些根本问题上含混不清，就会在意识形态上出现偏差。习近平总书记在全国教育大会上指出，培养什么人，是教育的首要问题。因此，传热学的教学并不完全是一个专业知识的传授过程，也包含意识形态的教育和价值观的引导。要在专业知识的传授中，引导学生树立高远的理想追求和深沉的家国情怀，积极践行社会主义核心价值观，将对党和国家的热爱内化为勤奋学习的动力，争做国家栋梁。倡导正确的工程伦理观，在这些未来工程师的大脑中植入工程伦理的约束，使他们将来用所学专业知识造福社会。

通过梳理课程教学内容，课程思政元素及融入点设计如下。

### （一）学生在学习的过程中逐渐养成严谨、求实、诚信的工作作风

课程理论性较强，课程中关于传递热量的计算公式很多都是实验关联式，在讲解如何正确对待和处理实验数据时，可以对社会主义核心价值观进行诠释，强调诚信的重要性。例如，热阻法是解决一维稳态导热问题的一种有效方法，也是传热学课程中需要学生掌握的重点内容。在讲授热阻法时，要站在方法论的高度，以导热过程与导电过程的类比作为基础，对类比这一重要的思维方式及其应用进行延伸介绍，让学生认识到万事万物中往往存在着千丝万缕的内在联系，当垂直思考无法深入时，可以转向水平思考，寻找同类问题，进行类比借鉴。

### （二）学生在学习的过程中逐渐养成一切从实际出发的工程师思维

课程中很多概念和定律的发现，都源于生产和生活实际，可以融入实践是检验真理的唯一标准和理论联系实际等思政元素，要求学生在学习专业课知识时，多联系实际的生活和生产过程，能够利用理论知识解释生活中的现象。

### （三）学生在学习的过程中逐渐树立绿色可持续发展理念，并承担社会责任

针对课程的研究对象——热能的利用，可以融入能源的利用与可持续发展的思政元素，在课堂中培养学生的节能意识。由热设计和热控制问题引出生态文明建设的重要性，强调工业废液及废热的处理，要求学生在今后的课

程设计、毕业设计及各类工程设计中要考虑环境、生态及安全等因素的影响。

### （四）增强学生的民族自豪感

在授课过程中，讲授我国节能领域的发展，如何打破国外封锁、从无到有、建立自主独立的研究体系并逐渐赶超与领先的过程，增强学生的民族自豪感。

### （五）增强学生的法律意识

在授课过程中的"数值模拟上机"环节，讲授软件著作权的重要性，教育学生以后从事设计工作要有法律意识，要使用授权的数值模拟计算软件，使用他人的模型要经过授权；要有防范风险意识，避免卷入法律纠纷。当国家、人民和自身利益遇到侵害时，能够根据自己的专业知识、利用现有的法律法规，敢于揭露和曝光知识产权等方面的违法犯罪行为，维护国家、人民和自身的合法权益。

## 四、课程思政教学策略设计

为了达成课程大纲所设定的思想政治教学目标，需要教师在课前做好策略设计，合理安排教学过程。教师可对照不同知识点，挖掘思想政治教育的切入点，做好预案，上课时就能有的放矢地进行课程思政教育。

每章设计引入环节。对每章知识点进行详细讲解前，先交代清楚本章主要学习什么内容，为什么要学习这些知识点，以及如何去学。这样可以引起学生的学习兴趣，让学生有针对性地学习章节的具体内容。

引导及互动式教学。本课程概念多、公式多、图表多、理论性强，要求学生具有较好的数学基础和抽象思维能力，这一点可能会极大地降低学生的学习兴趣。为了克服这一困难，任课教师采用引导及互动式的教学方法，即教师提出问题（工程应用实例）—引导学生质疑—课堂讨论—教师总结讲评。通过此种方法，能较好地激发学生的学习兴趣，活跃课堂氛围。

线上线下相结合。当代大学生对一味的理论知识灌输比较排斥，喜欢网络交流，而且熟练掌握网络平台的使用方法，本课程采用线上和线下相结合的授课模式。任课教师通过课程网络学习平台等方式，将与课程相关的新闻或文献资料上传到学习中心，一方面拓展学科知识，了解行业动态；另一方面了解时事新闻与政策，关注社会发展，增强学生的行业意识和社会责任感。采用案例教学法，结合经典工程案例及最新热点工程中的传热学问题进行教学，下面以"肋片传热问题分析"和"对流换热关联式的具体应用"两个案例为例进行说明。

案例1：肋片传热问题分析。该问题的知识点主要为肋片传热的基本原理，肋片的传热过程分析，强化传热的原则。思政目标设计为培养学生严谨求实的工作作风和绿色发展的责任意识。在教学过程中，首先导入问题，空调为人们提供了舒适的环境，但消耗了大量能源、资源，给社会带来了沉重的能源负担，建筑节能与绿色建筑成为发展趋势，本专业是主力军。我国建筑运行总能耗占全国总能耗的1/3，空调能耗巨大。简单说明空调系统的核心部件——换热器，着重之处为换热器的肋片。其间对学生进行提问，观察生活中的肋片有何特点，培养学生善于观察、勤于思考的能力，进而展示工程中的肋片实物，并抽象出物理模型。当需要从定量的角度分析和研究一个实际问题时，就要在深入调查研究、了解对象信息、做出简化假设、分析内在规律等工作的基础上，用数学的符号和语言作表述来建立数学模型，培养学生严谨的工作态度。对肋片的物理模型进行数学分析，得到其传热规律。穿插介绍西安交通大学的陶文铨院士团队的相关研究进展，同时指出越来越多的"中国身影"出现在国际传热学研究领域前沿，增强学生的民族自豪感。最后得出相关结论。在课堂布置讨论题，引出其在实际工程中的应用限制——肋片无限高会如何？培养学生的工程思维和务实严谨的治学作风。

案例2：对流换热关联式的具体应用。该问题的知识点为关联式计算对流传热的方法，对流换热传热过程分析。思政目标设计为培养学生工程思维和团队合作能力，并加以引申，在社会活动中，每个人都要服从一定的社会准则，个人也会有个人行为准则。个人行为准则必须服从国家与社会准则。此外，待定准则数是由已定准则数决定的。对于每个人设定的个人目标可视为待定准则数，个人当前的学习状态与生活状态则相当于已定准则数。在校大学生必须把控好自己的已定准则数，把控好当前的学习、生活与社会活动状态。

此外，通过2020年冬奥会户外场地供热方案设计与算例，使学生树立绿色可持续发展理念、社会责任意识和"学以致用"的专业自信。教学过程设计如下。

（1）问题导入。户外供暖中有何特殊之处？热源有何要求？ 2022年北京—张家口冬奥会即将举办，对中国来说是向世人展示中华民族团结氛围和中国经济实力与科技水平的一项重要赛事活动，目前户外场地无任何采暖设施，因为露天环境的对流换热作用极强，不利于热量的聚集，从我国举办举世瞩目的冬奥会出发，专业工作者能为冬奥会做些什么？

（2）对不同传热方式具体问题具体分析。针对目前户外场馆的燃气辐射式供暖方案，从安全性、经济性、舒适性等各个方面进行分析。对流换热要消耗大量热空气，但舒适程度较高；辐射换热不占用座椅空间，但是辐射距离远，对热源温度要求较高等。继而得到结论，采用对流换热方式供热。

（3）发布任务。2020年冬奥会户外个体控制换热装置的对流换热计算分析。该过程包含分组讨论和方案的细算。对确定的方案绘制简图，进行标注细化，并讨论施工过程中可能遇到的问题。对流换热系数的计算：确定下来换热器的形式之后，需要进行细化计算，首要任务为计算对流换热系数，我们已经学习了对流换热关联式的由来及分类，根据不同的对流换热形式，选择相应的对流换热关联式。

## 五、课程思政目标考核设计

传热学是研究热量传递规律的学科。首先热量传递是一种十分复杂的物理过程，热传递现象的理论分析又涉及许多数学理论与方法，经验公式较多，难以理解和记忆。其次热量传递有导热、对流和辐射三种基本方式，它们各有不同的传递机理，因而有各自相对独立的定律和解决方法，系统性较差，基本概念和公式繁多，而且实际的传热过程往往是几种基本方式联合作用的结果，学生在短时间内学习和掌握有一定的困难。故而传热学课程教学培养目标的要求较高。考核方式是教学的重要环节，为了达到课程目标的要求，并且能适应不同学生的学习差异和需求，课程的考核方法也进行了调整。课程的考核由过程性考核和终结性考核组成，各占总评成绩的50%。过程性考核由学生课堂表现、期中考试、平时课后作业、两次大作业（数值模拟与换热器计算）、两次实验组成。过程性考核主要考查学生利用所学知识分析、设计和推导的能力。终结性考核即期末考试为闭卷形式，主要考查大纲中的教学基本要求部分。见表1。

**表1　课程思政目标考核设计**

| 考核方式 | | 考核内容 | 所属单元 | 占比 | 占比 | 课程思政目标 |
|---|---|---|---|---|---|---|
| 过程性考核 | 课堂考勤及表现 | 点名及回答问题 | 全过程 | 10% | 50% | 严谨踏实的工作作风 |
| | 课后作业 | 教材课后习题 | 全过程 | 10% | | |
| | 期中考试 | 闭卷考试 | 一、二、三 | 20% | | |
| | 导热系数测定实验报告 | 导热问题的理解 | 一、二 | 10% | | 诚信求实的工作态度 |
| | 数值传热上机作业 | 数值传热学基本原理的理解 | 三 | 10% | | 软件著作权、法律意识 |
| | 对流换热系数实验报告 | 管外对流换热问题的理解 | 四 | 10% | | 重视实践效果的工作作风；锻炼团结合作和有效沟通表达的能力 |
| | 换热器实验报告 | 换热器换热系数的理解 | 六 | 10% | | |
| | 换热器案例分析设计计算 | 换热器的选型 | 六 | 10% | | |
| | 冷却塔实验报告 | 热质交换问题的理解 | 七 | 10% | | |
| | 小计 | | | 100% | | |
| 终结性考核 | 期末考试 | 闭卷考试 | | | 50% | 诚信求实的工作态度 |
| 合计 | | | | | 100% | |

## 六、教学效果及成果

第一，教学团队的课程思政设计能力和实施得到提升。通过团队内部的讨论、本校交流、校外交流，特别是校外交流过程中，兄弟院校的专家给予了肯定，课程团队的思政设计和实施能力得到提升。

第二，从学生作业和课堂交流情况可以看出，学生对国家节能减排战略有一定的认识，认识到人与环境的和谐发展的重要意义，民族自豪感和自信心有所增强。通过综合性的实践训练，多数同学体现出运用传热学专业知识解决实际问题的能力，并能联系生活，应用到实际生活，履行社会责任，部分同学结合专业展开了进一步的思考。

第三，学生在线上线下混合教学的环境下，拥有较大的自主性，提升了自我学习的能力。这为后续实现更多教学功能打下了基础。

第四，课程思政建设实践过程中，与多位不同领域的绿色建筑专家进行沟通交流，与北京交通大学、北京工业大学、北京科技大学、南京工业大学、华中科技大学等学校的教师进行交流；参与校内及校外课程思政交流会各1次，并做主题发言，持续扩大北京联合大学在绿色建筑课程思政方面的影响力。

## 七、教学反思与持续改进

对知识点详细讲解前，先交代学习内容、学习背景、学习方式，以引起学生的学习兴趣且更具有针对性。有效的课堂管理办法是激发学生的学习兴趣与促进学生主动学习的前提。每一位任课教师均应根据各自的课程制订科学合理的课堂管理办法（包括课堂规则、时间管理、教学计划等），确保课堂教学有序进行。

课程概念多、公式多、图表多、理论性强，要求学生具有一定的数学基础和抽象思维能力，导致部分学生学习困难。采用引导及互动式教学，即教师提出问题—引导学生质疑—课堂讨论—教师总结讲评。该方法可激发学习兴趣，活跃课堂氛围。传统教学是教师讲、学生听的被动式地灌输知识，这种方式恰恰助长了学生被动学习的思维。传热学课程中有些难度不大、贴近生活常识的章节，在教师讲完导热基本理论之后，可以选择平壁导热问题留给学生课后查阅资料、自学讨论，课上则让学生走上讲台，讲解知识点及其解决的工程问题。这种教学方法将极大地激发学生学习兴趣，提升学生自主学习、独立思考的能力；同时，也能在有限的学时内提高教学效率与教学质量。

学生熟悉网络平台的使用方法，采用线上线下混合教学模式可拓展学生的学科与行业知识，还可及时关注社会发展，增强学生的行业意识和社会责任感。此外，增加校外企业的工程实践教学环节，将课堂教学延伸至校外企业。传热学课程具有理论知识抽象和工程联系紧密的特点，通过联系相关企业建立传热学课程校外实践基地，学生在实践基地现场观摩或动手操作不仅能加深对理论知识的掌握程度，更重要的是能提高学生的动手能力，激发他们的学习兴趣。

采用更加多元化的考核方式。课程考核依据学生的课堂表现情况、作业情况、网络平台学习参与度及单元测试成绩、实验操作及实验报告成绩、阶段考试和期末考试成绩等进行综合评价。课后的综合报告作业可以有效提高学生自主学习的能力。以往的课后作业多是根据课堂知识点选择的部分课后习题，这不仅容易造成学生互相抄袭借鉴，而且限制了学生创新思维的发展。在常规作业的基础上，可以有选择性地布置大作业，要求学生自主成立3～5人的项目团队，分工合作、查阅资料、调研，以及理论计算，并且需要定期展开讨论，最后以大报告、PPT汇报的形式递交项目成果。

方法论传授要以生动的专业案例，来提升学生的辩证思维，丰富学生的工程哲学视野。让学生运用这些方法论来指导其专业实践，通过理论与实践相结合，真正将这些方法论内化掌握，成为社会发展所需要的创新性人才。

## 参考文献

[1] 李春旺，范宝祥，田沛哲."专业思政"的内涵、体系构建与实践[J].北京联合大学学报：综合版，2019，33（4）：1-6.

[2] 杨勋，郭晓娟，陈佰满，等.《传热学》课程思政的实践和思考[J].广东化工，2020，47（21）：212-215.

[3] 高正阳，刘彦丰，孙芳，等.《传热学》课程思政内容与模式设计[J].中国电力教育学报，2020，47（21）：53-57.

[4] 王浩宇，任晓耕，吴义民，等."课程思政"视野下的专业课程教学改革探讨：以《空调冷热源技术》课程为例[J].高教学刊，2018（23）：130-132.

作者简介：张传钊（1987—　），男，副教授，博士研究生。研究方向为建筑热环境。

# 可持续发展的绿色建筑课程
# 思政建设研究与实践

（北京联合大学　生物化学工程学院　陈玖玖）

【摘要】通识课程开展课程思政研究和探索工作是高校教育的重要组成部分。文章基于可持续发展的绿色建筑课程知识体系和绿色可持续发展的核心理念，建立了"一个核心理念、两条技术主线、N个拓展主题"的教学体系，通过梳理课程知识体系挖掘出5个思政元素，并将其有机融入到课堂教学活动中，凝练了涵盖情感、价值、知识、职业道德与能力等层面的课程思政目标。开展面授与直播结合的"专家面对面"教学模式，引入案例分析、角色互换、研讨及辩论等以学生为中心的教学策略，实现课程的线上线下混合教学，加强课程的开放性、灵活度、知识交叉性和吸引力，提升课程的思政育人效度。

【关键词】绿色可持续发展；绿色建筑；教学体系；思政元素；教学策略

## 一、课程简介

课程名称：可持续发展的绿色建筑

课程类别：通识教育选修课程（工程技术类）

学时学分：32学时2学分

适用专业：全校相关专业

内容简介：绿色建筑是解决环境和生态问题的重要手段，是世界和我国建筑发展的主流和方向。课程以绿色可持续发展理念为核心，以绿色建筑全生命周期建设为主线，重点介绍和讨论以下内容：第一是绿色建筑概念、发展史、"人—建筑—环境"之间的关系以及绿色建筑相关的政策制度；第二是绿色建筑的主要技术，包括室外环境分析与设计、室内环境及其控制技术、建筑节能设计与技术、水资源有效利用设计与技术、绿色建筑材料、绿色建筑的运营管理与维护，以及国内外的绿色建筑评价体系和认证流程；第三是介绍和分析国内外绿色建筑典型案例。课程涵盖了绿色建筑的多个维度，包括政策体系、技术体系、评价体系等。通过课程学习，使学生在理解绿色建筑的基本概念与技术的同时，建立绿色建筑的基本知识结构，树立生态思维和绿色可持续发展的理念，承担国家和社会责任。

## 二、课程思政目标设计

党的十九大以来，我国把"可持续发展"作为发展的重要战略，并在建筑行业大力推行绿色建筑。绿色建筑的定义是：在建筑的全寿命周期内，最大限度地节约资源，保护环境和减少污染，为人们提供健康、适用和高效的使用空间，与自然和谐共生的建筑。可见，"绿色可持续发展"正是绿色建筑的核心理念和目标，也是本课程的核心理念。

本课程所介绍的绿色建筑体系涵盖了政策体系、技术体系、评价体系，涉及规划、建筑、机电、控制、经济、施工、管理等多个专业和领域，具有典型的学科交叉的特点；课程为通识课，面向不同专业和年级的学生。同时，绿色建筑与人们的生活息息相关，其蕴含的生态思维、绿色发展理念将影响学生的生活、学习；绿色建筑需要多学科充分沟通、高度配合才能实现，其效果完全由实践来检验，其中包含的诚信严谨、有效沟通、团队合作的思想也是学生学习、工作和职业发展所需的必备素养和能力。

基于上述绿色建筑的理念及特点，对本课程的目标进行梳理，涵盖了情感、价值、知识、职业道德与能力等层面，即从绿色建筑理念、政策、技术、评价与案例等多维度，激发学生的爱国情怀，引导学生正确认识"人-建筑-环境"关系，建立可持续发展价值观及实现人与自然和谐发展的责任感。课程目标体现出明确的育人目标，不仅契合学校人才培养总目标，而且是这两个目标的落实和支撑。可持续发展的绿色建筑的课程思政目标具体如下：

情感认同：认识绿色建筑的内涵、演变和发展历史，激发对家园与环境的热爱，建立对国家的自信。

价值观：理解"人-建筑-环境"的关系，树立绿色可持续发展理念，并应用到生活及工作的相关领域，履行社会责任。

知识和思维方法：了解绿色建筑标准体系框架、相关制度与政策，国内外评价标准的异同，辨识绿色建筑"四节一环保"的概念、基本技术和评价工具，培养生态思维与绿色发展理念。

职业道德与能力：理解绿色建筑评价的证据原则，树立诚信严谨、重视实践效果的工作作风；能通过小组学习和在线学习锻炼团结合作和有效沟通表达的能力。

## 三、课程思政教学内容设计

为落实课程思政目标，首先设计课程思政整体建设方案，基于此对课程内容和知识体系进行梳理和设置，从中挖掘和归纳出五个课程思政元素。

### （一）课程思政整体建设方案

根据课程定位及思政目标明确课程教学目标，梳理出贯穿课程的两条主线：一是各种适宜的绿色建筑的技术应用（四节一环保）；二是中国和国际社会关于绿色建筑的制度政策和评价标准体系。本课程要求学生理解绿色建筑体系的基本框架，工程实践与评价中的基本概念、基本技术和工具，其关键在于唤醒学生的绿色可持续发展意识，并植根于内心、落实于行动。同时，根据本课程通识课及多专业学科交叉的特点，在课程中融入一系列拓展主题，如绿色建筑与国家建设的关系、绿色建筑与我们的生活、绿色建筑与环境和人的关系、绿色建筑与绿色社区发展、绿色建筑与绿色金融等，进而使课程在思维和认识层面具有一定的深度和挑战性，拓展学生的知识面和思维宽度，培养学生的思辨能力和学习探索能力。课程思政融入体系如图1所示。

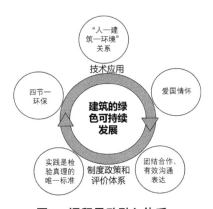

**图1　课程思政融入体系**

## （二）课程内容设置

绿色建筑是一项包含多专业、涉及多方的综合性学科，内容非常繁杂。因此，作为通识课程，首先对内容进行拓展，且不能过于深和专，着重于基本知识的传授和理念的树立；其次，绿色建筑的核心理念是"可持续发展"，也是本课程思政的重要元素，因此本课程各个章节都围绕此理念进行架构和组织；最后，绿色建筑的发展一日千里，尤其是绿色建筑技术、政策和案例方面，课程内容上应紧扣当前的发展态势，并紧密结合学生耳熟能详的案例来组织开展教学。

根据上述课程思政和课程内容的整体设计，在OBE理念的指导下，对课程进行反向设计，对教学内容进行优化，明确每一教学模块下所对应的教学目标，构建出蕴含思政理念的课程内容。确定课程的三大核心教学模块为可持续发展绿色建筑概述、可持续发展绿色建筑技术、可持续发展绿色建筑的评价与案例，并在每个模块中穿插主题讨论和思辨模块，具体内容和架构如图2所示。

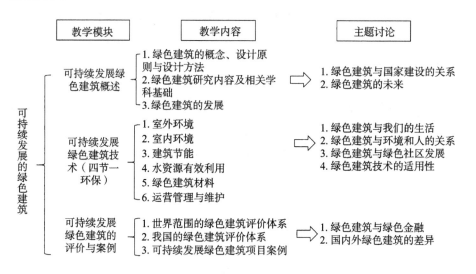

图2　课程内容和架构

## （三）课程思政元素

基于"一个核心理念、两条技术主线、N个拓展主题"，结合课程的内容，挖掘并形成5个思政元素融入教学内容中，课程思政元素及融入点设计如下。

1. 正确认识"人—建筑—环境"关系，建立可持续发展理念

建筑是人为了适应环境、改善环境而创造的介于人与自然之间的人工物，建筑的发展过程其实是"建筑—环境—人"不断协调的过程。目前地球环境和资源紧缺，使世界各国都面临如何调解建筑环境舒适性要求与节能环保之间的矛盾，而建筑需要可持续发展即绿色建筑发展的背景。通过"可持续发展绿色建筑概述"教学模块讲述绿色建筑发展背景、发展历程及其内涵，学生能正确认识"人、建筑、环境"三者的关系，初步建立可持续发展理念。

2. 激发爱国情怀和民族自豪感

在"可持续发展绿色建筑概述"教学模块中介绍绿色建筑在我国的快速发展，国家对绿色建筑高度重视，给予了巨大的投入，制定了相关的政策法规，取得了巨大成效。目前，我国的绿色建筑标准体系逐步完善，涵盖不同建筑类型、不同地域特点、全寿命期；房屋使用者感受到了绿色建筑带来的健康舒适、节能环保。我国的绿色建筑发展受到国际社会的肯定，影响力日益扩大。通过翔实的数据和对比，激发学生的民族自豪感和爱国情怀。

3. "四节一环保"的概念和技术，履行社会责任

绿色建筑的技术和实施贯穿在建筑的全生命周期，涉及多个专业。"可持续发展绿色建筑技术"模块具体介绍绿色建筑主要的技术及应用，帮助学生建立绿色建筑节地、节能、节水、节材、环境保护的"四节一环保"概念；结合日常生活，初步搭建绿色建筑相关的技术知识体系，通过对各类技术的实际应用案例介绍，引导学生树立"绿色建筑关系你我、节能环保人人有责"的社会责任感。

4. 团结合作，有效沟通表达

培养大学生团结合作、有效沟通表达的能力是高等教育的重要任务之一。"可持续发展绿色建筑评价与案例"模块中通过介绍国内外具体的绿色建筑案例，阐述成功的绿色建筑需要多个团队一起协作、积极沟通和配合才可能真正实现。教学过程中贯穿实训内容，通过学生分组完成一个实际项目的绿色建筑分析评估，进一步加强学生团结合作及有效沟通表达的能力。

5. 诚信严谨，遵守职业道德

"可持续发展绿色建筑评价与案例"模块介绍绿色建筑实际案例。通过对美国某建筑学院的LEED白金认证教学楼进行剖析，以及清华大学团队对其实测结果为能耗过高，分析其原因。通过绿色建筑评估流程及实际案例的介绍，说明在绿色建筑的评价和实施中，需要践行诚信严谨，实践是检验真理

的唯一标准，进而引导学生树立正确的价值观，培养学生遵守工程职业道德和规范并履行责任的职业素养。

## 四、课程思政教学策略设计

要将"课程思政"真正落地，首先需要建立高水平的教学团队；其次需要基于课程OBE理念，在挖掘思政元素的基础上，研究融入点的教学设计，在课堂上做到有机融入、润物无声。教学设计的要素包括知识点、思政目标、课程资源、教学方法和学习成果。其中课程资源取决于教学内容和教学方法的需求，教学方法应多样化且体现"学生为中心"，学习成果应体现思政元素。

### （一）教学团队

本课程的教学团队由校内教师和校外专家组成，特点是职称高，专业各有特长，具有丰富的绿色建筑相关理论和实践经验；校内教师负责课堂教学，校外专家负责专题技术模块和主题讨论。

各教学单元根据教师的背景和特长进行安排。在开课之初，课程负责人牵头对整个教学过程进行顶层设计，课程教学团队所有教师在自主备课的同时，就课程思政教学设计进行集体备课，共同研究如何开展课程思政教学。教学过程中，每位教师参加听课评课，每一教学模块完成后，组织教学团队对此部分的思政教学进行分析和讨论。

### （二）教学方式

绿色建筑本身是一门实践性很强的课程，而且与学生的生活息息相关。本课程从以学生为中心的角度设计多种教学方法：设置"专家面对面"，请从事绿色建筑第一线的专家学者进课堂，与学生面对面交流沟通；通过交互式的教学方式达到教学目的，形成正向反馈；因为是通识课，考虑到学生时间冲突问题，在某些教学环节尝试线上授课方式，为今后扩大受益面奠定基础。基于在线直播平台，开展绿建现场、绿建专题、专家访谈等，向学生传授知识的同时传递核心价值观，并进行调查、学习成果评价等环节，形成正向反馈和循环，基础框架如图3所示。

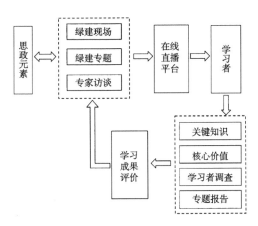

**图3　在线授课框架**

　　课上引入典型案例分析、问题引入、角色互换、研讨及辩论、轮讲及讲授等新型教学策略和教学方法，引导学生思考及讨论；在工程知识中融入哲学思辨和价值观体系，扩大课堂的深度和广度；课上课下相结合，进行混合式教学，课下积极利用网络学堂及实验室进行实践教学，具体如表1所示。

**表1　可持续发展的绿色建筑课程教学设计**

| 教学模式 | 教学设计 | 学习活动形式 |
|---|---|---|
| 课上教学<br>（32学时） | 在线直播 | 绿建现场、绿建专题、专家访谈 |
| | 引入实际工程案例，任务驱动式教学 | 自主学习、提问、讨论 |
| | 分小组讨论、辩论、轮讲、角色互换 | 互动、协作、讨论、学习 |
| 课下教学<br>（48学时） | 师生在线讨论、学生网上查阅资料 | 自主学习、讨论 |
| | 学生课下自主调研 | 协作、探究 |
| | 学生参观实际工程项目，企业专家现场授课 | 自主学习、互动、沟通 |

### （三）教学设计典型案例

　　以思政元素2"激发学生的爱国情怀和民族自豪感"为例，阐述上述教学方式在课程思政教学中的融入和实施。

　　此思政元素在"可持续发展绿色建筑概述"教学模块中融入，对应的教学内容知识点包括：我国绿色建筑发展的动因——国家和社会的需求；我国绿色建筑发展的历程；国家对绿色建筑的政策、法规；我国绿色建筑发展现状和成效。具体教学实施步骤和方式如下。

首先，组织学生进行课堂讨论：我国应该发展绿色建筑吗？绿色建筑在国家发展中的作用有哪些？我国的绿色建筑应该是什么样的？由以上问题引出教学内容"我国绿色建筑发展的历程和现状"。

其次，结合上述问题进行课堂讲授。通过我国和世界其他各国能源结构的对比，说明我国建筑能耗节能减排工作的迫切性；结合我国面临的环境污染、资源缺乏、人民生活水平急需提高等问题，以及可持续发展的国策，阐明我国发展绿色建筑的重要性和必然性。

回顾我国绿色建筑发展的四个阶段，以及每个阶段国家的投入、制定的政策法规及其成效等，说明我国对绿色建筑的重视和我国绿色建筑的快速发展。

通过翔实的数据、图表，展示我国历年绿色建筑发展情况及成效。

最后，布置课后作业，让学生通过文献调研和自主学习，绘制我国绿色建筑发展历史简图，明确历史背景、各个时间节点、重大事件、取得成果、政策和法规等；组织学生展开线上讨论，展望我国的绿色建筑发展前景和未来。

学习资源：绿色建筑评价标识网http://www.cngb.org.cn/；世界绿色建筑政策法规及评价体系（第二章），杨榕等编著，中国建筑工业出版社，2014年第1版。

## 五、课程思政目标考核设计

传统的课程考核主要以考核理论知识点为主，着重关注知识点理解和掌握的情况，对课程思政的考核比较薄弱，难以反映学生对可持续发展理念的理解，难以衡量学生社会责任感以及团结合作、有效沟通表达的能力，难以反映学生对诚信严谨的理解以及遵守职业道德的能力。而这些能力，恰恰是目前工程教育认证标准要求的重要组成部分，也是课程思政的目标，因此，传统的考核方式已不适应课程思政及工程教育认证标准的要求。本课程教学团队基于OBE理念，坚持"以成果为导向、以学生为主体、注重能力素质培养"的教学理念，强调能力和态度并重，注重学习过程中充分调动学生的学习主动性，采用过程性评估考核方式对知识、能力和思政显性效果进行评价，但对以"润物细无声"的方式内化于心的隐性思政效果不做评价。

考核内容由出勤与学习态度、平时作业、大作业与答辩构成，考核方式灵活多样，以期能全面、客观、科学、合理地评价学生的综合素质，充分反映学生学习的各个环节和学习效果，最终达成课程的目标。

考核内容、成绩所占比重、具体成果要求、对应的课程思政目标、评分要点等见表2。

**表2　课程思政目标考核设计**

| 考核内容 | 占总成绩比例 | 成果要求 | 对应的课程思政目标 | 评分要点 |
|---|---|---|---|---|
| 出勤与学习态度 | 10% | 出勤率，随堂表现 | 严谨踏实的工作作风 | 满分100分，综合考虑课堂参与度及随堂表现、提出问题和回答问题的情况进行评定 |
| 平时作业 | 50% | 通过文献调研和自主学习，绘制我国绿色建筑发展历史简图 | 激发对家园与环境的热爱，建立对国家的自信 | 第2项作业满分25分，其余每项满分15分，合计满分100分。从4方面进行考核：①深入实际建筑现场；②能应用绿色建筑的相关知识进行思考和分析；③能清楚表述自己的观点，并体现可持续发展的理念；④结构完整，思路清晰 |
| | | 任选一建筑，调查该建筑的室外、室内环境情况，作出初步评价，提出改进措施，完成报告 | 理解"人—建筑—环境"的关系，树立绿色可持续发展理念，并应用到生活及工作的相关领域，履行社会责任。了解绿色建筑标准体系框架、相关制度与政策，国内外评价标准的异同，辨识绿色建筑"四节一环保"的概念、基本技术和评价工具，培养生态思维与绿色发展理念 | |
| | | 任选一建筑，分析可能采用的节能措施、适用性及节能潜力，完成分析报告 | | |
| | | 调查分析学院或家庭的节水潜力和方法，完成报告 | | |
| | | 检索、调研目前的绿色新材料研究进展，完成调研报告 | | |
| | | 分析某小区/建筑的设备管理状况，给出分析与建议 | | |

续表

| 考核内容 | 占总成绩比例 | 成果要求 | 对应的课程思政目标 | 评分要点 |
|---|---|---|---|---|
| 大作业及答辩 | 40% | 以小组为单位，分析某实际建筑的绿色建筑定位和可采用的技术措施，进行初步评估，完成报告并在课上进行答辩交流 | 理解绿色建筑评价的证据原则，树立诚信严谨，重视实践效果的工作作风；锻炼团结合作和有效沟通表达的能力 | 满分100分，从5方面进行考核：①体现绿色建筑的核心理念；②采用关键技术因地制宜；③全体参与，团队合作，明确成员贡献；④答辩流畅，回答问题质量高；⑤报告论点明确，结构完整，逻辑清晰 |

## 六、教学效果及成果

### （一）主要成果

通过课程思政建设，本课程取得的主要成果如下。

（1）构建可持续发展的绿色建筑通识课程大纲，确定课程目标（含育人目标）；整合教学内容，确定了三大核心教学模块：可持续发展绿色建筑概述、可持续发展绿色建筑技术、可持续发展绿色建筑的评价与案例；完成课程全部教学课件编写，为课程实施做好全面准备。

（2）围绕"一个理念、两条主线、N个拓展主题"完成课程思政总体设计，完成课程思政典型教学设计案例及教案，在国际绿色建筑认证体系、建筑节能前沿技术等课程中进行绿色建筑理念、思政元素融入的教学实践。

（3）基于课程教学内容和思政元素，改进教学方法。考察了不同的在线授课平台，采用线下和线上教学相结合的模式，进行线上授课框架搭建。构建混合教学方式，采用多种教学手段，完成课程教学设计。在国际绿色建筑认证体系、空气调节、暖通空调典型工程分析等课程中进行多种教学方式的实践。

### （二）应用和实施效果

由于本课程为全新课程，囿于时间进度及学院整体教学安排，2020—2021学年未开设本门课程，但是本项目的部分研究成果，如绿色建筑的理念、思政元素融入、教学方式改革，已在相关课程中进行尝试和应用，取得了一定成效，尤其由于疫情关系，授课团队也针对在线授课方式进行了多方面实践，效果如下。

（1）通过课程建设和课程思政的设计与开展，课程团队的思政设计和实施能力得到提升。教师们站在育人的角度，进行顶层设计，挖掘思政元素，育人意识、执教能力显著增强。

（2）根据国际绿色建筑认证体系等课程的局部试讲，从学生的报告和课堂分享中体现出：学生们对绿色建筑的内涵有了一定的认知，初步建立起了可持续发展理念，民族自豪感和自信心有所增强，理解节能减排、人与环境和谐发展的重要意义。大部分同学能掌握绿色建筑"四节一环保"的技术，并理解和初步应用绿色评估体系、标准。通过综合性的实践训练，多数同学掌握了运用绿色建筑专业知识解决实际问题的能力，并能联系生活应用到实际生活，能履行社会责任，部分同学结合专业展开了进一步的思考。

（3）在线教学的方式体现出灵活性和多面性，学生拥有更大的自由度和自主性，为后续实现更多教学功能打下了基础。实践训练环节分小组完成绿色建筑调研、分析、完成报告和答辩，很好地培养了学生团结合作、有效沟通表达的能力和素养。

### （三）推广应用

（1）课程思政建设实践过程中，采用面谈、电话、网络等方式与多位不同领域的绿色建筑专家进行沟通交流，与北京交通大学、北京工业大学、北京科技大学、南京工业大学、华中科技大学等学校的教师进行交流；参与校内及校外课程思政交流会各1次，并做主题发言。

（2）目前已经完成课程建设，可在生化学院开展面授，也可通过在线方式开展全校授课，受益学生人数不少于50人。

（3）学生通过本课程学习，对绿色建筑的基本概念、技术、评价和实施有了较全面的认识和了解，激发学生的爱国情怀以及对国家的自信，并引导学生树立节能减排、绿色低碳的可持续发展理念，以及人与自然和谐发展的社会主义核心价值观，为不同专业的学生在未来的学习和工作中建立绿色发展理念奠定了基础。

## 七、教学反思与持续改进

本课程致力于打造基于可持续发展理念的绿色建筑通识课程，从"立德树人"角度出发，在教学内容、课程思政元素挖掘与融入、教学方式和考核方式等方面进行了研究和探索，但受到时间制约和疫情影响，课程尚未全面开课，上述研究成果有待进一步实施和验证，在教师自身素养提高方面仍需进一步改进。

### （一）课程思政总体设计与实施

（1）在学校人才培养目标的框架下，对课程知识体系进行梳理，分析和抓住课程的核心价值特征和内容特点，进行课程思政元素挖掘和有机融入设计，既体现对学生核心素养培养的共性要求，又体现课程自身的特点和教师的自主性。通过归纳课程思政元素，逆向凝练出融合育人目标的课程目标。

（2）丰富课程教学资源，形成本课程的思政融入教学案例库。绿色建筑目前处在快速发展阶段，教师需紧跟行业发展前沿，做好知识储备，及时更新教学内容；针对不同的知识点挖掘相应的课程思政元素，打磨教学案例，持续积累课程思政融入教学案例库。

（3）明确课程思政教学的设计要素，探索将思政元素有机融入的适宜的教学及考核方法。根据教学内容和思政元素的特点，进一步探索和实践线上线下混合、理论结合实践、互动式教学、"专家面对面"、在线教学等多种教学手段。考核方式和方法上，根据学生的特点和实施效果及时调整，体现OBE和"以学生为中心"的课程理念，达成润物无声的思政教育目标。

（4）提高课程的开放性和灵活性。举办讲座请校外专家与学生互动交流，开展线上线下混合、在线教学等多种教学方式；进一步开展在线课程的实践，积累经验，制作适合在线课程的相关课程资源。

### （二）教师自身素养提高

课程思政也对授课教师提出了更高要求，反思教学过程，可以从以下几方面进一步提高教师自身的素养。

（1）提高思想水平。教育者先受教育，教师应该修炼好自身，树立正确的世界观和价值观，为学生做好表率。

（2）提高学识水平。教师应紧跟行业绿色发展前沿，做好技术储备，深入理解技术和政策背后支撑的问题，不断对课程进行拓展和深化，这是课程思政开展的基础和源泉。

（3）提高执教能力。加强教学学术研究，对教学内容进行深入研究，根据不同的知识点，结合学生的特点，融入合适的课程思政元素，不能千篇一律；需要探索多种教学手段，调动学生的主观能动性，引导学生自己去探索，做到"润物细无声"的融入，避免生搬硬套，强行灌输。

（4）持续改进。课程思政不是一朝一夕之功，每届学生的特点也不尽相同，教师需要与时俱进，及时总结和改进，通过持续改进而不断提高课程的育人效度。

## 参考文献

[1] 韩宪洲. 课程思政方法论探析：以北京联合大学为例 [J]. 北京联合大学学报：人文社会科学版，2020，18（2）：1-6.

[2] 杨星星，王精明. "课程思政"示范课程的教学实践与探索：以惠州学院建筑学专业为例 [J]. 教育教学论坛，2021（3）：125-128.

[3] 孟津竹，鲁丽华，李明. 疫情防控下高校"网课＋课程思政"教育体系研究 [J]. 高教学刊，2021（3）：30-34.

[4] 王浩宇，任晓耕，吴义民，等. "课程思政"视野下的专业课程教学改革探讨：以《空调冷热源技术》课程为例 [J]. 高教学刊，2018（23）：130-132.

[5] 孟津竹，任大林，张靖宇，等. 规划设计类课程思政的教学改革与实施：以沈阳工业大学建筑与土木工程学院为例 [J]. 教育现代化，2019,6（44）：47-49.

[6] 苏波，朱姣，王军. 绿色建筑课程"学术小团队"教学模式探究与实践 [J]. 高等建筑教育，2011，20（4）：103-107.

作者简介：陈玖玖（1979—　　），女，高级工程师，博士。研究方向：绿色建筑、建筑节能、建筑室内外环境的营造。

# 第五部分　物流工程专业

# 物流工程专业
# 思政建设研究与实践

（北京联合大学　城市轨道交通与物流学院　李平）

【摘要】专业思政建设是培养社会主义建设者和接班人的高等教育中的永恒工作，是高校教师聚焦立德树人根本任务的体现。北京联合大学物流工程专业在思政建设中基于现代供应链理论，构建以能力为导向的人才培养模式，探索有效融合学生的思想教育与专业能力培养的方式，提高学生在专业学习和个人成长中正确认识问题、分析问题和解决问题的能力。在专业思政建设中开展"思政引领，人才培养，服务北京"的主题教育与实践活动，培养学生成为国家建设者和接班人的素质和能力。

【关键词】专业思政；培养模式；能力导向；产教融合；教育实践

## 一、专业简介

物流工程是以物流系统为研究对象，研究商品流通系统的规划设计与资源优化配置、物流运作过程的管理、计划与控制的工程领域。北京联合大学物流工程专业面向服务城市供应链和国家"一带一路"建设，与俄罗斯交通大学共同联合培养具备工程与管理综合能力的国际化人才。

### （一）专业师资力量与教学资源

北京联合大学物流工程专业师资力量雄厚，拥有北京市优秀教师、北京市青年骨干教师。此外，专业还拥有北京市精品建设教材、北京市"一带一路"国家人才培养基地和教育部课程教学资源建设课程，拥有国家、北京市和中国物流学会科学和教学研究项目。

### （二）物流领域人才素质与能力培养

专业教师在课程教学、专业实践、学科竞赛和项目研究等教育实践中，通过构建学生学习交流平台，将思想品德和爱国敬业教育融入到教育教学、科学研究的人才培养过程中。使学生在具有综合物流智能管理、工程技术应用能力的同时形成服务国家建设和解决产业实际问题的专业发展能力和社会实践能力。

### （三）依托行业校企合作与产教融合

物流工程专业同中国中铁股份有限公司、北京空港集团、中国邮政集团、中国石化集团、天津港集团、京东集团、苏宁集团、小米集团、阿里巴巴集团、百丽集团和中关村产业园等知名企业联合开展人才培养计划。

### （四）专业学生的科学研究与社会服务

在校专业学生深入北京奥运城市发展促进中心进行奥运物资管理，传承奥运精神；为北京菜篮子工程开展"城市居民农产品消费需求数据采集与分析研究"工作。学生深入苏宁集团、百丽集团、北京朝批集团为服务商业流通领域、居民生活消费和北京城市发展做出了贡献。

## 二、专业人才培养目标设计

专业思政是高校结合专业教育与专业特质开展的贯穿教育教学全过程的思想政治教育。思政教育载体理论认为，思政教育载体是指承载和传导思政教育因素，能为教育者所运用，且教育者和受教育者可借此相互作用的一种思政教育活动形式和物质实体。

教育部印发的《关于加快建设高水平本科教育全面提高人才培养能力的意见》，即"新时代高教40条"指出，要"强化课程思政和专业思政"，并第一次明确提出了"专业思政"这一概念。我们可以从课程思政上升到专业思政层面进行研究，探索高校思政教育的内在规律与基本遵循。

### （一）国家建设与专业人才培养

为服务国家和区域产业发展，培养具有工匠精神的创新型工程人才，培养能适应社会经济发展，具有为国奉献的思想觉悟，具有综合能力、创新能力的工程技术人才，是国家现代高等教育的人才培养总目标。目前国内高校大力开展思想政治教育和创新实践教育，这是把思想教育融入学生能力培养的主要途径，将课堂和实践教学与国家发展、学生创新能力相融合，从而提高高校培养科技服务人才的质量。

### （二）物流工程专业人才培养的目标设计

物流工程专业结合国家产业发展和北京城市供给的需要，将思想政治工作融入产学研专业教学和人才培养的教育中，旨在培养具有物流管理与工程基础理论，具有应用物流工程技术开展物流规划和设计的综合应用能力，具有国际化视野与创新性实践能力，能够从事服务现代城市智慧物流产业建设和德智体美劳全面发展的应用型复合人才。具体的物流人才能力培养目标架构，如图1所示。

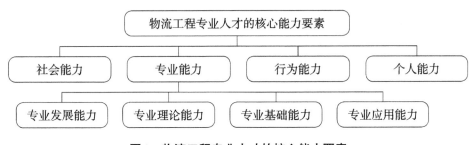

**图1　物流工程专业人才的核心能力要素**

（1）在社会能力方面：具有人文社会科学素养、践行社会主义核心价值观，有理想并遵守职业道德规范，服务产业的奉献精神，以及表达沟通、团队合作、组织协调的能力。

（2）在专业能力方面：具备以现代供应链原理、系统优化、信息技术和数据分析理论开展物流基础设施建设、物流信息系统开发、智能物流系统规划与技术应用的能力。

（3）在行为能力方面：具备一定的创新能力，包括创新意识、创新性思维及实践能力、创业能力和科学研究能力。

（4）在个人能力方面：具有科学思维及综合运用所学科学理论和技术手段分析并解决物流工程与管理领域相关问题的能力。

在专业思政建设与实践中，结合专业人才培养特点开展"政治素养、专业应用、科研创新、服务社会"四个维度的专业综合教育体系建设。

## （三）物流工程专业人才能力要求分解指标点

围绕北京"四个中心"建设，结合国家《物流业发展中长期规划》中"进一步加强物流信息化建设""推进物流技术装备现代化""发展现代供应链物流领域建设"的国家需求为专业人才培养目标。物流工程专业人才毕业要求分解指标点，如表1所示。

**表1　物流工程专业人才毕业要求分解指标点**

| 能力要求 | 指标点 |
|---|---|
| 1. 社会能力：<br>具有人文和社会科学素养，有理想、有觉悟、懂政治，践行社会主义核心价值观；具有职业道德和集体主义精神 | 1-1：有人文社会科学素养、有理想、有担当 |
| | 1-2：实践中理解并遵守职业道德和规范 |
| | 1-3：同时具有较强的思想政治觉悟和爱国主义精神 |
| | 1-4：具有一定的组织管理能力、较强的表达能力 |
| | 1-5：具有一定的人际交往能力和团队合作能力 |
| 2. 专业发展能力：<br>具有自然和社会科学、计算机科学的基本知识，以及产业洞察能力 | 2-1：具有专业所需的自然和社会科学知识 |
| | 2-2：具有专业所需的计算机科学与技术基本知识 |
| | 2-3：了解国家在专业前沿发展现状和趋势 |
| 3. 专业理论能力：<br>具备扎实的物流管理与工程大类的基础知识和物流工程与技术的理论知识 | 3-1：具备供应链和运筹学的理论知识 |
| | 3-2：具有管理科学与工程学科领域的基本知识 |
| | 3-3：具备物流工程与技术的理论知识 |
| 4. 专业基础能力：<br>具有物流系统规划与设计、智能物流信息技术的专业基础知识和基本能力<br>（面向服务十大北京高精尖产业发展中新一代信息技术应用——物联网技术和应用服务） | 4-1：具有进行物流系统规划与设计的专业基础理论和基本能力 |
| | 4-2：具有进行智能物流信息技术应用的专业基础理论和基本能力 |

| 能力要求 | 指标点 |
|---|---|
| 5.专业应用能力：<br>具备现代产业供应链中，应用物流系统优化和控制理论开展社会服务的能力。<br>（面向服务十大北京高精尖产业发展中智能物流——智能仓储物流装备；软件和信息服务——现代供应链技术） | 5-1：具备应用物流系统优化理论开展企业物流基础设施规划设计能力 |
| | 5-2：具备应用物流信息技术开展国家物流企业智能物流的应用能力 |
| | 5-3：具备应用物流系统控制理论开展企业物流设施运营管理能力 |
| 6.行为能力：<br>具备较全面的应用知识能力和服务国家产业发展的能力 | 6-1：具备服务产业实践的分析能力和实验能力 |
| | 6-2：具备服务企业工程的设计能力和工程能力 |
| | 6-3：具备适应国家产业发展的综合工作实践能力 |
| 7.个人能力：<br>具备民族文化传承和国际跨文化交流能力，以及终身学习能力 | 7-1：具备一定的民族文化传承和国际交流能力 |
| | 7-2：具有一定的运用现代信息技术检索文献的能力 |
| | 7-3：具有自主学习和终身学习能力 |

# 三、人才培养模式设计

在专业思政人才培养模式研究与实践中，围绕北京"四个中心"建设，将思想政治工作融入教学。开展"基于OBE的专业思政建设"，将提升学生政治思想水平列为专业人才培养核心目标，并开展将"课程思政"融入现代供应链产业人才培养的教育实践的工作。

## （一）国家物流业发展对物流工程应用型人才的需求

国务院印发的《物流业发展中长期规划》中明确了物流业发展的主要任务是：大力提升物流社会化、专业化水平，进一步加强物流信息化建设，推进物流技术装备现代化。并在保障措施中明确指出：着力完善物流学科体系和专业人才培养体系，以提高实践能力为重点，探索形成学校与有关部门、科研院所、行业协会和企业联合培养人才的新模式。

1. 国家对物流工程核心技术的需求

在加强物流信息化建设方面，国家提出了加快企业物流信息系统建设，发挥核心物流企业整合能力，打通物流信息链，实现物流信息全程可追踪。在推进物流技术装备现代化水平方面，国家要求加强物流核心技术和装备研发，推动关键技术装备产业化，吸收引进国际先进物流技术，提高物流技术自主创新能力。

2. 我国物流企业对物流工程应用型人才的需求

物流业吸纳就业人数快速增加，从业人员近十年的需求从1780万人/年增长到2890万人/年，增长约6.2%。面对新兴的市场需求，我国物流人才培养大多停留在实践阶段。我国物流教育起步于20世纪80年代，虽然有不少大专院校设置了物流管理或物流工程等相关的专业和专业方向，但相当一部分是从传统的物资管理、物资经济、机械工程等专业演变而成的，其知识结构已经不适应现代物流业发展的需要。物流人才的供需矛盾已凸显，高层次物流人才已成为争夺的焦点。

## （二）北京物流产业发展现状与趋势分析

1. 北京物流产业发展现状分析

北京市社会物流总额和物流业务收入呈逐年上升趋势。物流公共信息平台建设不断加强。

物流发展模式创新步伐加快。电子、医药、制造业企业与第三方物流企业合作，实现联动发展，物流技术支撑体系逐步完善，物联网、移动互联网、可视化、快速分拣等新兴技术在行业企业中推广应用，物流信息化、自动化、标准化建设持续推进。实施京津冀协同发展战略为北京发展创造了良好条件、注入了强大动力。

2. 北京物流产业发展与创新分析

服务北京市"国际交往中心"定位，完善口岸物流功能，推动国际物流与城市物流的无缝对接与深度融合，构建助力首都开放型经济新体制的物流保障。依托空港、内陆港、铁路枢纽、公路枢纽以及保税政策功能区等不同区位的交通优势和定位，发展基于铁路和公路的生活必需品物资供应物流、基于航空的快递物流、基于内陆口岸及空港口岸的跨境物流等服务功能，对接和保障首都城市运行发展需要。

今后首都物流产业将着力支撑首都高精尖经济结构，从推进供应链一体化服务、推动电子商务物流发展、完善医药物流体系、培育壮大会展物流四个主要方面发挥物流业对高端创新资源配置的支撑作用。结合"一带一路"建设和北京"国际交流中心"的定位，打通国际物流通道，开展跨境物流服务，突出北京作为国际物流重要节点和服务"一带一路"建设的作用，实现国际物流与城市物流联动。

### （三）物流工程专业人才培养的教学建设模式

北京联合大学物流工程专业的应用型人才培养的教育理念是将物流学科的理论体系与国家物流技术应用相结合、专业理论教学与国家产业相结合、专业应用技术教学与行业实践相结合、基础理论教育与创新性教育相结合、专业发展能力培养与思政素质教育相结合，发挥物流信息化研究优势，从人才培养、课程与教材、师资队伍、实践教学四个方面加强研究和建设。物流工程人才的培养模式设计思路如图2所示。

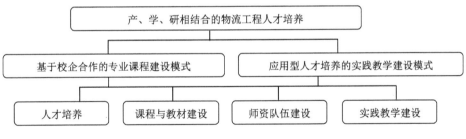

**图2　物流工程人才的培养模式设计思路**

### （四）物流工程专业课程与实践教学体系结构

专业能力和能力要素：物流工程专业人才培养以适应首都经济发展需要和国际化物流人才需求为目标，在具有良好的人文科学、自然科学、社会科学、文化素养及思想政治基础上，培养具有物流管理与工程基础理论知识，具有应用物流工程理论和信息技术开展智能物流规划与设计的综合应用能力，以及国际化视野与创新性实践能力的复合型应用型人才。专业课程与实践教学体系结构如图3所示。

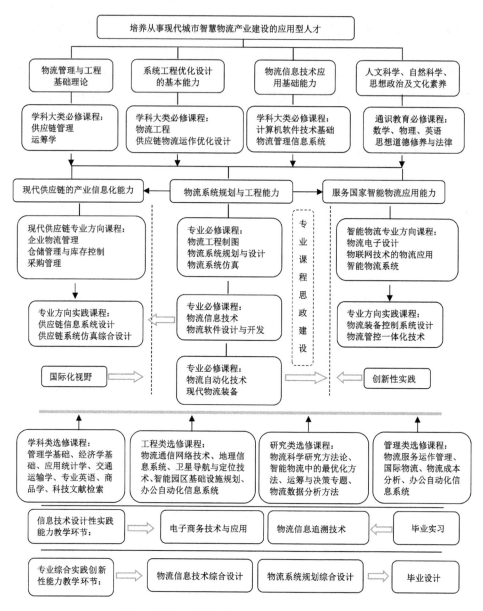

**图3　物流工程专业课程与实践教学体系结构**

## （五）基于能力为导向的思政教育研究模式

基于知识—能力融合构建思政引领的现代供应链人才培养模式，开展"政治素养能力、专业应用能力、科研创新能力、服务社会能力"多维度的综合教育体系研究。在教学中把马克思主义立场观点方法的教育与科学精神的培养结合起来，提高学生正确认识问题、分析问题和解决问题的能力。结合国家产业发展，依托行业构建"课堂教学为主导＋实践教育为补充＋本科专业导师为引导"的人才培养教学实践。构建基于能力为导向的专业思政教育模式，如图4所示。

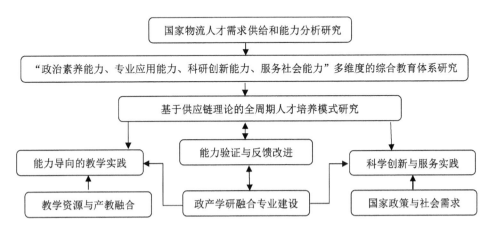

图4　基于能力为导向的专业思政教育模式

## （六）基于供应链理论的全生命周期人才培养模式

构建基于供应链理论的全生命周期人才培养模式，开展基于现代供应链理论、以提升能力为导向、思政融入课堂与实践教学过程的人才培养模式，将学生思想政治能力的提升和专业教学进行有机融入。根据产业人才需求分析构建合理的人才培养计划，以学生综合能力培养为目标导向，从新生入学专业引导—基础理论和素质教育—专业和实践一体化教学—企业（社会）实践—毕业实践与服务能力培养—毕业生能力分析与反馈，构成相对合理的学生思想、知识与能力供应链，产出导向、持续改进。

（1）适应环境、明确目标：针对大一新生，要帮助他们尽快完成角色转换，适应大学生活。结合专业教育和指导，培养学生自我管理、自我教育、自我评价、自主学习的能力，增强学生全面成才的信心。

（2）增强能力、提升精神：针对大二和大三的学生，着重思想品德的培养、大学生涯规划设计。鼓励学生参与导师的课题研究，让学生了解科学研究的方法和过程，培养学生的自学能力、实践能力和创新精神，促进学生知识、能力、素质的协调发展。

（3）融入产业、实践创新：针对大四的学生，侧重国家和北京的建设需要，开展课外科技活动、科学研究、专业实践等方面的指导，树立正确的就业观和服务国家产业建设的价值观。

## 四、课程与教学资源建设

以融合性思政教育理念为指导，专业思政视野下的思政课程与课程思政应实现资源共享，这就需要寻找多方面共同发力的交汇点。一是思政教育与专业教育的交汇点。此交汇点着眼于思政教育目标与专业教育目标的交叉融合，是专业思政的根基。二是思政课程与课程思政的交汇点。思政课程要结合各专业的教育内容与学生的专业特质进行教学，课程思政则要将思政教育渗透到各门课程的教学活动当中。

物流工程专业以"课程思政"为目标进行课堂教学改革、优化课程设置、完善教学设计，梳理各门专业课程所蕴含的思想政治教育元素和所承载的思想政治教育功能，并将其融入教学各环节，推动思想政治教育与知识体系教学的有机统一。

### （一）课程思政在专业教育体系中的融合

（1）公共基础课程：重在提高大学生思想道德修养、人文素质、科学精神、宪法法治意识、国家安全意识和爱国情怀。

（2）专业教育课程：挖掘提炼专业知识体系中所蕴含的思想价值和精神内涵，在理论教学中结合国家专业领域的优秀成果开展案例教学，提升学生的学习目标和知识水平，增加课程的知识性、人文性，提升引领性、时代性和开放性。

（3）实践类课程：专业实验实践课程，旨在增强学生勇于探索的创新精神、善于解决问题的实践能力、创新创业服务社会的能力，使学生在实践中增长智慧才干、在艰苦奋斗中锤炼意志品质。

（4）导师制全程引导学生能力培养：适应环境、明确目标—增强能力、提升精神—融入产业、实践创新，推动学生的思想政治水平、实践能力和服务精神的提升。

### （二）基于物流产业发展的课程思政建设

以服务国家工程应用能力为导向，依托教师实践科研成果，探索基于"思政+工程案例式教学"的培养模式，展开系统化课程体系研究和课程资源建设。

1.产业发展促进专业教学建设

现代供应链信息技术融合了工程学科与管理学科，在"互联网+"供应链的技术发展背景下，呈现出了较强的智能化与工程实践特性，对供应链信息化人才培养提出了更高的要求。为适应国家技术发展与行业需求的变化，以"思政元素+案例教学+工程应用+项目设计+综合实践"的课程建设为教学实践方法。

2.项目驱动应用实践创新

基于我国物流领域的科技发展引入项目案例教学设计，开展以项目案例驱动课程教学和实践活动，把教学实践过程转化为新的引导性项目过程，从平台实践、开发工具应用、数据交互体验，直至完成一个项目，让学生主动地、实践地、各阶段有机联系地展开学习与实践，经历从理论到技术、从技术到应用的全过程，培养学生工程应用与研究创新能力。

3.教学案例服务课程教学

基于现有科技项目、科研成果和企业实际开发项目教学案例。如在物流信息技术课程中，教学案例集成了信息分类与编码、条码、RFID、EPC、GIS、GPS、EDI等内容模块，是一个系统化的物流信息技术应用案例，形成课程教学内容系统性优化和应用性实践结合。基于编码技术与EPC技术完成条码与RFID编码，基于条码与RFID技术实现仓储信息管理，采用GIS、GPS实现配送的监控与追踪，基于自动化组态技术实现仓储自动化监控，基于EDI技术实现各功能子系统间的数据交互等。

4.产学融合服务课程建设

基于产学融合，开展课程建设。物流工程专业与产业合作建设物流学科和专业课程平台，在课程建设、教学改革、教学资源建设等项目支持下，与企业开展教育合作。由企业提供有关技术资料，委派工程技术人员协助建设，并给予经费支持。目前，专业完成了课程理论教学电子教案制作、习题设计与习题答案制作、实验教学电子教案制作、实验指导设计与实验教材编写出版、教学录像制作、课程的案例设计、开放式课程网站等教学资源建设。

### 5.大国物流产业成就融入人才培养

结合我国先进制造业中生产企业物流系统布局优化设计的建设需求，在物流自动化技术课程中通过列举京东无人配送车、全自动化无人仓储等国家先进的科学技术，激发学生的民族自豪感和为国家富强而努力学习的决心。在物流信息技术课程教学中，通过讲述中国二维码的移动支付技术、中国射频技术和北斗卫星导航技术开启了国家万物互联时代的伟大成就，激发学生的学习热情和钻研精神。在物流系统规划与设计中结合北京商业和交通中的实际案例教学，将中华优秀传统文化潜移默化地融进去，影响学生们的思想观念，使得专业课程与思想教育同向同行，形成协同效应。

### （三）优秀教材的引进、融合与建设

按教育部高等学校物流管理与工程类教学指导委员会对物流工程专业培养方案的要求，进一步研究各课程间的衔接，整合课程内容，优化课程体系。注重基础课与学科专业课程的知识衔接，研究教学平台课程和计算机平台课程与专业课程的知识联系与衔接，将基础理论与工程技术应用有机融合。基于北京市"一带一路"国家人才培养基地项目中的课程教学资源建设，开展物流工程专业主干课程的双语教学资源建设和国外优秀教材的引进与融合。

## 五、工程化专业实践教学建设

以培养学生工程实践和创新能力为目标，依托校企和国际合作建设"工程化"的校内和校外实践教学平台，应用"专业认知—技术实践—综合训练—应用创新"的实践教学方法，开展实践类模块化课程建设，将国际最新技术引入实践课程中，提高学生的工程实践能力和应用创新能力。

### （一）专业一体化教学实践

按照学习和教学的基本过程设计理论中认知策略和智慧技能的分类原则，设计并进行专业认识实践、专业工作实践和毕业实践，同时将科研项目、学科竞赛和专业综合训练有机融合，实现专业知识向工程能力转换。整个过程循序渐进，将工程训练与创新应用有机结合，贯穿整个大学学习阶段，保证实践教学有内容、有步骤、有支撑，体现了实践教学的连续性、重点性和可操作性。

## （二）综合性创新性教学实践

专业综合设计实践教学环节是培养学生专业核心能力和应用创新能力的关键。综合训练实施与产学研合作教育和学科竞赛相结合，包括物流软件设计项目训练、物流系统规划综合设计、物流系统仿真综合设计、物流信息技术综合设计、物流装备控制系统设计、物流管控一体化系统综合设计。

## （三）校外基地建设教学实践

专业教师利用暑期带领学生深入北京朝批有限公司、百丽国际集团有限公司、苏宁控股集团有限公司等企业进行专业实习，并在企业工程师的指导下开展顶岗实践，与企业联合进行学生思想政治能力提升的人才培养建设。

## （四）项目引导式教学实践

在校内实践教学中，开展科教融合培养学生创新能力，施行本科学生导师制，学生参与到教师的实际项目和科研课题研究中，并将知识融入学科竞赛和创新研究中，促进学科竞赛获奖和科研到教学项目的转化，培养创新型工程技术人才。

## （五）学术国际视野拓展实践教学

在国际教育合作方面，与国外大学的优势对口专业开展国际合作，与境外知名行业院校进行创新性实践和交流等活动，并实施学分互认、境外优秀学生奖学金资助和技术认证等合作机制，提升学生掌握国际化先进技术的能力和跨文化交流能力。

# 六、第二课堂工作中的学生能力提升

结合国家和北京的建设需要开展课外科技活动、科学研究、专业实践等方面的指导，帮助学生树立正确的就业观和服务国家产业建设的价值观，培养学生的实践能力和创新精神，促进学生知识、能力、素质的协调发展。

## （一）融入一提升

教育融合、产教融合、科教融合，提升学生服务北京、科研创新能力。

1. 企业实践与顶岗实习——与爱岗敬业的工匠精神相融合

深入企业（百丽国际集团）进行专业实习，并与企业联合进行人才培养思政建设，学生在暑期的企业实践中与企业员工一同劳动、生活和学习交流，企业工程师们以师傅带徒弟的岗位实践的方式培养专业学生的专业工作能力、研究开发能力和爱岗敬业的精神。

2. 学生科研创新——与产业前沿相融合

结合国家产业发展，以学生创新能力培养为目标，通过专业导师制，指导专业学生结合物流技术科研的立项与物流大赛开展社会实践锻炼和科技创新创业活动。根据科研和活动成果，指导学生开展相关论文撰写、专利/软件著作权申报等工作。

3. 学生国际化视野培养——与国际交流相融合

开展北京市"一带一路"国家人才培养基地项目建设，开发物流信息技术、物流自动化技术、物流系统规划与仿真课程——服务"一带一路"沿线国家的物流工程人才培养。三名专业教师在俄罗斯为乌拉尔交通大学讲授公开课，宣传中国智慧物流建设成果。

4. 开放教育、校际交流——与创新实践相融合

物流工程专业教师代表北京联合大学走进北交大"7+1"院士论坛，做《智慧物流》主题演讲；专业教师带领专业学生参加北京交通大学第七届"运输与时空经济论坛"，并承办"城市物流与可持续发展"特别分会。

5. 服务国家和首都发展建设——与社会服务相融合

带领专业学生为北京菜篮子工程开展"城市居民农产品消费需求数据采集与分析研究"工作，为北京地铁开展城市轨道交通运营故障分析、应急物资储备网点分析与优化以及开展应急物流、城市商品流通中监控和溯源等实际问题分析。

## （二）服务—培养

发挥班主任和本科导师的作用，对困难学生进行精准帮扶。

1. 结合专业，正确引导

专业施行专业教师轮流承担班主任工作制度。2020年新冠肺炎疫情期间，班主任教师每天坚持与班里每个学生一对一沟通，关心学生的生活、学习和健康情况，并叮嘱学生安全防护。班主任教师结合专业指导班里学生关注特殊疫情下的企业应急物流的举措，并将国家物流企业在抗击疫情、保障物资

供给方面的实际案例和报道发给学生，激发学生从专业角度认识问题和培养学生的爱国情操。

2. 关爱学生，精准帮扶

专业导师们联系牵手帮扶的生活困难学生，多次主动电话沟通，了解学生网络学习的条件；和家长电话沟通，转达学院和系里对学生的关心。每天与同学微信沟通并开展网络教学辅导，解决学生学习、生活和思想情绪上的各种问题和困难，专业教师党员在系支部会中专题研判解决困难的具体方法。通过多方面对学生精准帮扶，鼓励学生克服重重困难，顺利开展所有课程的网络学习，学生学习积极性非常高。

## 七、基于专业思政的师资队伍建设

在专业师资队伍建设中，党支部建设和专业建设双轮驱动，发挥高校基层教师党支部是高校办好中国特色社会主义大学的战斗堡垒和重要支撑作用。物流系党支部组织全体专业教师围绕北京"四个中心"建设，结合国家物流业发展规划，将思想政治工作融入课堂教学和产学研的教育中，将国家发展、产业需要与人才培养相结合。

### （一）坚定师德信念与树立育人目标的融合

结合"不忘初心、牢记使命"活动，将师德师风教育作为专业思政建设的驱动力量。组织全体党员重温党章，组织全体专业教师在学习习近平总书记提出的对做一名好老师要"有理想信念、有道德情操、有扎实学识、有仁爱之心"的4点要求，树立教书育人、服务学生、传授知识、奉献爱心的工作理念。在学习习近平总书记在全国教育工作大会上的讲话和《高等学校教师职业道德规范》的基础上，组织党员和教师开展了"加强思政引领，开展人才培养，服务北京发展"的系列主题活动，把高校教师思想水平的提升作为开展思政教育的内部力量，真正做到"传道授业解惑"和"润物细无声"。

### （二）"初心与使命"学习和教育实践的融合

在开展将"课程思政"融入现代供应链产业人才培养的教育实践的工作中，组织教师通过学习习近平总书记在庆祝中华人民共和国成立70周年大会上的讲话和全国及北京高校思政会议的精神，融入专业人才能力培养体系和

"课程思政"实践。活动方式包括校内学习、社会实践和国内交流。通过理论学习、课题研究、会议交流、课堂教学、组织学生进行科研创新和企业实践等多种形式推进人才培养的教学改革与实践。

### （三）服务国家产业建设与能力导向的人才培养的融合

组织全体专业教师开展"基于OBE的课程思政建设"，在全部专业课程授课过程中加强爱国主义教育，宣传国家改革开放的新成果，增加学生民族自豪感和自信心。结合物流的产业发展，以国家需求为人才培养方向，激励学生学有所长、树立科技兴国的学习目标。在专业人才培养方案中，将学生政治思想水平提升列为专业人才培养核心能力指标，将思想政治教育有机融入专业课程教学中。

### （四）以学生为中心的"爱心教育"与专业教育的融合

"爱心教育"是进行思政工作，从而形成专业课程内外与亲切感融合的思政化路径。以学生为中心的教育思想将让学生对人生道路上的正确思想意识和经验教训"听得进""愿意听"，使高校教师在课堂内外有"爱心"。

推进以人才培养为核心的专业思政工作，将"爱心教育""科教融合"和"学以致用"的教育方法融入专业教育教学和立德树人的课程思政的教学改革中。

### （五）产学合作与双师型教师队伍建设的融合

通过双师型教师的培养，企业的优秀工程师与校内教师结成对子；通过工程实践、项目开发等产学研合作途径，提升教师的工程实践能力，吸引企业优秀工程师全程参与实践教学，打造专兼职的双师型教师队伍。持续选派青年教师到国内外高水平大学和物流产业企业进修学习，聘请物流行业高级技术人员走进课堂开展讲学，构建产学结合的教学团队。

### （六）疫情防控中应急保障与物流人才培养的融合

通过"军队承担武汉生活物资配送供应任务"新闻，组织全体党员和教师结合专业建设开展"应急物流系统能力与人才培养"的专业研讨。通过党中央、中央军委命令驻鄂部队组建抗击疫情运力支援队，承担武汉市民生活物资配送供应任务，服务武汉的物资调运、各大型超市的供应配送和保障武汉市民生活的典型事例，组织专业教师结合专业思政，从典型事例中挖掘中国社会主义体制的优越性和物流产业在国家经济建设中的重要地位。

## 八、专业思政建设过程的质量保障

在专业思政的质量保障的建设工作中，组织专业教师通过理论学习，明确专业思政的主要实现方法，确立思政教育主要教学指标。在教学中逐步建立以学习效果为导向的教学过程管理，探索并完善符合人才培养质量管理模式的全过程学生思政和能力培养质量管理。

### （一）明确专业思政建设的主要目标

坚定师德信念、树立育人目标；结合国家产业发展，挖掘人才培养的核心要素；将"初心与使命"和教书育人的教育实践相融合。专业开展了"思政引领，人才培养，服务北京"的主题活动，开展了基于OBE的专业思政建设，将学生政治思想水平提升融入专业人才培养核心能力指标。

### （二）专业思政建设的主要保障方式

将"课程思政"融入现代供应链的产业人才培养的教育实践。基于知识—能力结构的工程理论，在专业课程中建立"政治素养能力、专业应用能力、科研创新能力、服务社会能力"多维度的综合评价指标。

结合物流类专业特点，依托产业开展实践。依托产业构建"课堂教学为主导＋实践教育为补充＋本科专业导师为引导"的人才培养架构。在实践中注重强化学生工程伦理教育，激发学生科技报国的家国情怀和使命担当。

### （三）逐步建立效果导向的教学过程管理

基于专业课程思政的教学实践，以学习效果为导向，结合国家物流建设技术认知和学生运用所学知识的技能应用、解决实际问题的能力为目标，展开课程教学过程管理。思想品质评价中把学生结合国家产业的符合度、服务企业实践中的吃苦耐劳程度和企业评价、在科研和竞赛中的合作和引领能力、理论学习与实践创新能力、综合实践中的担当和服务表现等指标作为重要的评价依据。创新能力的评价指标包括：物流信息技术相关论文、专利/软件著作权、学生科研立项与物流大赛获奖情况。

## 九、专业思政研究的推广与深化

北京联合大学物流工程专业结合《思政建设与供应链人才培养》的研究和实践，在中国物流学会、中国物流与采购联合会主办的第十八届中国物流学术年会中与全国物流类高校和企业进行经验交流。在全国高校供应链专业人才培养研讨会上做了题为《基于专业思政的供应链信息化人才培养》的交流报告。

联大战"疫"党建榜样群（二十九期）介绍了城市轨道交通与物流学院物流系党支部在疫情防控中的战斗堡垒、教书育人先锋模范事迹。物流工程专业教师的专业思政和课程思政方面的教书育人工作建设经验在联大党建、学校新闻网、教师发展中心、联大教务、学院网站上被多次报道。物流系党支部被评为北京联合大学2019—2020年度课程思政建设先进党组织。

今后将围绕国家现代供应链产业的建设需要，细化物流工程人才培养体系指标。结合专业实践，以工匠精神提升学生的学习使命感和科技报国的敬业精神。专业课程教学中继续深度挖掘提炼专业知识体系中所蕴含的思想价值和精神内涵，科学合理设计专业思政体系。结合专业人才培养全域过程，建立学生成长反馈和教育教学持续改进机制。

## 参考文献

[1] 冯刚，郑永廷. 思想政治教育学科30年发展研究报告[M]. 北京：光明日报出版社，2014：357.

[2] 丁晓东. 专业思政：大学生思想政治教育的重要一环[J]. 学校党建与思想教育，2020（633）：26-27.

[3] 谢晗进，李鑫，江雯. 新时代高校教师的专业课程思政化评价研究[J]. 教育教学论坛，2019（23）：51-52.

作者简介：李平（1964—　　），男，副教授，北京联合大学现代物流研究所所长，北京联合大学物流工程专业负责人，城市轨道交通与物流学院物流系主任。研究方向：物流工程、物流管理信息系统。

# 物流信息技术课程
# 思政建设研究与实践

（北京联合大学　城市轨道交通与物流学院　胡立栓）

**【摘要】** 新世纪对高校教育提出了新的要求，培养社会主义建设者和接班人是教育的根本任务，立德树人的成效成为检验学校一切工作的根本标准，课堂教学成为高校思想政治教育的主渠道。北京联合大学是研究和推进课程思政最早的高校之一，在实践中丰富了课程思政的理论，并取得了一系列显著成果。"课程门门有思政"已成为北京联合大学的共识和标准。本文从课程思政的必要性出发，探讨了物流信息技术的课程特点，研究了专业课程中思政元素的挖掘思路和融入机制，为非思政课程在教学中融入思政元素总结了经验，丰富了物流信息技术教学资源，激发了同学们的学习兴趣，提高了学习效率。

**【关键词】** 课程思政；物流信息技术；思政元素；挖掘融入

## 一、课程简介

课程名称：物流信息技术

课程类别：专业必修课程

学时学分：48学时3学分

适用专业：物流工程

内容简介：物流信息技术是现代物流运作和发展的平台和基础，对现代物流业的发展有着巨大的推动作用。课程内容主要包括物流信息分类编码技术、物流条码技术、无线射频识别（RFID）技术、物流信息交换技术、物流空间信息技术等。物流信息技术是用现代信息技术来改造传统的物流信息子系统，以实现物流系统的信息化、自动化，从而提高物流服务的效率，降低物流成本，这是现代物流企业经营的必然选择。

通过本课程的学习，学生能够理解现代物流信息技术的基本概念、各项技术现状与发展趋势，熟悉物流信息分类编码技术、物流条码技术、无线射频识别（RFID）技术、物流信息交换技术和物流空间信息技术等的相关标准与数据采集流程，重点掌握物流条码技术、RFID技术的原理及应用；能够进行关键物流信息技术编码与设计、信息技术设备操作使用，具备运用所学知识初步认识问题、分析问题和解决物流信息系统中信息采集层相关问题的能力。学生能够将所学物流信息化技术融会贯通、联系实际，初步具备利用信息技术获取信息的能力；能够参与协作学习，具有团队合作意识，认识到物流信息技术对现代物流的关键作用，增强集体主义精神、学习热情和工匠精神。通过本课程的学习，使学生树立利用信息技术实现提升物流运作效率、降低物流成本的核心思想；加强专业知识与职业道德培养，树立服务理念，在了解我国物流信息技术最新发展成果的基础上，增强民族自豪感、自信心和爱国热情。学生能够利用BB网络学堂线上学习资源，养成在工程实践中学习的习惯，提升自主学习能力、创新创业能力。

## 二、课程思政目标设计

物流信息技术课程理论和实践结合紧密，知识点密集、难度大，对前期学习基础要求较高，学生学习起来有一定难度，心中不免会产生压力。正因为这样，教师应将课程思政教育贯穿整个教学过程，帮助学生丢弃"厌学""压力大""焦虑不安"等学习上的思想包袱，使其尽快适应新的课程，还可以在学习过程中使其真正敞开心扉，愿与教师交流，与同学互助互学，克服困难完成学习内容，达到专业知识学习和思想政治教育的完美结合。

课程思政具体的实施手段就是深入挖掘课程的"思政元素"，与时俱进，不断更新，将物流专业知识教育同价值观教育结合，寻找物流专业学科知识体系与德育知识体系的"通点"，以达到"润物细无声"德育效果。如表1所示，思政元素设计的范畴包括：做人做事的基本道理、社会主义核心价值观和实现民族复兴的理想与责任。物流信息技术课程的学习不仅要提高学生的物流专业知识技术水平，而且要培养学生的思想道德素养。

表1 思政元素与思政目标设计

| 序号 | 思政类型 | 思政元素 | 思政目标 |
|---|---|---|---|
| 1 | 做人做事的基本道理 | 有理想、有道德、有文化、有纪律，富有创新创业精神、社会责任感 | 培养学生正确的人生观、价值观 |
| 2 | 社会主义核心价值观 | 国家层面：富强、民主、文明、和谐 | 培养学生的民族自豪感、自信心 |
| | | 社会层面：自由、平等、公正、法治 | 培养学生的爱心、集体荣誉感和奉献意识 |
| | | 个人层面：爱国、敬业、诚信、友善 | 培养学生的爱国情怀、职业素养、处事原则 |
| 3 | 实现民族复兴的理想和责任 | 新时代中国特色社会主义思想 | 培养学生树立远大的理想信念，弘扬中国精神，实现中国梦 |

## 三、课程思政教学内容设计

在思政元素的挖掘中，按照教学大纲，梳理知识点，精心设计，有机融入课程，从导入、讲授、小结、作业各环节找准切入点，力求入脑入心。通过分析物流信息技术课程的特点，展开"思政元素"的挖掘和融入研究。表2列出了本课程教学章节中蕴含的思政元素及其对应的教学内容设计。

表2 本课程的思政元素挖掘与教学内容设计

| 章节 | 专业知识 | 思政元素 | 教学内容设计 |
|---|---|---|---|
| 第1章 | 概述 | 爱国主义、富强、民主、文明、和谐 | 爱国主义是社会主义核心价值观的基石。中国是全球最大的物流市场。铁路货物发送量、周转量、公路货运量、港口集装箱吞吐量、快递量均居世界第一，民航货运量居世界第二。"一带一路"20国青年评选的中国的"新四大发明"——高铁、支付宝、共享单车和网购，凸显中国的大国风采和国际影响力 |

续表

| 章节 | 专业知识 | 思政元素 | 教学内容设计 |
|---|---|---|---|
| 第2章 | 商品信息分类编码、条码技术 | 公正、法治、诚信 | 中国物品编码中心，GS1——全球通用的商务语言。通过商品编码追溯产品信息，引出食品安全问题；通过ISBN、ISSN编码区分图书和期刊的真伪，打击盗版，维护知识产权，防范利用出版物进行欺诈、提供虚假信息 |
| 第3章 | 二维码技术 | 创新创业精神、社会责任感 | 中国互联网界的人士注册了"二维码扫一扫"的专利。中国二维码之父王越开创了移动二维支付码时代。全球二维码用户90%在中国，中国的二维码支付达到万亿规模 |
| 第4章 | RFID射频技术 | 民族自豪感、爱国情怀 | EPC和RFID开启了万物互联的时代；列举为中国射频领域做出突出贡献的科学家和中国射频领域的伟大成就；RFID追踪溯源与食品安全的密切关系 |
| 第5章 | EDI数据交换 | 自由、平等、公正、法治 | EDI在各种领域的实际应用，EDI使用中的风险和防范。当今世界是一个开放互动的世界，构建人类命运共同体是一个非常重要的思想 |
| 第6章 | GPS/GIS技术 | 民族自豪感、自信心 | 1996年台海危机、海湾战争；北斗卫星导航系统是中国自主建立、独立运行的国家重要空间基础设施。必须坚持自主创新，掌握核心技术，只有大国重器掌握在自己手里，才能真正发展。百度地图、高德地图、腾讯地图是中国三大地图平台 |
| 第7章 | 通信技术 | 创新创业精神、社会责任感、工匠精神 | 全法国的4G基站没有深圳移动一家多，整个澳大利亚的通信市场不如一个广州，新西兰的市场甚至比不过湖南益阳。从国际技术标准、技术专利、工程能力这三个指标来看，中国的5G技术全球领先。以5G为基础的万物互联被一些专家称作第三次现代化革命。企业的敬业、精益、专注、创新的"工匠精神" |

　　在实践教学环节中，设计了基于条码、射频、EPC和GIS等的一系列物流信息技术相关的教学案例。通过案例教学，让学生掌握将高新技术应用到物流业务中的技能，提高学生的学习兴趣和创新意识，并有机融入爱国主义、集体主义和个人理想等思政元素，帮助学生巩固正确的人生观、价值观。案例教学还可以缓解学生学习上的思想包袱，使其真正敞开心扉，愿与教师交流，从而达到专业知识学习和思政教育的完美结合，实现立德树人的教学目标，本课程所设计的教学案例及其立德树人功能如表3所示。

**表3 课程案例的立德树人的功能**

| 序号 | 所研发的案例 | 物流信息技术 | 立德树人效果 |
|---|---|---|---|
| 1 | 基于条码的仓储管理系统 | 信息编码技术，条码技术、条码扫描、数据采集、JSP、数据库 | 利用高新科技实现物流业务智能化，培养掌握先进技术的紧迫感和使命感，增强民族自豪感、自信心和爱国主义情怀。亲自编制条码、二维码、精心验算、不断尝试，培养遇到困难坚忍不拔、遇到挫折锲而不舍、自强不息的坚强意志。培养敬业、精益、专注、创新的工匠精神，创新创业的意识，顾全大局、团队合作的集体主义精神 |
| 2 | 基于条码的商场销售系统 | | |
| 3 | 基于条码的商品追踪溯源系统 | | |
| 4 | 基于RFID的仓储管理系统 | EPC编码、RFID技术、射频读写、QT、出入库流程、销售流程、追踪溯源、食品安全、数据库 | |
| 5 | 基于RFID的商品销售系统 | | |
| 6 | 基于RFID的商品追踪溯源系统 | | |
| 7 | 基于GIS的物流跟踪系统 | 信息编码、地图API、跟踪溯源、智能算法、路径规划算法、JSP、数据库 | |
| 8 | 基于GIS的路径规划系统 | | |

## 四、课程思政教学策略设计

课程思政不是教师简单地教给学生大道理，不能为了思政而思政，而是要对学生起到"催化"的作用；不是要求每节课都要思政，而是要将思政教育设计成一个连续的系统工程，达到"润物细无声"的效果，逐渐融入学生的日常行为和专业学习行为中。

### （一）融入爱国主义元素

爱国主义是社会主义核心价值观的基石，也是中华民族团结一心的精神纽带和自强不息的精神动力。中国已经成为有全球影响力的物流大国和全球最大的物流市场，高铁、支付宝、共享单车和网购被誉为中国的"新四大发明"。但是，我国的物流信息技术无论历史还是性能都与世界先进水平有一定的差距，条码的专利、射频的标准等技术的话语权还掌握在别人手里。通过案例教学，对条码、射频的技术进行解析，增强学生掌握先进技术的紧迫感和自信心，树立创新意识和自强不息的精神。通过研发基于国产GPS/GIS的应用案例，讲解必须坚持自主创新，掌握核心技术的重要性，理解只有大国重器掌握在自己手里，才能实现真正的内涵式发展。

## （二）融入集体主义元素

中国是一个高度重视集体主义的国家，国家利益高于集体利益，集体利益高于个人利益。电影《我和我的祖国》中，研究核武器的工程师被征召到戈壁沙漠工作，一去就是几十年，家里老婆孩子父母都不知道他去了哪里；2020年抗击新冠肺炎疫情期间的医护工作者、警察和社区工作者、青年志愿者乃至农村中的基层工作者，他们的青春都在奉献和牺牲中闪光；像这样的个人牺牲，在欧美资本主义国家是不可想象的。重视集体主义的企业内部成员之间目标一致，企业成员的价值及行为取向与企业整体价值保持一致，大家会齐心协力，从而使企业产生较高的投资回报率。企业的成功无一不是个人责任感、集体荣誉感和奉献精神的有机结合。相反，在个人主义文化盛行的国家中，其公司的崩溃风险就比较高。每一个大学生都是班集体这个大家庭中的一员，在教学内容的设计和课后作业的规范中，要求学生要有整体意识、团队合作精神，要激发青年学子在以后的学习和工作中，树立为集体和他人着想的无私理念。

## （三）融入工匠精神的思政元素

课堂教学中，要求每一位学生亲自动手编制EAN-13条码、二维码，精心设计验算，无畏挫折、不断尝试，向学生传递遇到困难坚韧不拔、锲而不舍的态度。并以此教导学生都要有敬业、精益、专注、创新的"工匠精神"，要成为不畏挫折或困难、敢于创新、勇于实践的应用技能型人才。儒家思想中的"敬业重道"，宋代大学者程颐所说的"人无忠信，不可立于世"等重要思想，讲出了为人处世的基本道理。物流业的产品是服务，不可能在封闭式场所进行，爱岗敬业、忠于职守，在物流业界尤为重要。

## （四）融入人生理想元素

追求远大理想和崇高信念是大学生健康成长的前进动力。在课堂教学中引入科研项目研发中不畏艰险的心路历程，师生共情，帮助他们树立迎难而上的人生观、自强不息的进取精神和爱国主义精神，这是优秀文化凝聚的精神财富。荀子曾说："锲而不舍，金石可镂。"正确理解文化自信，增强学生的民族自豪感，培养学生不懈奋斗的进取精神。

## 五、课程思政目标考核设计

对课程思政的目标进行考核可以促进教师将立德树人落到实处，防止课程思政教学形式化、空洞化，提升专业教师的马克思主义理论素养，增强专业教师对社会主义核心价值观的理解和认同。课程思政的考核具有鲜明的特征。首先要政治正确，旗帜鲜明地反对和抵制错误思潮，杜绝一切削弱、歪曲、否定党的领导和我国社会主义制度的言行。其次是教育者先受教育，教育者先受教育是课程思政实施的保证，教育者自身政治素养高度完善、师德师风全面提升，才能对学生产生真正说服力。再次是课程思政要与专业知识学习紧密结合，不能出现"两张皮"现象。课程思政要起到育人效果，就要避免生搬硬套、东拉西扯，否则会弄巧成拙、适得其反。最后是考核遵循"重在过程"的原则。这是因为教师已经在思想政治教育方面做了努力，但这些努力可能被课堂之外的其他消极因素所抵消，导致学生并未出现积极变化。出现这种状况，不应该归咎于这门课的教师。所以，课程思政的考核需要特别注重过程，注重教师在课程思政方面的目标是否明确具体、在教学中做了什么和怎么做的。

北京联合大学原党委书记韩宪洲在报告中指出，如果出台课程思政具体的考核标准，课程思政也就失去其原有的意义和价值了。课程思政的思想政治教育元素是隐性的，是通过其所蕴含的思想道德追求、科学精神、爱国情怀、优秀传统文化、人格培养等内容，对大学生发挥思想价值引领作用，在贴近学生专业、提供鲜活案例、促进思想政治教育渗透性等方面发挥独特优势。对于课程思政的成效，可以从侧面进行考核。比如：课程思政元素的充分性、时效性；对错误观点和思潮坚决抵制的明确态度；思政与专业的有机结合；学生的课堂出勤率、抬头率；实践环节中学生的创新创业意识、精益求精的敬业精神、刻苦学习的态度；在重大活动中表现出来的爱国情怀、集体主义精神等。

## 六、教学效果及成果

### （一）建设思政元素库

收集物流信息技术课程的思政元素，通过Word、TXT、PDF、PPT等多种格式整理所收集的思政元素。收集上百个物流业务演示视频，涵盖了无人仓、智能物流、高效仓储、航空物流、海运物流、配送中心等领域。这些在中国大地上，由中国人掌握的高新科技应用，提升了同学们的民族自豪感、自信心，激发了大家的学习兴趣和爱国热情。建设融入思政元素的教学大纲、教案、课件等教学资源；研发基于物流信息技术的物流业务案例，通过案例教学达到立德树人的效果。

### （二）进行校内外分享

2020年5月22日，课题组到北京长风物流学院进行课程思政建设交流。2020年6月12日，学院召开专业思政、课程思政在线分享会，全院领导和教师30多人参会。项目负责人在会上做了研究与改革的措施成效的分享和交流。

### （三）进行报道和推广

2020年5月9日，在新媒体进行课程思政的研究报道，今日头条、第一物流网、掌链网等新媒体进行转载报道。2020年，在中共中央党校（国家行政学院）主管的刊物上发表论文《物流信息技术课程思政元素的挖掘与融入》，发表在第1期。2020年6月8日，在新媒体发表研究论文《工科课程中案例教学的立德树人功能》，今日头条、第一物流网、掌链网等新媒体进行转载报道。

### （四）教学中产生的效果

2019—2020学年第一学期，刘景云老师为2017级同学讲解物流信息技术课程时，融入了丰富的思政元素，教学效果良好，不仅使学生充分认识到了本门课程的重要性和实用性，也激起了学生为首都建设发光发热的爱国情怀。2019—2020年上学期，胡立栓、亓呈明老师为2016级同学讲授物流信息系统综合设计课程时，利用条码技术完成了出入库的系统设计与研发，学生学习兴趣高、效率高，创新能力得到提升。

### （五）对学生竞赛的影响

在启明星、物流大赛的组织中，学生积极性高涨，比往年更具热情，参与人数大大增加。项目组的曹老师、胡老师、亓老师、程老师和刘老师等指导学生参与了启明星设计大赛和物流设计大赛，学生以第一作者身份发表了5篇论文，申请了1项软件专著。通过参与各类竞赛活动，不仅提升了学生的动手能力，也为其日后走入社会、走上工作岗位做了充分准备。

# 七、教学反思与持续改进

课程思政使传统教学方式和意义发生了一些改变，让教师成为学生成长成才的引路人。通过课程思政教学改革与实践，学生们从课堂上汲取到更多隐性的能量，不仅提升了学生的创新思维与创新意识，提高了学生的学习积极性、学习兴趣，而且为课程教学开拓了课程外的知识领域，培养了学生的专业道德感、职业观等。

课程结束后，每个学生的思想、品德、行为等是否出现了积极的变化，多大程度上达到了课程预设的思想政治教育目标，目前还无法进行明确的量化评价。学生的"想"和"做"常常会存在距离，知行不一也是常有的事，因此通过谈话、问卷和调查一类的评价方式，不能准确地掌握学生的思想动态，需要在学生评价的创新上下功夫。笔者建议可以考虑学生自评与同学、教师评价相结合的方式，通过整体性评价、过程性评价和功能性评价等进行综合评价。

课程思政经过长期持续开展，目前已积累了大量的思政资源。实现思政资源的共享将极大改进后续课程思政建设的速度与效率。首先实现专业内思政资源的共享和学院内思政资源共享；其次逐步推进校内思政资源的共享和高校间思政资源的共享。在新的时期，专业思政接棒课程思政进行了积极稳妥地开展，实现专业思政与课程思政的协调统一，可以促进课程思政向更高、更精准的层次发展。

## 参考文献

[1] 习近平在全国高校思想政治工作会议上强调：把思想政治工作贯穿教育教学全过程　开创我国高等教育事业发展新局面[N]．北京：人民日报，2016-12-09（1）．

[2] 关于推进课程思政建设的实施意见[R]．北京联合大学，2017-2018．

[3] 赵鸣歧．高校专业类课程推进课程思政建设的基本原则、任务与标准[J]．

思想政治课研究，2018，233（5）：90-94.

[4] 黄琼丹，卢光跃，陈怡君. 理工科"课程思政"教学方法研究 [J]. 教书育人：高教论坛，2019（9）：101-103.

[5] 赵欣. 课程思政"课程"考核方案设计研究 [J]. 花炮科技与市场，2019（2）：101.

作者简介：胡立栓（1974—　　），男，讲师，博士研究生。研究方向：物流信息技术。

# 物流系统规划与设计课程
# 思政建设研究与实践

（北京联合大学　城市轨道交通与物流学院　赵丽华）

**【摘要】** 物流系统规划与设计课程的思政研究和实践主要从分析德育目标入手。基于德育目标，分解教学内容，嵌入思政元素。在教学过程中，要使学生对物流系统规划与设计有一个全面、深入的认识，并能运用物流系统规划与设计的原理和方法，掌握物流中心选址模型、物流中心内部区域规划和设计，为企业效率化物流系统的构筑提供可行的物流营运、物流作业、物流设施解决方案，提高企业的物流效率，实现企业物流合理化。除此之外，通过课程的学习，使学生能站在全球化的角度，充分认识现代物流与物流系统规划的巨大作用，认识到我国在物流系统规划发展中取得的重大成绩和做出的重要贡献，在"一带一路"倡议框架下我国物流业的发展，激发学生的爱国热情和学习积极性，使学生具有相应的职业素养。通过此次课程思政研究与实践项目，探讨了本课程与思政元素的关系，以及如何在教学全过程中做到全方位思政，特别是如何发挥课堂教学在育人中的主渠道作用；如何让"00后"在课程学习中，不仅收获课程的相关知识，也"润物细无声"地提升他们的价值取向与思想觉悟，把他们培养成祖国需要的接班人，使得专业课程与思想教育同向同行，形成协同效应。

**【关键词】** 物流系统规划与设计；课程思政；同向同行

## 一、课程简介

课程名称：物流系统规划与设计
课程类别：专业必修课程

学时学分：48学时3学分

适用专业：物流工程

内容简介：物流系统规划与设计是物流工程专业必修课程。随着物流实践的不断深入，物流系统在各个领域的作用越来越突出。本课程以现代物流分析技术和规划方法为基础，是对物流营运系统进行资源整合和优化布局的一门应用性学科，是物流工程专业主干课程之一。通过本课程的学习，使学生对物流系统的规划与设计有一个全面、深入的认识，并能运用物流系统规划与设计的原理和方法，掌握物流中心选址模型、物流中心内部区域规划和设计，为企业效率化物流系统的构筑提供可行的物流营运、物流作业、物流设施解决方案，提高企业的物流效率，实现企业物流合理化；使学生能站在全球化的角度，充分认识现代物流与物流系统规划的巨大作用，认识到我国在物流系统规划发展中取得的重大成绩和做出的重要贡献，在"一带一路"倡议框架下我国物流业的发展，激发学生的爱国热情和学习积极性，使学生具备应有的职业素养。

## 二、课程思政目标设计

物流系统规划与设计是物流工程专业的一门专业必修课程。根据课程内容与定位设计课程思政目标，如下。

（1）在课程学习中引导学生成为担当民族复兴大任的时代新人。

（2）通过课堂育人，使学生能够建立起社会主义核心价值观，成为社会主义事业的建设者与接班人。

（3）通过介绍我国先进的技术与发展，把学生培养成德智体美劳全面发展的优秀人才，牢固树立道路自信、理论自信、制度自信、文化自信。

（4）激励学生热爱专业、热爱学校，激发学生的学习兴趣与求知的欲望，培养学生的协作精神与克服困难的品质，在学业上精益求精。

## 三、课程思政教学内容设计

习近平总书记提出，好的思想政治工作应该像盐，但不能光吃盐，最好的方式是将盐溶解在各种食物中自然而然吸收。根据思政元素应包含"色、香、味"的三个方面，我们对案例进行挖掘。思政工作从根本上说是做人的工作，因此，我们用改革创新的方式将思想政治工作中的"盐"调好拌匀，为青年学生的成长提供充足而均衡的营养。在讲授物流系统规划与设计课程时，从思政素材库中选取相关思政素材，表 1 为课程思政素材与德育培养目标对应关系。

**表1　课程思政素材与德育培养目标对应关系**

| 序号 | 章节内容 | 思政体现 | 融合手段 |
|---|---|---|---|
| 开学第一课 | 本门课程的学习目标 | 大局观 | 引入经典文化。子曰："君子周而不比，小人比而不周。"就是指"君子"立世会顾全大局。《左传》"临患不忘国"、《汉书》"国而忘家，公而忘私"，都是一种个人起码的大局观 |
| 第一单元 | 概论 | 爱国主义、富强、民主、文明、和谐 | 我国物流战略发展的介绍，从我国城市的物流系统规划到省际的物流系统规划再到国家的物流系统规划战略 |
| 第二单元 | 物流节点选址 | 爱国主义、富强、民主、文明、和谐 | 案例融合：超市发配送中心选址 |
| 第三单元 | 设施布局概述 | 民族自豪感、爱国情怀、民族自信心 | 案例融合：未来物流中心的样子——京东无人仓，介绍无人仓的布局思路、先进技术、先进管理理念，让学生了解到我国物流行业很多方面都走在了世界的前列 |
| | 设施布局——SLP | 职业素养、职业责任感、创新精神、严谨与不屈不挠的科研态度 | 案例融合：针对手工作业占主导的朝批仓库，在课堂上带领学生分析朝批的工作流程，启发学生进行仓库的布局与优化。既让学生了解我们仍然有很多企业在管理、技术等方面处于比较落后的状态，又激发学生树立远大理想、利用自己所学的知识改变这种局面 |
| | 设施布局——EIQ分析 | 使命感、责任感、创新精神 | 案例融合：基于前期从学校超市收集的EIQ数据，在课堂上针对数据进行 EIQ 分析、给学生讲授如何优化超市内部布局 |
| 第四单元 | 配送系统规划 | 道路自信、制度自信、文化自信 | 案例融合：为北京家乐福10家连锁超市应用节约里程法进行配送路径的规划。同时给学生扩展了家乐福在中国由兴盛到衰落的过程的知识 |

基于"色""香""味"的理念，在教学过程中开展丰富的教学活动。在这些教学活动中嵌入德育培养目标，从视觉、嗅觉、味觉上吸引学生。我们将教学活动进行了分类，并且在教学过程中综合运用了这些教学活动类型。下

面从"色""香""味"的维度分析课程中所采用的教学活动与德育培养目标关系，见表2、表3、表4。

**表2　教学活动"色"与德育培养目标关系**

| 教学活动 | 思政元素体现 | 教学活动的具体要求 | 结合教学内容所布置的活动 |
|---|---|---|---|
| 小组作业及课堂分享 | 自由、平等、公正、诚信、友善、社会责任感、创新精神 | 按照所学的内容，布置小组作业并让每个小组进行课堂分享。遇到困难、问题时，除了要求学生对知识进一步加深理解外，还要求学生提高心理承受能力，解决理论和实践脱节的问题。鼓励学生们百花齐放，设计方案都有自己的独到之处，课堂分享时每个同学都要各抒己见。强调小组成员必须相互磨合、互相帮助、协同作战。当面对自己的负面情绪与负面环境时，要求他们不沉迷于埋怨，而是要正面接受、理解，并通过积极的思考使自己进步，使团队获得成功 | 1）运用层次分析法以小组形式针对我国三大快递巨头（圆通、顺丰、中通）进行评价方案的制订并讨论；2）新发地休市，华联超市进货受到了影响。现想建立若干临时配送点为这些华联超市配送商品，根据自己选择的选址模型构造相应模拟数据，并进行选址，选择两种选址模型进行选址。距离可采用百度测距 |
| 视频展示 | 爱国、社会责任感 | 通过网络及其他渠道寻找符合教学内容的相关视频，主要体现我们国家的科技成果、发展成就。视频生动形象，时长不易过长 | 1）大兴机场布局图片视频；2）京东无人仓图片视频；3）往届学生毕业作品视频展示 |
| 讨论课 | 社会责任感 | 针对学生身边的案例，引导学生进行思考，鼓励大家各抒己见，发表自己的观点，完成相应的教学内容 | 1）朝批仓库优化布局；2）学校附近超市内部布局优化 |
| 讲授 | 富强、文明、爱国、社会责任感 | 穿插有思政元素的补充内容，这些补充内容需与授课内容相辅相成，能够加深对所讲授内容的理解 | 1）我国城市物流发展战略、我国省际物流发展战略、我国国际物流发展战略；2）我国立体仓库发展情况 |
| 实验 | 爱国、社会责任感 | 实验内容的选择既要满足实验教学要求，又要在实验过程中能够给学生带来一定的思考 | 为北京家乐福10家连锁超市应用节约里程法规划配送路径。同时给学生扩展了家乐福在中国由兴盛到衰落的过程的知识 |

**表3　教学活动"香"与德育目标的关系**

| 教学素材 | 我们国家的优势 | 我们的不足 | 给我们的启示 | 思政元素体现 |
|---|---|---|---|---|
| 为北京家乐福10家连锁超市应用节约里程法规划配送路径。同时给学生扩展了家乐福在中国由兴盛到衰落的过程 | 1）为什么法国家乐福在中国建立了那么多超市？2）为什么这几年家乐福在中国开始没落？ | 在家乐福兴衰的过程中，我们有哪些需要改进的地方？ | 家乐福在中国由兴到衰给我们青年人的启示是什么？ | 爱国、社会责任感、富强 |
| 朝批仓库的优化布局 | 朝批仓库的管理与布局有哪些值得肯定的地方？ | 朝批仓库在哪些方面需要改进？ | 经过暑期在朝批的实习以及这次针对朝批仓库的优化布局，你有哪些启示？ | 爱国、社会责任感、富强、职业素养 |

**表4　"00后"网络用语及应用**

| 词汇 | 解释 | 应用场景 |
|---|---|---|
| 皮 | 皮是调皮的意思，源于方言 | 有的同学在讨论课上或者回答问题时故意恶作剧时，会对他们说：皮这么一下你快乐吗？皮这一下非常开心？ |
| 杠精 | 指抬杠成瘾的一类群体。不管别人说的是什么，他都先反驳了再说，先挑刺了再说，为了反对而反对 | 讨论课总结时会告诉学生要擅于倾听对方的观点，有很多东西不是非A即B的，我们不能走极端。如果什么事情都走极端，就会成为杠精，会很无趣 |
| 安排 | 此词原本意思是制订一个计划，而网络语表达的是处理、教训、惩治 | 目前没有应用 |
| Free style | 一般指即兴的、随性的、随意的发挥 | 对有的同学的发言的评价 |
| 肥宅快乐水 | 饮料可乐 | 在分析校园附近超市商品内部布局时，提到了肥宅快乐水！ |
| 在XX的边缘试探 | 作为网络语的该词最早的原型为"在违法的边缘疯狂试探"，后面衍生出了各种说法，成为一个固定的网络流行语体而存在 | 对于上课不听讲、不交作业的同学，告诉他们这门课程靠最后突击是不行的，要注重平时的积累与学习，不要在不及格的边缘疯狂试探 |

| 词汇 | 解释 | 应用场景 |
|---|---|---|
| 秀同学请坐下 | 常常作为微博热评的跟帖回复内容出现，通常的含义是赞美这个人的评论特别精彩，太秀了，太优秀了的意思 | 目前没有应用 |
| 修仙 | 熬夜 | 看到同学上课睡觉，告诉同学晚上不能修仙玩游戏 |

## 四、课程思政教学策略设计

### （一）梳理出思政元素素材应包含"色、香、味"三个方面

现在的大学生，大部分都是"00后"。新时代思政工作，必须针对"00后"的特质，因此我们提出思政元素素材的"色、香、味"三个方面，见表5。

表5　思政元素素材的"色""香""味"

| | 定义 | 如何体现思政（德育目标） | 应达到的作用 |
|---|---|---|---|
| "色" | 丰富多彩的教学活动（讨论课、大作业及课堂展示、视频展示、教学内容讲授、实验） | 将社会主义核心价值观、成为担当民族复兴大任的时代新人的信念、德智体美劳全面发展的理念嵌入活动 | 通过丰富多彩的教学活动，从"视觉"上吸引学生 |
| "香" | 教学中的思辨过程 | 提倡"真善美；辨识"假恶丑" | 在正反思辨的过程中从"嗅觉"上唤醒学生，促使学生们反思 |
| "味" | 教学过程中语言的运用 | 思政工作中的理论话语、政治话语同"00后"的网络话语、生活话语、时尚话语相"调和" | 促成"五味"融合，激活学生的味觉，使他们觉得讲授的内容有意思、有深度、有思考 |

思政元素素材的"色、香、味"三个方面相辅相成，协同发挥效应。首先，要精心设计当代大学生易于接受的活动载体，将德育目标内隐于丰富多彩的教育活动之中，为青年学生呈上一道道色彩斑斓的"饕餮盛宴"，吸引学生的"视觉"，使其体悟到"万紫千红总是春"的精彩，也就是思政元素的

"色"的方面。其次，在倡导"真善美"的同时，也要引导当代大学生理性辨识现实中的"假恶丑"，唤醒学生的"嗅觉"，做到"近其香而远其臭"，也就是思政元素"香"的方面。最后，要顺应信息技术的发展变化，将思政工作中的理论话语、政治话语同当代大学生的网络话语、生活话语、时尚话语相"调和"，促成"五味"融合，激活学生的"味觉"，使其"良久有回味，始觉甘如饴"，这也就是思政元素"味"的方面。

### （二）梳理教学内容，优化教学活动，开发、提炼思政教案

为了开发出好的思政元素内容，首先对大纲与教材进行重新研读，将教学内容按表6进行梳理。

**表6　教学内容梳理表**

| 标题 | 背景 | 问题 | 问题的解决 | 反思与讨论 |
|---|---|---|---|---|
| 以事件定标题、以主题定标题 | 间接背景、直接背景 | 问题是如何产生的？问题产生的原因有哪些？ | 问题解决的详尽过程；问题解决的初步效果 | 对问题解决进行利弊得失分析，提出尚存在的其他问题以及解决问题的初步打算、其他体会或启示等 |

查阅资料、与企业合作，挖掘与表6中教学内容相契合的可以嵌入思政元素的点，嵌入相应思政元素，并形成思政元素素材库。针对这些嵌入思政元素的教学内容进行评估，评估时主要围绕以下内容展开：是否具体、生动地描述事件的发生、解决过程；是否把事件置于特定的时空框架内；是否反映教师与学生的心理变化；是否体现的是最近3年内发生的事件；是否使学生有身临其境的感觉，并产生移情作用。

## 五、课程思政目标考核设计

### （一）学生方面

1.学习效果

首先从学生学习效果上进行评价。此次课程思政教改项目研究历时一年，项目成果具体实施的相关教学班级如下：轨道1601B；物流系统规划综合设计课程，2019—2020年第一学期第8周，学生人数37人，学生在实践过程中应

用到大量实际的思政元素素材。学生们学习的积极性非常高，教学效果显著，也激发出他们建设京津冀一体化的热情。轨道1701B：物流系统规划与设计课程，2019—2020年第二学期，学生人数30人，学生在课程学习中得到了大量丰富的思政元素素材。这学期正赶上疫情，所以增加了对我国三大快递企业进行评价的大作业，除了让学生加深对教学内容的理解，也希望他们能明白数百万物流人坚守在岗位上，众多物流企业投入到救援中，甚至义务提供应急物资运输的意义。专业的人做专业的事，通过这个案例使学生明白只有充分发挥物流专业优势，才能更好地为抗击疫情提供坚实应急保障。所以我们应优化应急物流体系，增强应急能力。

2. 竞赛成绩

从专业教师带学生参加竞赛角度进行评价。项目组孙静老师、程肖冰老师、赵丽华老师带领学生参加了供应链大赛、启明星项目。

3. 调查问卷

从学生问卷反馈角度进行评价。在大作业、大报告中让每一位同学写下自己在这个学期的三大收获。通过整理发现，很多同学都写道：感觉这门课程非常有用，在物流发展领域应用前景乐观；也有不少同学写到老师的教书育人让他们受益匪浅，懂得了很多做事做人的道理。

### （二）教师方面

此次课程思政教改项目研究也促进了教师的思想水平、业务水平的提升。为此我们制订了如下几个方面的考核目标：课程思政论文的发表；案例整理的数量；教学评价；与校内外教师交流课程思政方面的经验。

## 六、教学效果及成果

在课程思政实践过程中，我们建设开发了物流系统规划与设计课程的思政元素素材库，对现有的课程资源进行了整理，梳理出原有的思政元素素材并进行评估；通过网络渠道、与企业共同开发的方式搜集了大量优质思政元素素材，这些素材为Word、TXT、PDF、PPT、视频等多种形式。在教学过程中以案例、视频演示、课堂讨论、大作业、实验的形式进行了呈现，取得了非常好的教学效果。

撰写了2019版物流系统规划与设计课程大纲，在2019版大纲的编写中充分体现了课程思政的思想与理念，按照新的教学内容素材修改了教案，在教案的编写上着重探讨了思政元素与教学内容的有机结合；进一步完善课程PPT课件，从视觉、内容、教学手段等方面对课程PPT进行重新梳理。在校内、校外举行了多场课程思政分享会。在分享过程中，得到了同行的充分肯定与好评。利用新媒体对北京联大物流系统规划与设计课程思政教学改革探讨进行了报道。相关新闻报道在2020年5月9日的掌链网、今日头条、第一物流网等新媒体发表。

《课程思政教学改革探讨》于2020年6月1日在《中国应急管理科学》杂志发表。项目组孙静老师的教学案例，入选学校"云教学同向同行（七）"。

## 七、教学反思与持续改进

课程思政是指依托、借助于专业课、通识课而进行的思想政治教育实践活动，或者是将思想政治教育寓于、融入专业课、通识课的教育实践活动。"课程思政"是"大思政"理念、"隐性思想政治教育"理念的具体体现和呈现。在课程思政的研究与实践中，存在"一体化"、显性化、标签化和功利化等现实问题。要优化和提升课程思政，就要推动同向同行目标、提升教师育人意识、系统谋划建设方案、灵活施教润物无声、科学评价的完整体系建设。

课程思政是一个全方位的体系，而不仅仅是课堂的45分钟。今后准备在教学过程中，对于课前、课中、课后、考核环节进行全方位探索。

课前环节：在开课前的假期准备给学生开一些与本课程背景有关的人文类的书单，让学生了解与课程有关的一些社会现象、人文历史，提升学生的思考深度，让学生认识到学习这门课程最本质的意义是什么。同时，每次上课前给学生发一些与本课程有关的国内外发展现状，让学生客观认识到这个领域的状况，让学生认识到自己的责任，为祖国富强添砖加瓦。

课中环节：讲课不仅是口才好、形式漂亮、讲清楚就可以了，讲课有个根就是学问，除日常教学之外，还要把学问做好、把科研做好，只有这样才能把课上得更好。上课前认真备好每一堂课，设计好每一个案例，在案例设计上尽可能用我国企业的案例，同时也给学生讲解国外好的经验与好的设计方法理念，使学生在听课过程中既有自豪感又有使命感，使思政与专业学习做到无缝对接。在授课过程中，不仅要关注学生对专业知识的掌握情况，同时也要密切关注学生的思想动态，在与学生的交流中不断提高自己的教学水平。在课堂上，引入大背景，这个背景包括优秀的传统文化、火热的现实生活、知名人物及其事件、学校的历史沿革等。

课后环节：每周应给学生安排固定的答疑时间，答疑不仅是知识层面的，有时也是思想层面的。当有的学生在学习过程中遇到困难时，教师应就自己所讲授的课程，告诉学生自己是如何读书的，自己是如何进入这个领域的，自己曾经遇到过什么样的困难，是通过什么办法来解决的，对学生真正做到切实有帮助的引导，帮助学生树立正确的"三观"，在细节中体现出高校培养什么样的人、如何培养人。

考核环节：除了用考试的形式检验学生学习情况外，结课前应以微信的形式给每位学生写一段温馨的课程评语，使每位学生了解本学期自己留给老师的深刻印象，同时也为了帮助学生鼓起前行的动力。为了做到一份评语对应一个学生，真正的量体裁衣，平时就要在课堂上多关注学生，在课下倾听学生心声，分享他们的快乐。教师对学生的亲切关怀，会使学生对教师十分信任。在春风化雨中，把正确的"三观"、高尚的信念播撒在每位学生心中。

从教师角度来讲，"传道者自己首先要明道、信道"。将思政教学元素融入专业课，寓价值观引导于知识传授之中，使讲授课程与思想政治理论课同向同行，形成协同效应。这种"思政育人"对专业课教师提出了更高要求，工作艰巨性不能小视。今后应提高自己的科研能力、教学水平，多参加学校举办的课程思政的学习、讲座、培训，全方位提升自身的思政水平。

## 参考文献

[1] 韩宪洲. 深化"课程思政"建设需要着力把握的几个关键问题 [J]. 北京联合大学学报：人文社会科学版，2019，17（2）：1-6，15.

[2] 韩宪洲. 论课程思政建设中的几个基本问题：课程思政是什么、为什么、怎么干、怎么看 [J]. 北京教育：高教版，2020（5）：48-50.

[3] 黄琼丹，卢光跃，陈怡君. 理工科"课程思政"教学方法研究 [J]. 教书育人：高教论坛，2019（9）：101-103.

作者简介：赵丽华（1970—　），女，讲师，博士研究生。研究方向：物流系统规划、数据融合。

# 生活中的运筹学课程
# 思政建设研究与实践

（北京联合大学　城市轨道交通与物流学院　孙雪）

**【摘要】**新时期，课程思政建设对高校教师和课程教学提出了更高的要求。探讨通识教育如何有效地发挥思想政治教育的作用，对于深化课程思政建设有着重要意义。在联大"课程门门有思政、教师人人讲育人"的大环境中，本文针对新开通识教育选修课——生活中的运筹学课程思政教学进行了教学设计和课程研讨，深入体会到教育者先受教育的内涵。在日常课程教学中，教师要秉承"三全"教育的理念，将思政教育充分融入课程教学中，让学生在学习专业理论知识的同时，世界观、人生观和价值观也能得到充分合理的培养与塑造。

**【关键词】**通识教育选修；课程思政；运筹学

## 一、课程简介

课程名称：生活中的运筹学

课程类别：通识教育选修课程

学时学分：32学时2学分

适用专业：所有专业

内容简介：本课程结合生活中的实际问题，用运筹的方法来寻找这些问题的最优解决方案。通过用运筹的方法分析实际问题，利用通俗易懂的方式，让学生们能够深刻体会到运筹学的智慧，锻炼学生的逻辑思维能力，并能从运筹规划的角度来看待生活和学习。"运筹学"中文名称来源于"夫运筹帷幄之中，决胜于千里之外"的典故，是在实行管理的领域，运用数学方法，对需要进行管理的问题统筹规划、做出决策的一门应用科学。运筹学是研究解决实际问题时的系统优化思想，以及从提出问题、分析建模、求解到方案实施的一整套严密科学方法，其应用非常广泛，大到国家的经济建设，小到我们生活的点点滴滴，都会面临"合理"安排的问题，如何进行统筹和优化，都要用到"运筹学"的方法。运筹学在培养和提高人才素质方面起着重要作用。本课程修读对象为全校学生，课程力求在科普运筹知识和方法的同时保持趣味性和实用性，确保课程的通识性。

## 二、课程思政目标设计

课程目标从知识、应用、整合、情感、价值和学习这几个方面进行了设计。

在知识方面，学生能够深刻体会到运筹学的智慧，能够明白生活中所蕴含的道理；能够将运筹学的基础知识与实际生活问题相结合，理论联系实际，具备提出问题、分析问题和解决问题的能力；能够锻炼运筹学的思维，可以运用基本的工具解决实际运筹学问题。

在应用方面，学生能够应用运筹学各分支中的基础理论知识对实际生活中的问题进行建模和求解，能够运用相关的运筹学优化软件对生活中常见的相关模型进行求解，具备应用运筹学的思想来解决实际生活中问题的能力。

在整合方面，学生能够结合实际生活，整合应用运筹学的基本原理分析和求解生活中的实际问题，学生还要能够整合程序设计的思想，利用运筹学优化软件来求解运筹学模型问题的能力。

在情感方面，通过在授课过程中加强爱国主义教育，宣传我国在运筹领域发展的萌芽、历史和前沿，增强学生的民族自豪感和自信心；以建设城市型、应用型大学作为出发点，秉承"学以致用"的校训，致力培养应用型人才；通过结合运筹学在提升生活服务和降低生活成本等方面解决生活中实际问题的应用，可以提高学生学以致用的热情，使学生养成认真严谨的学术精神和通盘考虑的全局意识；通过小组研讨展示等活动，学生能够认识到团队相互学习和合作的重要性，能够交流研讨、密切合作，能够恰当地表达支持和感谢。

在价值方面，全面贯彻习近平总书记在全国高校思想政治工作会议上强调的"把思想政治工作贯穿于教育教学全过程"的讲话精神，将专业知识和其中蕴含的思政元素相结合。通过学习，增强学生的爱国荣誉感与民族自豪感，使学生具有正确的世界观、人生观和价值观；学生能够利用所学的运筹学知识解决实际问题，节约成本，创造价值；能够拥有基本的运筹思想，掌握最基本的运筹规划方法，能够从全局的角度看问题，有良好的科学素养，对待科学问题具有认真和严谨的态度；通过在教学过程中加强基本道德修养和职业道德素养的教育，学生能够理解并遵守职业道德和规范，履行责任。

在学习方面，学生能够利用线上学习资源进行课程学习，养成课前和课后利用各种线上线下资源学习的习惯和意识，增强自主学习的能力。

## 三、课程思政教学内容设计

在现代社会，运筹学发挥着越来越重要的作用。从宏观的运作管理和投资组合优化，到微观日常生活中遇到的各种各样的问题，都能够从运筹学的思想中得到启发，都可以运用运筹规划的方法得到解决。运筹学存在于现实生活中的方方面面，它的本质就是探讨如何才能获得最大的利益，这也是人们经常会思考的基本问题。本课程结合生活中的实际问题，用运筹的方法来寻找这些问题的最优解决方案。通过用运筹的方法分析实际问题，利用通俗易懂的方式，让学生们能够深刻体会到运筹学的智慧，锻炼学生的逻辑思维能力，并能从运筹规划的角度来看待生活和学习。

生活中的运筹学这门课程一共分为10个单元，分别从线性规划、整数规划、动态规划、多目标规划、图论、网络计划及博弈论这些运筹学的分支进行教学内容的设计，力求在科普运筹知识和方法的同时保持趣味性和实用性，确保课程的通识性。课程紧密结合课程思政的教学理念进行课程设计，围绕学校城市型、应用型人才培养的定位，针对实际案例，通过提出问题、分析问题和解决问题的思路，将课程思政有机地融入所教授的课程中，培养同学们树立正确的世界观、人生观和价值观，达到春风化雨、润物无声的效果。课程思政融入的设计如下。

结合生活中多方面的实际案例，将运筹学的基本建模方法和算法应用到实际问题的解决之中。通过讲解哲理故事和解释经典定理，掌握运筹方法来引导思维的决策和行动，让学生深刻理解运筹学作为一种科学的方法和工具，在服务、人口、资源分配、教育、医疗等社会生活的方方面面扮演着重要的角色，使学生对课程产生学习兴趣和动力。

在授课过程中加强爱国主义教育，宣传我国运筹学领域的代表成果，增加学生的民族自豪感和自信心。结合学生所学的专业，使学生感受到运筹学广泛的应用和运筹学在本专业学习中的重要地位。比如，在讲授运筹学绪论时，介绍运筹学在我国的萌芽时期和早期的运用。首先介绍"运筹"两个字来源于《史记·高祖本纪》中汉高祖刘邦对张良的夸赞："夫运筹帷幄之中，决胜于千里之外，吾不如子房。"通过讲述张良拾履的历史故事，教育学生心胸坦荡广博者能成大事。然后讲述几个运筹学相关的历史故事，如战国时期田忌赛马的分配策略，北宋时晋国公重建皇城的"一石三鸟"的巧妙设计，以及《孙子兵法》《齐民要术》等古代与运筹学相关的知名著作，让学生不仅能够领悟到运筹学的内涵，还能够加深对中国悠久文化历史的理解和认识，增强学生的爱国主义情感，培养学生民族自豪感。通过介绍运筹学在新中国的发展，让学生了解到目前我国运筹学的许多分支跟上了国际先进水平，培养学生的爱国主义精神，建立民族文化自信。之后引出了运筹学的概念和分支，结合前面的案例让学生对运筹学有深刻的认识。最后，通过新闻实事，结合生活，介绍一个火车货车车厢进行铁路运输的简单案例，通过对案例的建模和求解，总结运筹学的方法论。通过案例让学生增强节约成本、节能减排的意识。通过运筹学方法论的介绍可以培养学生对待科学严谨和认真的态度。

结合联大"城市型""应用型"大学建设目标，使学生树立服务城市、服务首都、服务京津冀的意识。比如在讲授动态规划求解最短路径这个知识点时，教师采用了生活中北京某快递服务路径选择的实际例子，采用了动态规划求解的方法，让学生体会到所学知识的应用。

将思政元素无痕地融入教授的课程内容中，春风化雨，润物无声，将思政教育之"盐"融入到专业教育之"汤"中。比如，在讲授动态规划的求解原理时，告诉同学们只有每步都达到最优，结果才可能是最优，没有量的积累，不会有质的获得。过程的每一部分都是一个阶段，顺推求解法告诉我们，要一步一个脚印，脚踏实地地把每个阶段都走好，最后好的结果是水到渠成的；逆推求解法告诉我们有了质的获得是因为前面量的积累，无论中间多么复杂，都要一步一步统计。由此告诉学生，过程是事物发展所经过的各个阶段，结果是在某一阶段内事物达到的最后状态。过程与结果相辅相成，结果的好坏都是过程所表现的一点一滴积累的。"路虽远行则将至，事虽难做则必成"，人生之路是不断自我修正和完善的过程，也许不能每次都走最优的一条路，但是必须在力所能及的范围内求得好的解，这才是人生的目标，这也是人生的真正价值所在。

教学过程中加强基本道德修养和职业道德素养的教育，促进学生养成责任心和建立职业道德规范意识。任课教师不断提高自身的政治修养和业务水平，以高尚的道德情操、精湛的业务水平以及无私的爱岗敬业精神去感染学生，为人师表、言传身教，起到示范作用。例如：认真备课、组织课堂教学，利用课余时间指导学生参加课外科技活动，关爱学生成长等。

## 四、课程思政教学策略设计

结合通识教育选修课程特点挖掘思政元素，从生活中与运筹学相关的知识点中发掘思政元素，厘清知识点所承载的哲学、思想、逻辑、情感、价值等的联系。比如在讲授多目标规划时，我们追求的是所有的目标都能够完成，在各个方面都做到最好。但是，很多情况下很难面面俱到、各方面都求得完美，这时候应该清晰地考虑各个目标的重要性如何。如何在多目标规划中对各个目标的重要性进行衡量呢？通过在生活中年轻人找工作、购买东西、安排加班等案例，运用运筹学多目标规划来解决，让学生理解多目标规划的基本思想和特点，能够利用多目标规划解决生活中的问题，体会"心怀敬畏，会权衡利弊，有所取舍，才能进步"的深刻内涵。敬畏人生，才能珍惜生命，认真利用好每一天的时间，做该做的事情，做正确的事情。在讲授图论问题的时候，说明现实生活中的很多案例都可以进行简化和抽象，用图形来表示，如路线规划、任务安排、流程设置、人工智能等都离不开点和直线这些最简单的图形。图形是一种很重要的抽象方法。了解一些处理图形的基本方法，能够帮助我们解决许多与图相联系的实际问题。通过这一部分的学习，让同学们体会"换个角度去看问题，换种思维去对待身边的事物，也许会有不同的收获"的深刻内涵。在讲授网络计划这部分知识点时，通过从生活中泡茶的案例看统筹规划，通过翻新房间中的流水作业、建筑工程的工序网络图等展开教学，让同学们深入体会"《礼记·中庸》'凡事豫则立，不豫则废。言前定则不跲，事前定则不困，行前定则不疚，道前定则不穷'的深刻内涵。做任何事情，事前有准备就可以成功，没准备就会失败；说话先有准备，就不致词穷理屈；做事先有准备，就不会遭到困难；行为先有准备，事后就不会愧恨；做人做事的道理先有定夺，就不致于行不通；说话要忠诚信实，做事要确切谨慎，谨行慎言即能行无不利。纳什均衡是运筹学中关于博弈的一个重要理论。在我们的日常生活中，在许多博弈中，人们都是为了自己的利益，尽可能采取对自己有利的策略，最后，博弈的双方可能达成一种纳什均衡。纳什均衡可以解释经济社会和人际交往中的许多现象。从解决博弈过程中流传最广的经典问题"囚徒困境"引入纳什均衡，通过讲解生活中公司之间的价格战、工厂之间的污染治理、密封袋子交易等问题，使同学们理解纳什均衡的基本思想和特点，体会"合作是有利的'利己策略'"和"己所不欲勿施于人"的深刻内涵。现实生活中许多博弈都是静态博弈，博弈双方做出决策并不依赖规定的次序。在讲授这部分时，让同学们体会"矛盾是永恒的"哲理，理解矛盾不能被完全消除，矛盾的个体性质始终是对称的。

在教学过程中，基于OBE理念，以学生为中心展开教学。教师借助多种教学工具，引用生活中的大量案例，利用线上线下混合式教学手段，充分激发学生学习的兴趣，调动学生学习的积极性和主动性。例如，可以通过导言、目标、前测、参与式学习、后测和总结等环节，全程关注学生的学习效果和实际感受。在学生评价方面，可以建设立体化的评价体系，进行全方位、多角度的评价。这需要教师参与到学生的整个学习过程之中，全面掌握每个学生的具体情况，为他们进行个别化的辅导。

在教学过程中通过案例教学、任务驱动和启发式教学来引导学生积极思考。例如，利用图片、动画等演示手段，鼓励学生思考生活中的问题，积极表达自己的观点并和同学们进行分享，增强同学们学习的动力。通过师生之间、生生之间的研讨加强互动，通过个人和小组报告、实际操作、案例分析、情景模拟等方式鼓励学生积极参与学习。同时教师可以充分利用优质的网络教学资源和信息化的教学平台开展线上线下混合教学，提升教学效果。还可以开展学生第二课堂，进行"课程思政"全程育人。

在通识课程中，教师更要重视自身的言行规范，给学生树立好的榜样。在教学和生活中，教师要注重自己的思想行为、言谈举止等各方面，要遵守师德规范，以身作则。所以，教师除了要具备扎实的专业知识外，还必须坚持正确的政治路线，树立高尚的敬业精神，养成良好的道德品行；对学生的成才、对社会的进步等要具有高度的责任感，以饱满的激情投入到教学工作中，言语上教育学生，行动上感染学生，成为学生行为上的榜样、思想上的引路人和知识上的传播者。

## 五、课程思政目标考核设计

课程思政的考核是本课程的重要教育环节，也是检验教学效果的必要手段和保障教与学的重要途经。由于课程为通识教育选修课，在考核的时候要采用灵活多变的考核方式，除了要充分调动学生的学习积极性，还要对学生的学习做出公平、公正和客观的评价。在课程教学中，要以课程思政为主体创新考核方式，构建全方位的考核模式。在课程教学中细化课程考核的指标体系，把诚信教育贯穿到课程思政教育的全过程中。本课程考核包括期末大作业、作业和阶段测验以及平时表现和考勤。期末大作业占总成绩的40%，以小组的方式进行，包括发现、分析和解决生活中相关的运筹学问题，形成小组报告并进行课堂展示，这里主要考查学生将所学的知识与实际生活相结合的能力，培养学生发现问题、分析问题和解决问题的能力，以及良好的团队精神和职业道德品质。作业和阶段测验占总成绩的40%，主要考查学生平时所掌握相关知识的情况，使学生具备创新所需的基本素质和基本技能，培养良好的品德和习惯。平时表现及考勤占20%，考查学生按时出勤、课堂基本表现、课程中相关知识点的掌握，建立守时守信守约等良好的道德修养。

## 六、教学效果及成果

通过课程思政建设，完成了新开通识教育选修课程——生活中的运筹学课程介绍、课程大纲、课程思政设计方案一份，并完成了10个单元的课程教案讲义。完成了课程案例的搜集和整理，整理的案例已在课件讲义中体现。课题研究成果在网易新闻、今日头条、第一物流网、中国物流与采购联合会等网络媒体进行了公开报道。课题成果在全学院进行了交流。相关教学设计参加了"北京联合大学第二届课程思政教学大赛"，获得二等奖，笔者获得"课程思政优秀教师"称号。教学成果"思政理念融入物流工程专业课程群的教学改革研究与实践"获得2020年北京联合大学教育教学成果三等奖。

通过参加课程思政大赛、研究课程思政育人的理念和教学设计，教师树立了"教育者先受教育""课程门门有思政，教师人人谈育人"，"把思政教育之'盐'充分融入到专业教育之'汤'"的教育教学理念。将通识教育选修课——生活中的运筹学的研究成果应用到其他课程之中，将课程思政的理念应用于学生培养、教师教育科研之中，取得了良好的成果，主要成果如下：将课程思政融入学校青教赛的教学比赛中；将课程思政融入网络教学中；受邀在联大网络教学大家谈第十一期分享网络教学设计实践与思考；在指导学生参加各项比赛和活动中，将课程的理论知识应用到实践中，理论与实践相结合，将育人理念贯穿始终，获得全国节能减排大赛三等奖、北京市物流大赛三等奖等。结合课程思政建设，教师进行了科教融合，主持完成的教研课题获得2019年中国物流学会和教指委教研课题一等奖；主持完成的中国物流学会项目获得2019年全国研究课题优秀课题二等奖。在与国（境）外交流合作中，宣传我国物流和运筹学的发展，受到了师生的好评。通过课程思政的研究，教师责任感和使命感增强，教师更加关爱学生，给予学生学习、生活、就业、考研等各方面的指导。

## 七、教学反思与持续改进

由于生活中的运筹学课程为新开通识教育选修课程，目前课程大纲、课程教学设计、案例、教案讲义等已经全部准备就绪，在授课过程中课程内容还需要继续完善，力求精益求精。

本课程还有很多课程思政元素需要继续深入挖掘，案例还需要进一步整理和优化，完善教学内容。在教学方法上，需要深入探讨课程线上线下混合式教学方法，增强学生学习的兴趣和主动性。在课前，学生的预习非常重要。课堂时间有限，如何充分利用课堂时间完成相关的教学内容，这与学生的课前预习效果是分不开的。课前教师需要花费时间精心准备和设计丰富的课程资源和课中的各种活动，并安排好学生的课前预习。课堂上如何检验学生课前预习的效果，如何提高学生参与课堂的积极性，以及如何建立有效的网络学习评价体系是值得深入研究的问题。课后如何巩固学生所学的知识，以及个别化的辅导方法也需要深入思考，需要教师对课后作业、讨论和练习进行设计和评价。

通识教育选修课程具有基础性、整体性、综合性和广博性等特点，在大学教育中是非常重要的教学内容。在日常教学中，需要努力思考如何更加深入地发掘思政元素，如何把思政教育之"盐"充分融合到专业教育之"汤"中，让学生在学习专业理论知识的同时，人生观和价值观也能得到充分合理的培养与塑造。关于下一步的研究，重点探索以学习者为中心的网络教学设计中通识教育课程思政元素的融入和设计，即深入探索通识教育选修课程的线上线下教学模式，以学生为中心开展教学活动。通过课程思政的教学设计和研究，学生能够拓展视野、健全人格，增强爱国情怀和社会责任感，树立正确的世界观、人生观和价值观，学生能够增强课程学习的兴趣和沟通的能力，从其他学科中锻炼自己发现问题、分析问题和解决问题的能力。

## 参考文献

[1] 杨杨. 学习《全国高校思想政治工作会议》精神，提高思政课教学实效 [J]. 决策与信息：中旬刊，2016（35）：73-74.

[2] 王盐生，贾芳芳，欧丽华. 高校专业课程实施"课程思政"教学策略探究：以《市场营销》为例 [J]，现代商贸工业，2021，42（9）：162-163.

[3] 韩增胜，刘静，石明，等. 基于OBE理念下高校健康教育类通识课程教学改革初探 [J]. 教育教学论坛，2020（39）：249-250.

[4] 赵欣. 课程思政"课程"考核方案设计研究 [J]. 花炮科技与市场，2019（2）：101.

作者简介：孙雪（1980— ），女，副教授，博士。研究方向：物流工程。

# 第六部分　财务管理专业

# 财务管理专业
# 思政建设研究与实践

（北京联合大学　管理学院　徐静）

【摘要】结合应用型大学的办学定位和财务管理专业特点，基于联大财务管理专业独具特色的"知行思创"人才培养理念，提出财务管理专业思政教育的基本思路，即以立德树人为根本目标、以培育企业家精神为主线、以知行思创为主渠道，研究设计财务管理专业思政的总体架构，包括思政融入教学、思政融入实践、思政融入科研、思政融入创新创业等，提出财务管理专业思政教育实践的三维路径，并就课程和教材建设、实践教学、第二课堂、师资队伍进行研究，提出质量保障措施。

【关键词】财务管理专业；思政教育；实践路径

## 一、专业简介

北京联合大学财务管理专业始建于1998年，专业代码为120204，隶属于管理学学科工商管理类专业。联大财务管理专业的发展经历了规范建设、质量提升和示范领跑三个阶段，形成了特色鲜明的人才培养体系，即以北京市高精尖学科建设为引领，充分发挥北京市教学名师领衔的科教融合团队在知识产权融资、供应链金融、创业成本等领域的研究优势，将科研成果转化为教学资源，开发专业课程、形成系列案例、自创专业竞赛，跟踪国际顶级的财会类证书考试课程，为学生构建同步国际前沿的知识体系，力争在北京市属高校财会人才培养领域发挥示范和领跑作用。

本专业至今已向社会输送毕业生18届、近2000人，近3届毕业生就业率保持100%，专业相关度高达88%，约75%的学生在北京就业，为北京市经济发展贡献了大批高素质、应用型财会类人才。与此同时，联大财务管理专业评级和社会认可度得到大幅度提升。根据2016年全国大学分专业竞争力排行榜，联大财务管理专业被评为五星级专业。根据中国科学评价研究中心（RCCSE）2018年《中国大学及学科专业评价报告》，联大财务管理专业在全国505所开设此专业的高校中，名列第29位。2019年，联大财务管理专业入选教育部公布的首批国家级一流本科专业建设点名单。这是联大财务管理专业深耕教学一线、潜心人才培养的成果，也为开展财务管理专业思政研究与实践提供了优质平台。

## 二、专业人才培养目标设计

### （一）财务专业人才培养特点和定位

北京联合大学财务管理专业立足北京、面向京津冀、辐射全国，培养信念坚定、知行合一，科技与人文素质兼备，理论与实务知识并重，具有财务管理能力和较强的数据分析能力，具备良好的诚信品德和职业道德素养，以及一定的国际视野、创新创业素质和可持续发展能力，能够胜任工商企业、金融机构、政府与事业单位的财务管理相关工作，符合国家未来经济社会发展所需的复合型、应用型财务管理专业人才。

### （二）财务管理专业核心素养

构建并贯彻专业核心价值体系，是形成德智体美劳全面发展的高水平专业人才培养体系的前提条件，也是专业思政教育的核心。根据联大财务管理专业人才培养特色和优势，凝练财务管理专业核心素养，包括精神引领、使命责任、职业操守和专业素养四个维度，如表1所示。

**表1　财务管理专业核心素养**

| 维度 | 特征 | 内涵 |
|------|------|------|
| 精神引领 | 企业家精神 | 爱国敬业、遵纪守法、艰苦奋斗<br>创新发展、专注品质、追求卓越<br>履行责任、敢于担当、服务社会 |
| 使命责任 | 聚焦定位 | 立足首都、面向京津冀、辐射全国 |

续表

| 维度 | 特征 | 内涵 |
|---|---|---|
| 职业操守 | 修德立业 | 诚信正直、客观公正、勤勉尽责恪尽职守、廉洁自律、严格保密 |
| 专业素养 | 学以致用 | 德才兼备，知行合一，学用并重 |

### （三）毕业生思政素质要求和目标

联大财务管理专业思政建设秉持立德树人理念，"育才"和"育人"双线并进，据此对毕业生在思想政治素质方面的要求和目标进行精准设计，具体要求和指标点设计如表2所示。

**表2　毕业要求和目标设计**

| 毕业要求 | 指标点 |
|---|---|
| 毕业要求1：能够将数学、经济学、金融学、管理学和财务知识用于分析、解决财务问题 | 1-1：能够应用数学和相关社会科学知识，具有较完备的基础知识储备 |
| | 1-2：能够领会金融学、经济学、管理学基本理论，具备应用基本理论分析问题的思路和方法 |
| | 1-3：能够综合应用财务、会计、审计、税收等专业知识解决财务问题 |
| 毕业要求2：掌握财务管理专业的基本操作技能，能够处理日常财务工作 | 2-1：能够综合运用财务理论与技能进行基本财务分析、财务预算与控制、投资价值评价 |
| | 2-2：能够综合运用会计与审计理论和技能进行会计核算与审计操作 |
| | 2-3：能够综合运用成本会计及管理会计理论与技能进行成本分析与核算 |
| 毕业要求3：掌握财务管理专业的核心应用能力，能够设计针对专题财务问题的解决方案 | 3-1：能够运用财务分析、成本管理理论进行综合财务分析和成本管控与决策 |
| | 3-2：具备基本的会计职业判断能力、审计判断与咨询能力 |
| | 3-3：能够综合运用专业知识进行企业投融资决策、资本运作和金融市场分析 |
| 毕业要求4：掌握财务管理专业的综合应用能力，能够结合经济社会中的复杂财务问题开展研究 | 4-1：具备综合运用专业知识进行财务诊断的能力 |
| | 4-2：具备综合运用专业知识进行财务咨询的能力、财务规划的能力 |
| | 4-3：具备综合运用专业知识进行财务决策的能力 |

| 毕业要求 | 指标点 |
|---|---|
| 毕业要求5：<br>掌握专业信息及相关信息获取的基本方法，能够应用财务管理专业相关学科的基本原理，采用定性、定量方法对企业财务问题进行分析 | 5-1：能够利用数据库和网络进行文献检索、资料查询及数据获取，能够对所检索的资料与信息进行分类、加工和整理，对研究方法进行甄别 |
| | 5-2：能够综合运用财务理论、经济学和金融学理论对财务问题进行定性研究分析，最终获得有效结论 |
| | 5-3：能够领会、应用大数据分析、经济统计分析等定量分析工具和方法 |
| 毕业要求6：<br>具有一定的创新意识和创业思维，掌握基本的创新方法，并付诸于财务管理实践 | 6-1：具有一定的创新意识和创业思维，能够在财务管理实践中融入创新意识和创业思维 |
| | 6-2：掌握基本的创新方法，面对复杂的组织内外环境，能创造性地解决专业问题 |
| 毕业要求7：<br>具有人文社会科学素养、社会责任感，理解并遵守职业道德和规范，履行责任，践行社会主义核心价值观 | 7-1：具有良好的人文修养与科学素养和高度的社会责任感，在财务管理及相关活动中能综合考虑社会、健康、安全、法律、伦理、文化及自然环境等因素，并理解应承担的责任 |
| | 7-2：具备良好的诚信品德、财会职业道德素养、端正的职业态度，理解并遵守职业道德和规范 |
| | 7-3：具备正确的世界观、价值观、人生观，自觉弘扬和践行社会主义核心价值观 |
| 毕业要求8：<br>具有团队合作和协作能力以及一定的组织管理能力，能够在多学科背景下的团队中承担个体、团队成员以及负责人的角色 | 8-1：具有团队合作和协作能力，能够了解在多学科背景下团队中每个角色的作用，并能够在团队中做好自己承担的工作，具有较强的适应能力 |
| | 8-2：具有一定的组织管理能力，能够根据团队整体需求去组织、协调团队成员间的关系，推进团队计划实施 |
| 毕业要求9：<br>能够就复杂财务问题与业界同行及社会公众进行有效沟通和交流，包括撰写报告和设计文稿、陈述发言、清晰表达或回应指令，并具备一定的国际视野，能够在跨文化背景下进行沟通和交流 | 9-1：具有较强的表达能力与人际交往能力，能够就专业问题进行口头和书面交流，有效传递信息 |
| | 9-2：至少掌握一门外国语，并能够应用、交流 |
| | 9-3：具有国际视野，能够在跨文化背景下进行沟通和交流 |

续表

| 毕业要求 | 指标点 |
|---|---|
| 毕业要求10：具有自主学习和终身学习的正确认识，有不断学习和适应发展的能力 | 10-1：对于自我探索和学习的必要性有正确的认识，有自主学习和终身学习的意识 |
| | 10-2：培养不断学习和适应发展的能力 |

# 三、人才培养模式/体系设计

## （一）"知行思创"人才培养模式

联大财务管理专业深入贯彻学校建设高水平、有特色、北京人民满意的城市型、应用型大学的发展目标，提出"知行思创"人才培养模式，为学生构建了知识、能力、素质结构，以及实现这种结构的方式。"知行思创"人才培养模式如图1所示。

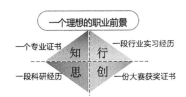

**图1 "知行思创"人才培养模式**

其中"知"指知识、认识，对应一个专业资格证书，通过与专业培训机构合作，将专业资格考试科目嵌入课程教学，使学生毕业时不仅持有毕业证书和学位证书，还持有至少一个专业资格证书，如CMA、CIMA等；"行"指行为、行动，对应一段实习经历，借助校外人才培养基地，为学生提供实际的实习工作岗位；"思"指思想、思维，对应一段科研经历，学校为学生提供科技立项服务，学生通过参与课题研究增强创新能力；"创"指创新、创意，对应一本获奖证书，通过参加学科竞赛活动，充分发挥学生的创意。最终，通过"知行思创"人才培养模式，让学生拥有一个良好的职业前景。

## （二）专业思政总体架构

专业思政体系是建构在传统专业人才培养体系中的一个有机组成部分，

作为一项系统工程，涉及专业人才培养体系的各个方面。鉴于此，在开展专业思政建设时，引入顶层设计思想便尤为重要，即运用系统论的方法，基于全局的、整体的视角，根据专业人才培养特点和专业能力素质要求，对专业思政的各方面、各层次、各环节、各要素进行统筹考虑，做好总体架构设计，科学合理设计专业思政教育的内容，将思想政治工作体系贯通于人才培养体系。

秉承联大财务管理专业"知行思创"人才培养模式，结合联大财务管理专业人才培养目标和特色，财务管理专业思政的任务便是将专业核心价值体系融入专业教学、社会实践、科学研究、创新创业等各环节中，由此形成了立体式、多层次的专业思政总体架构，如图2所示。

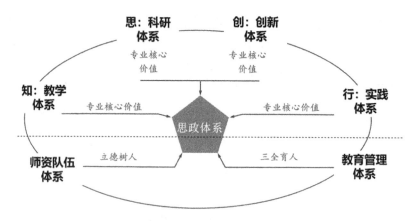

**图2　财务管理专业思政总体架构**

## （三）专业思政建设内容

"知行思创"是专业思政的渠道，也是专业思政建设的主要内容。具体而言，专业教学中通过职业道德、行业准则、法律责任和社会责任教育，使学生诚实守信、爱岗敬业、遵纪守法；社会实践环节注重实践与专业、课程、实际、学生相结合，使学生勇于担当、服务社会、履行责任；科学研究过程中侧重激发学生的科研思维和科研活力，使学生专注品质、追求卓越；创新创业活动中通过创新创业方向引导、创新创业平台搭建、创新创业素养提升，培育学生的创新思维、创业意识以及艰苦奋斗的意志品格，实现创新发展。

1.思政融入专业教学

思政融入专业教学是指专业教学内容的组织和选取，要在遵循教学大纲基础上体现专业核心价值体系，在讲授专业知识的过程中，自主、适当、生动地融入思政元素，在释疑解惑中唤起学生对专业所对应的产业、行业和企业的发展趋势、伦理规范、职业素质等的认知。根据联大财务管理专业教学计划，学生在完成通识教育课程后，按模块学习专业课程和实践课程，主要包括企业战略与资本市场模块、成本管理会计模块、成本管理会计模块（CIMA方向）、税务审计模块、内控预算模块（CMA方向）及其他非模块课程。因而，思政融入专业教学最终要落实到课程群乃至单个课程。

2. 思政融入社会实践

社会实践是大学生思政教育的重要环节，对于促进大学生了解国情、关注时代、增长才干、服务社会、锻炼毅力、培养品格、增强社会责任感具有不可替代的作用。联大财务管理专业学生的社会实践活动主要包括思想政治理论课综合实践、财务管理认识实习、财务管理专业综合实践、财务管理执业能力训练（毕业实习）等，社会实践的形式有参观、调研、顶岗实习等。通过社会实践，促使学生在锻炼专业基本技能的同时，关注社会现实和热点，把握时代发展脉搏，增强服务社会的责任感和使命感。

3. 思政融入科学研究

思政融入科学研究是指在指导学生开展科学研究的过程中，将思政教育融入其中，从而引导学生树立正确的价值观，开展服务于经济社会的应用性研究。大学生的科研活动一般包括学术讲座、专题研讨、文献研读和学生培训，以及研究项目开题、中期考核、答辩等相关活动。联大财务管理专业注重科教融合，科学研究与人才培养主要聚焦于创新创业财务问题，科研思政的主要任务是通过导师指导和示范，将学术诚信、科研思维传达给学生，激发学生结合时事政策和现实问题的科学探索精神，促使学生感知、反思、总结、提升，凝练科研成果。

4. 思政融入创新创业

创新创业教育与大学生思想政治教育在内容上虽然各有侧重点，但其目标一致、内容互补、形式相通。北京联合大学作为全国创新创业典型经验高校，为财务管理专业开展创新创业教育改革提供了良好平台。依托财会类校企合作联盟、创新企业财务管理研究中心、财创社团等，财务管理专业在创新创业教育中渗透理想信念、爱国情怀、职业道德等思政元素，使学生感悟新时代的中国企业家精神。思政融入创新创业，能够延伸出知识背后的内在力量，为学以致用提供精神动力和价值理念。

### （四）专业思政实践路径

专业思政的实践是一个循序渐进的过程。从时间维度来讲，大一年级、大二年级、大三年级、大四年级的专业思政教育遵循阶梯递进的路径；从空间维度来讲，依托学校课堂、实验实训中心、校外创新实践基地等主阵地的专业思政教育遵循螺旋上升的路径；从主体维度来讲，教师与学生遵循交互相长的路径。由此，基于"三全育人"理念，提出财务管理专业思政实践的三维路径，如图3所示。

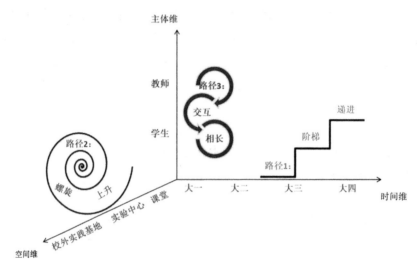

**图3　专业思政实践的三维路径**

1.时间维度

根据大学四个年级学生的心理发展特点和认知规律，对处于不同学习阶段的学生制订不同的思政教育的内容和目标，实现学生思想政治水平的阶梯递进，做到全过程育人。

2.空间维度

课堂、实验室和校外实践基地是专业思政教育的主阵地，通过思想政治认知教育、模拟实训和实习实践，实现学生思想政治水平的螺旋上升，做到全方位育人。

3.主体维度

专业思政教育实践强调教师与学生双主体之间的互动、交流与合作，二者相辅相成、相互促进，才能实现师生思想政治水平的交互相长，做到全员育人。

# 四、课程、教材建设

## （一）课程建设

### 1. 课程体系设置

本专业基于OBE理念，构建一体化课程体系。专业课程按照"通识教育课程—学科大类平台课程—专业必修课程—专业选修课程"这一主线层层深入。毕业总学分163，课内教学活动总学时2080，具体课程及学分学时分配如表3所示。

**表3　课程体系及学分学时分配**

| 课程类别 | | 课程名称 | 理论部分 | | 实践部分 | | 小计 | | |
|---|---|---|---|---|---|---|---|---|---|
| | | | 学分 | 学时 | 学分 | 学时 | 学分 | 学时 | 学分比例 |
| 通识教育平台 | 必修课 | 微积分、线性代数、概率论与数理统计、大学计算机基础、Python程序设计、思想道德修养与法律基础、马克思主义基本原理概论、毛泽东思想和中国特色社会主义理论体系概论、中国近现代史纲要、形势与政策、军事理论、大学英语、体育、大学生心理素质教育、职业发展与就业指导、创新创业类基础课程 | 50.5 | 904 | 2.5 | 40 | 53 | 944 | 32.5% |
| | 选修课 | 自然科学类、人文社科类、艺术审美类、阅读写作类 | 8 | 128 | / | / | 8 | 128 | 4.9% |
| 专业教育平台 | 学科大类必修 | 管理学、微观经济学、宏观经济学、基础会计、统计学 | 14 | 224 | 1 | 16 | 15 | 240 | 9.2% |

续表

| 课程类别 | | 课程名称 | 理论部分 | | 实践部分 | | 小计 | | |
|---|---|---|---|---|---|---|---|---|---|
| | | | 学分 | 学时 | 学分 | 学时 | 学分 | 学时 | 学分比例 |
| 专业教育平台 | 专业必修 | 专业导论、财务会计、财务管理、投资学、财务分析 | 14 | 224 | 0 | 0 | 14 | 224 | 8.6% |
| | 专业选修 | 成本管理会计模块：成本会计、管理会计、成本管理会计案例实训；成本管理会计模块（CIMA方向）：成本会计（BA2）、管理会计（P1）、成本管理会计案例实训（OCS）；企业战略与资本市场模块：金融学、金融市场学、企业战略管理；税务审计模块：税法、审计学；内控预算模块（CMA方向）：内部控制学、预算管理实务、绩效评价实务；非模块课程：问卷设计与数据分析、项目评估与管理、数据库技术与应用、金融数据分析工具、数据分析与预测、网络信息检索、互联网金融、政府与非营利组织会计、数字化管理、经济法、西方经济学流派、知识产权管理 | 27 | 432 | 1 | 16 | 28 | 448 | 17.2% |
| 独立设置实践教学环节 | 分散实践 | 财会职业道德案例实训、Excel在财务管理中的应用、财务案例实训、财务分析实训、审计学实训 | / | / | 6 | 96 | 6 | 96 | 3.7% |
| | 集中实践 | 企业管理综合实践、会计学实训、财务管理认识实习、财务管理专业综合实践、财务管理执业能力训练（毕业实习）、毕业设计（论文）、大数据财务分析方法、企业财务规划与价值评估实训、会计及纳税综合实训（最后一里课程）、计量方法与论文写作 | / | / | 39 | 45周 | 39 | 45周 | 23.9% |
| 合计 | | | 113.5 | 1912 | 49.5 | 168 | 163 | 2080 | 100% |

## 2. 课程思政设计

根据财务管理专业各模块课程的特点，在教学过程中深度挖掘提炼专业知识体系中所蕴含的思想价值和精神内涵，通过课程思政建设落实教书育人目标。财务管理课程体系与毕业要求指标点的对应关系如表4所示。

表4　课程体系支持毕业要求的任务矩阵

| 课程 | 毕业要求1 | | | 毕业要求2 | | | 毕业要求3 | | | | 毕业要求4 | | | 毕业要求5 | | | 毕业要求6 | | 毕业要求7 | | | 毕业要求8 | | 毕业要求9 | | | 毕业要求10 | |
|---|---|---|---|---|---|---|---|---|---|---|---|---|---|---|---|---|---|---|---|---|---|---|---|---|---|---|---|---|
| | 1-1 | 1-2 | 1-3 | 2-1 | 2-2 | 2-3 | 3-1 | 3-2 | 3-3 | 3-4 | 4-1 | 4-2 | 4-3 | 5-1 | 5-2 | 5-3 | 6-1 | 6-2 | 7-1 | 7-2 | 7-3 | 8-1 | 8-2 | 9-1 | 9-2 | 9-3 | 10-1 | 10-2 |
| 微积分 | ✓ | | | | | | | | | | ✓ | | | | | ✓ | | | | | | | | | | | | |
| 线性代数 | ✓ | | | | | | | | | | ✓ | | | | | ✓ | | | | | | | | | | | | |
| 概率论与数理统计 | ✓ | | | | | | | | | | ✓ | | | | | ✓ | | | | | | | | | | | | |
| 大学计算机基础 | ✓ | | | | | | | | | | | | ✓ | | | | | | ✓ | | | | | | | | ✓ | |
| Python程序设计 | ✓ | | | | | | | | | | | | ✓ | ✓ | | | | | | | | | | | | | | |
| 思想道德修养与法律基础 | | ✓ | | | | | | | | | | | | | | | | | ✓ | ✓ | | | | | | | ✓ | |
| 马克思主义基本原理概论 | | | | | | | | | | | | | | | | | | | ✓ | | ✓ | ✓ | | | | | ✓ | |
| 毛泽东思想和中国特色社会主义理论体系概论 | | | | | | | | | | | | | | | | | | | ✓ | | ✓ | ✓ | | | | | ✓ | |
| 中国近现代史纲要 | | | | | | | | | | | | | | | | | | | ✓ | | ✓ | ✓ | | | | | ✓ | |
| 形势与政策 | | | | | | | | | | | | | | | | | ✓ | ✓ | | | | | | | | | ✓ | |
| 军事理论 | | | | | | | | | | | | | | | | | | | ✓ | | | ✓ | ✓ | | | | | ✓ |
| 大学英语 | | | | | | | | | | | | | ✓ | | | | | | | | | ✓ | | | | | | ✓ |
| 体育 | | | | | | | | | | | | | | | | | | | ✓ | | | ✓ | | | | | | ✓ |
| 大学生心理素质教育 | | | | | | | | | | | | | | | | | | ✓ | ✓ | | ✓ | ✓ | | | | | | ✓ |
| 职业发展与就业指导 | | | | | | | | | | | | | | | | | ✓ | | | ✓ | | | | | | | ✓ | |

续表

| 课程 | 毕业要求1 | | | 毕业要求2 | | | 毕业要求3 | | | 毕业要求4 | | | 毕业要求5 | | | 毕业要求6 | | 毕业要求7 | | | 毕业要求8 | | 毕业要求9 | | | 毕业要求10 | |
|---|---|---|---|---|---|---|---|---|---|---|---|---|---|---|---|---|---|---|---|---|---|---|---|---|---|---|---|
| | 1-1 | 1-2 | 1-3 | 2-1 | 2-2 | 2-3 | 3-1 | 3-2 | 3-3 | 4-1 | 4-2 | 4-3 | 5-1 | 5-2 | 5-3 | 6-1 | 6-2 | 7-1 | 7-2 | 7-3 | 8-1 | 8-2 | 9-1 | 9-2 | 9-3 | 10-1 | 10-2 |
| 创新创业类基础课程 | | | | | | | | | | | | | | | | ✓ | ✓ | ✓ | | | | | | | | | ✓ |
| 管理学 | | ✓ | | | | | | | | ✓ | | | ✓ | | | | | | | | | | | | | | |
| 微观经济学 | | ✓ | | | | | | | | ✓ | | | ✓ | | | | | | | | | | | | | | |
| 宏观经济学 | | ✓ | | | | | | | | ✓ | | | ✓ | | | | | | | | | | | | | | |
| 基础会计 | | | ✓ | | ✓ | | | | ✓ | ✓ | | | | | | | | | | | | | | | | | |
| 统计学 | ✓ | | | | | | | | | ✓ | ✓ | | | ✓ | ✓ | | | | | | | | | | | | |
| 专业导论 | | | | | | | | | | | | | | | | ✓ | | ✓ | ✓ | | | | | | | ✓ | |
| 财务会计 | | | ✓ | ✓ | | | | ✓ | | ✓ | ✓ | ✓ | | | | | | | | | | | | | | | |
| 财务管理 | | | ✓ | ✓ | | | ✓ | | | | | | | ✓ | | | | | | | | | | | | | |
| 投资学 | | | | ✓ | | | | ✓ | | | | | ✓ | | | | ✓ | | | | | | | | | | |
| 财务分析 | | | | ✓ | | | ✓ | | | ✓ | ✓ | | | ✓ | | | | | | | | | | | | | |
| 金融学 | | ✓ | | ✓ | | | | | | ✓ | ✓ | | | | | | | | | | | | | | | | |
| 金融市场学 | | ✓ | | ✓ | | | | | | ✓ | ✓ | | | | | | | | | | | | | | | | |
| 企业战略管理 | | | | | | | ✓ | | | ✓ | | | | ✓ | | ✓ | | | | | | | | | | | |
| 成本会计 | | | | | ✓ | ✓ | | | | ✓ | ✓ | | | | | | | | | | | | | ✓ | | | |
| 管理会计 | | | | ✓ | | | ✓ | | | | | | | ✓ | | | | | | | | | ✓ | | | | |
| 成本管理会计案例实训 | | | | | | | ✓ | | | | | | | ✓ | | | | | | | ✓ | | ✓ | ✓ | ✓ | | |
| 税法 | | | ✓ | | | | | ✓ | | | | | | | | | | | ✓ | | | | | | | | |
| 审计学 | | | ✓ | | | | | ✓ | | | | | | | | | | | ✓ | | | | | | | | |
| 内部控制学 | | | ✓ | | | | | | | | ✓ | | | | | | | | | | ✓ | ✓ | | | | | |
| 预算管理实务 | | | | ✓ | | | ✓ | | | | | | | | | | | | | | ✓ | ✓ | | | | | |
| 绩效评价实务 | | | | | | | ✓ | | | | ✓ | ✓ | ✓ | | | | | | | | | | | | | | |
| 财会职业道德案例实训 | | | | | ✓ | | | | | | | | | | | | | | ✓ | | | | | | | ✓ | |
| Excel在财务管理中的应用 | | | | ✓ | | | ✓ | ✓ | | | | | | ✓ | | | | | | | | | | | | | |
| 财务案例实训 | | | | ✓ | | | ✓ | | | | | | | | | | | | | | ✓ | | | | | | |
| 财务分析实训 | | | | ✓ | | | ✓ | | | | | | | | | | | | | | ✓ | | | | | | |
| 审计学实训 | | | | | ✓ | | | ✓ | | | | | | | | | | | | | ✓ | | | | | | |

续表

| 课程 | 毕业要求1 | | | 毕业要求2 | | | 毕业要求3 | | | 毕业要求4 | | | 毕业要求5 | | | 毕业要求6 | | 毕业要求7 | | | 毕业要求8 | | 毕业要求9 | | | 毕业要求10 | |
|---|---|---|---|---|---|---|---|---|---|---|---|---|---|---|---|---|---|---|---|---|---|---|---|---|---|---|---|
| | 1-1 | 1-2 | 1-3 | 2-1 | 2-2 | 2-3 | 3-1 | 3-2 | 3-3 | 4-1 | 4-2 | 4-3 | 5-1 | 5-2 | 5-3 | 6-1 | 6-2 | 7-1 | 7-2 | 7-3 | 8-1 | 8-2 | 9-1 | 9-2 | 9-3 | 10-1 | 10-2 |
| 企业管理综合实践 | | | | | | | | | | | | ✓ | | | | ✓ | | | | | ✓ | ✓ | ✓ | | | | |
| 会计学实训 | | | | | ✓ | | | ✓ | | | | | | | | | | | | | ✓ | | | | | | |
| 财务管理认识实习 | | | ✓ | ✓ | | | | | | | | | | | | | | | | | | | ✓ | | | | ✓ |
| 财务管理专业综合实践 | | | | ✓ | ✓ | ✓ | ✓ | ✓ | | | | | | | | | | | | | ✓ | | | | | | |
| 财务管理执业能力训练（毕业实习） | | | | ✓ | ✓ | ✓ | ✓ | ✓ | | | | | | | | | | | | | ✓ | ✓ | ✓ | | | | |
| 毕业设计（论文） | | | | | | | | | | | | | ✓ | ✓ | ✓ | ✓ | ✓ | | | | | | | | | | |
| 大数据财务分析方法 | | | | | | | | | | | | | ✓ | | ✓ | | ✓ | | | | | | | | | | ✓ |
| 企业财务规划与价值评估实训 | | | ✓ | | | | | | | | | | | | | | ✓ | | | | ✓ | | | | | | |
| 会计及纳税综合实训（最后一里课程） | | | | | ✓ | | | | | | | | | | | | | | | | ✓ | | | | | | |
| 计量方法与论文写作 | | | | | | | | | | | | | | | | ✓ | | | | | ✓ | | | | | | ✓ |

## （二）教材建设

根据学校教材工作管理办法，财务管理专业的财务管理、成本会计、管理会计等主干课程优先选用国家及部委规划教材、省部级以上获奖教材。同时，基于混合式教学模式探索，创新教材呈现方式和话语体系，开发走进财务世界、创业财务等精品视频公开课，出版《成本管理会计案例》《财务管理案例集》《审计案例：解析与训练》等系列特色案例教材，教材内容更加体现综合性和应用性，形成以国家规划教材为主，以教师自编教材和网络教学资料为补充的教材体系。

## 五、实践教学

### （一）实践教学育人目标

实践教学通过以实践活动为主的方式使学生获得知识和技能，是大学生理论教育的改善方法之一，不仅能够对学生理论教学的局限加以弥补，而且可以加强理论教育的实效性和应用性。联大高度重视实践育人工作，坚持把社会主义核心价值体系融入实践育人工作全过程，财务管理专业结合自身特点和人才培养要求，深入贯彻落实"学以致用"的理念，旨在培养德才兼备、知行合一、学用并重的应用型人才。

联大财务管理专业依托实验室、实习实训基地、实践教学共享平台建设，以实践教学、军事训练、社会实践活动等作为实践育人的主要形式，纳入学校教学计划的实践教学环节，总学分为49.5，实践教学环节比例为30.4%。实践教学内容主要由三个模块构成：专业研究方法实践课程模块、财会业务实践课程模块和财务管理专业综合实践课程模块，通过将校内实训与校外实习实践（认识实习—专业实习—毕业实习）相结合，使学生对财务管理岗位设置、工作特点及业务流程有深入的了解，提升学生专业素质和分析、解决实际问题的能力，提高应用型人才培养质量。

财务管理专业实践教学课程覆盖大学四个年级，需循序渐进地推动实践育人工作。具体来说，第一学年实践主要侧重基础实践，包括军事训练、思想政治理论课综合实践、会计学实训；第二学年实践课程侧重认识实习，包括企业管理综合实践、财务管理认识实习、财务分析实训、Excel在财务管理中的应用、大数据财务分析方法；第三学年侧重专业模拟实训，包括财会职业道德案例实训、财务案例实训、财务管理专业综合实践、成本管理会计案例实训、审计学实训、企业财务规划与价值评估实训、会计及纳税综合实训（最后一里课程）、计量方法与论文写作；第四学年实践课程对接专业深造和创新创业，主要包括财务管理执业能力训练（毕业实习）、毕业设计（论文）、创新创业实践活动等。这些实践课程对应实践教学的不同内容和层次，体现了认知—基本技能—专业能力—综合素养—再认知的教学规律，符合学生实践能力和创新精神培养的内在逻辑。

## （二）实践育人协同机制

联大财务管理专业积极推广实践育人协同机制，基于产教融合理念，综合考虑人才培养体系内部构建与外部评价的平衡、培养过程与建设成果的平衡等多方面因素，构建了包括愿景层、目标层、实施层和保障层的产教融合实践育人协同体系，如图4所示。

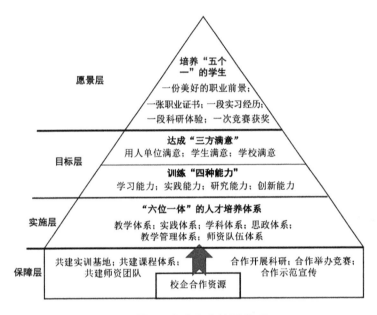

**图4 实践育人协同体系**

1. 愿景层

愿景是培养具有"五个一"的学生，即拥有一张职业证书、一段实习经历、一段科研体验，一次竞赛获奖，最终拥有一份美好的职业前景，这与"知行思创"人才培养模式是一致的。

2. 目标层

以培育国家未来经济社会发展所需的复合型、应用型财务管理专业人才为宗旨，向社会输送具备学习、实践、研究和创新"四种能力"的毕业生，努力达成用人单位、学生和学校"三方满意"。

3. 实施层

教学体系、实践体系、学科体系、思政体系、教学管理体系和师资队伍体系构成"六位一体"的人才培养体系，共同服务于财务管理专业的育人目标。

4. 保障层

校企合作资源为实践育人提供保障，依托与专业协会、行业企业、地方政府的合作关系，通过共建实训基地、共建课程体系、共建师资团队、合作开展科研、合作举办竞赛、合作示范宣传等途径完善实践体系建设。

（1）共建实训基地：校外实训基地是大学生实习实践的重要场所，是连接校园与职场的桥梁，也是开展实践育人的主阵地。联大财务管理专业与国际注册专业会计师公会（AICPA|CIMA）、财金通教育科技（上海）有限公司、中国CFO发展中心、会计师事务所等共建多家实训基地，为实践育人打造基础平台。

（2）共建课程体系：将财务领域国际顶级CIMA证书课程嵌入教学体系，使知识体系同步国际前沿，实现课程内容与专业证书考试相结合，拓展专业人才的国际化视野。

（3）共建师资团队：依托校企合作与外聘教师激励机制，构建企业导师、客座教授、国际师资相融合的多元化的师资队伍，定期聘请教授专家到校开展讲座或进入课堂授课，平均每学期到校参与实践教学指导和专题讲座的行业专家为3～5位。

（4）合作开展科研：基于教育部产学合作协同育人项目开展教研合作，引导学生参与课题，就企业关注的重点问题开展深入的科研合作。

（5）合作举办竞赛：基于与校外实习实践基地的合作，共同开发"企业会计与纳税实务大赛""财务预测与价值评估案例大赛""企业价值创造大赛""财经法规与职业道德竞赛"等竞赛活动，继续深化与CIMA合作的"商业精英国际挑战赛（GBC）"，做到财务管理专业学生全员参与该项大赛，以专业大赛带动学生研究能力、创新能力的提升。

（6）合作示范宣传：把与CIMA、财金通教育等单位的合作做成示范，为企业的宣传提供典型案例，同时也提升联大财务管理专业的影响力。

# 六、第二课堂

## （一）第二课堂课程（活动）

第二课堂作为第一课堂教学内容和育人形式的延伸，是在学校教学计划之外，引导和组织学生开展的各种有教育意义的实践或素质教育活动。联大财务管理专业依托学校第二课堂人才培养课程体系框架，鼓励学生基于德育平台、智育平台、体育平台、美育平台、劳育平台参加校内外各类活动，促进和引导学生全面发展，第二课堂人才培养课程体系框架如表5所示。

**表5　第二课堂人才培养课程体系**

| 平台 | 课程类别 | 课程内容 | 思政元素 |
|---|---|---|---|
| 德育平台 | 思想成长类课程（活动） | 思想水平、政治觉悟、道德品质、心理素质教育、经典阅读、入学教育、毕业教育、安全教育、生命教育等 | 通过红色教育、爱国主义教育、国防教育、党课、团课、团体辅导、心理工作坊等，厚植爱国之情和报国之志，引导大学生树立正确的世界观、人生观、价值观，维护学生心理健康，打牢大学生成长成才的科学思想基础 |
| | | 新媒体舆论引导等 | |
| | | 鼓励学生在各级、各类党团，学生组织（含社团），年级、班级团支部，宿舍任职；学生能力提升的课程及活动 | |
| 智育平台 | 创新创业实践类课程（活动） | 创新创业实践学分 | 培育学生的创新创业思维，使学生在实习实践中得到锻炼，综合素质得到提升 |
| | | 各类创新创业课程及活动等 | |
| | | 寒暑期社会实践、日常社会实践、挂职锻炼、交流访学等 | |
| | | 语言技能、计算机技能、驾驶技能、职业技能、安全技能等 | |
| 体育平台 | 体育类课程（活动） | 校园健康跑步类等 | 树立健康观，培育身心健康、体魄强健、意志坚强、充满活力的中国特色社会主义事业建设者和接班人 |
| | | 各类体育竞赛及活动等 | |
| 美育平台 | 文艺类课程（活动） | 文艺类课程及活动等 | 培养学生认识美、爱好美和创造美的能力，服务于社会主义精神文明建设 |
| | | 文艺类竞赛及活动等 | |
| 劳育平台 | 志愿公益类课程（活动） | 公益劳动、志愿服务课程 | 使学生树立正确的劳动观点和劳动态度，热爱劳动和劳动人民，养成劳动习惯 |
| | | 志愿公益类选修课程（活动） | |

### （二）财管专业第二课堂

结合财务管理专业特点和人才培养要求，在学校统一规定的第二课堂课程（活动）基础上，除学校统一规定的思想成长、创新创业实践、体育、志愿公益四类共17项活动外，对财务管理专业特有的第二课堂（活动）进行有针对性的设计，如表6所示。

**表6　财务管理专业第二课堂课程（活动）**

| 平台 | 课程类别及课程名称（学校统一规定） | | 财务管理专业第二课堂（活动） |
|---|---|---|---|
| 德育平台 | 思想成长类 | 入学教育（包含生命教育、安全教育、禁毒防艾、学籍管理、学生日常规范管理、图书馆入馆教育等模块） | — |
| | | 毕业教育 | — |
| | | 心理团体辅导 | — |
| | | 国防教育主题活动 | — |
| | | "梦想中国"主题活动 | — |
| | | "品味经典"主题活动 | — |
| | | "沟通达人"主题活动 | — |
| | | 图书阅读 | 财经类图书阅读 |
| | | "知校史"大讲堂 | — |
| | | 网络安全微课 | — |
| | | 安全技能培训（一） | — |
| 智育平台 | 创新创业实践类 | 学术讲座（包括校院各单位组织开展的学术大讲堂、创新大讲堂、创业大讲堂等高水平学术讲座） | 会计名家讲座<br>财能营大讲堂 |
| | | "致用杯"大学生创新创业竞赛 | 商业精英国际挑战赛（GBC）<br>企业会计与纳税实务大赛<br>财务预测与价值评估案例大赛<br>企业价值创造大赛<br>财经法规与职业道德竞赛 |
| | | 职业发展类主题活动 | CIMA课程学习交流会<br>财经类考研规划答疑讲座<br>校企合作基地实习<br>寒暑期社会实践 |

| 平台 | 课程类别及课程名称（学校统一规定） | | 财务管理专业第二课堂（活动） |
|---|---|---|---|
| 体育平台 | 体育类 | 校园健康跑步 | — |
| 劳育平台 | 志愿公益类 | 志愿服务 | — |
| | | 公益劳动 | — |

　　财务管理专业第二课堂主要集中在创新创业实践类活动。学术讲座方面，聘请校外会计名师开展名家讲座，全面解析会计学、财务管理的发展趋势和研究方法，拓宽学生的学习视野；启动"CFO能力养成计划"，举办财能营大讲堂，聘请企业专家分享职场经验，如数字化时代财会生如何打造核心竞争力、职场礼仪与沟通技巧、面试技巧全面解析等。创新创业竞赛方面，组织学生参加学院举办的企业会计与纳税实务大赛、财务预测与价值评估案例大赛、企业价值创造大赛、财经法规与职业道德竞赛，以及与CIMA合作的商业精英国际挑战赛（GBC），确保学生100%参加专业竞赛。职业发展类主题活动主要包括CIMA课程学习交流会、财经类考研规划答疑讲座、校企合作基地实习、寒暑期社会实践等。

# 七、师资队伍

　　办好专业思政教育的关键在于师资队伍，需要发挥教师的积极性、主动性、创造性。联大财务管理专业拥有专职教师13人，聘请专业顾问3位，实务界兼职导师15位，国内外高校客座教授10位，每年聘请外籍教师1～2位，形成了企业导师、客座教授、国际师资相融合的多元化师资队伍。

　　（1）教育者先受教育。高校教师要坚持教育者先受教育，努力成为先进思想文化的传播者、党执政的坚定支持者。联大财务管理专业注重加强"四有教师"建设，定期组织教师参加"课程思政融入金课建设""骨干教师科研能力和师德素养提升"等高级研修班活动，通过让教育者先受教育，建设政治素质过硬、业务能力精湛、育人水平高超的高素质教师队伍。

　　（2）弘扬师德师风。联大财务管理专业学科带头人鲍新中教授为"北京市师德先锋""北京市长城学者"，获"第十二届北京市高等学校教学名师奖"，被评为"北京联合大学2015—2016年度师德先进个人""2017年北京联合大学优秀教师"；专业主任为"北京市优秀教师""北京市优秀教育工作者"，获"北京市三八红旗奖章""第三届北京市高等学校青年教学名师奖",被评为"北京联合大学2015—2017年度十佳党员标兵""北京联合大学2011—2015年度优秀教师";还有多名教师被评为"课程思政"示范教师,在管理学院"课程思政"教学设计大赛中获奖。

(3)优化师资队伍结构。财务管理专业不断改善和优化师资队伍结构,提高教师队伍整体素质和水平。专业教师队伍中,70%具有中高级职称,100%具有硕博士学位,100%符合双师条件,80%具有赴海外访学、交流等经历,青年教师占比38%。

(4)健全基层教学组织。以教研室和课程群为单位,每两周一次教学研讨会,针对课程建设、翻转课堂应用等不同主题开展研讨,形成系列研究成果。教师团队获批北京市属高校高水平教师队伍建设支持计划2018年"高水平创新团队";财会类职业道德规范课程思政得到中国教育电视台、北京电视台、首都教育新闻网等媒体报道;承担国家级和省部级课题近20项、企业委托课题30余项;承担北京市教学改革项目1项、校级教改项目6项、教研项目1项,发表教改论文近20篇。

## 八、质量保障

专业思政体系是建构在高校人才培养体系中的一个有机组成部分,它从专业人才培养角度,将立德树人根本任务和专业核心价值体系贯彻落实到专业建设和教育教学的各项工作中,从而在更高程度上回归育人本位,实现育人目标。联大财务管理专业贯彻落实"三全育人"工作要求,依据学校相关文件精神,构建完善的质量保障、监督和反馈体系。

(1)贯彻专业思政理念,加强课程思政建设。以立德树人为抓手,全面贯彻落实专业思政,加强核心课程和特色课程建设。将思政体系与教学体系、实践体系、学科体系、教学管理体系、师资队伍体系有机结合,构建"六位一体"的人才培养体系,细化、落实课程思政措施,强化案例教学与思政体系构建的有机结合。

(2)丰富教学环节,培养复合型、应用型财务管理专业人才。秉承"知行思创"的人才培养理念,致力于培养应用型高水平财会类人才。基于科研教学的深度融合,为学生提供科研探索的机会,拓展学生的创新思维;丰富社团活动,鼓励学生参与各类专业竞赛,注重学生实践创新能力的培养。

（3）拓宽国际视野，提升人才培养质量。将CIMA课程模块嵌入课程体系，培养熟悉国际先进的财务理念、具有出色战略思维和管理能力的财经管理人才，鼓励学生根据自身的发展需要，参加国际资格证书考试，为学生个性化、多元化发展提供更大空间。

（4）完善教学质量保障体系，促进质量管理科学化。明确各教学关键环节的质量监控要求，形成教学质量保障闭环系统。基于OBE理念，加强人才培养过程管理，将价值引领作为重要的监测点指标之一，提高专业教学的质量和效果。

（5）建立毕业生持续跟踪反馈机制，推进人才培养方案的持续改进。构建多渠道、多维度的跟踪反馈机制，关注毕业生、用人单位、社会公众三方的评价与反馈结果，形成毕业生调查问卷、就业工作总结和培养质量评价报告，既多维度地衡量毕业生就业与工作情况，又关注价值观和职业体验的调查，以动态反馈结果推动财务管理专业人才培养改革。

## 参考文献

[1] 李彦冰. 论专业思政建设中的基本问题 [J]. 北京教育：高教版，2019（5）：88-90.

[2] 李春旺，范宝祥，田沛哲. "专业思政"的内涵、体系构建与实践 [J]. 北京联合大学学报，2019，33（4）：1-6.

[3] 闫长斌，郭院成. 推进专业思政与课程思政耦合育人：认识、策略与着力点 [J]. 中国大学教学，2020（10）：35-41.

[4] 丁晓东. 专业思政：大学生思想政治教育的重要一环 [J]. 学校党建与思想教育，2020（18）：26-28.

[5] 孔维伟. 高校财会类专业思政课程建设研究 [J]. 教育教学论坛，2020（29）：37-38.

作者简介：徐静（1981—　　），女，副教授，博士。研究方向为投融资与风险管理。

# 金融市场学课程
# 思政建设研究与实践

（北京联合大学　管理学院　詹细明）

【摘要】文章基于金融市场学课程特点，通过对课程教学总体目标、课程内容、教学方法和课程载体等各个环节的科学设计和合理实施，体现专业课程德育内涵，深入挖掘思政元素并有机融入专业课堂教学中，发挥专业课程的价值引领作用，从而提升育人效果。

【关键词】金融市场学；课程思政；教学设计

## 一、课程简介

课程名称：金融市场学

课程类别：专业限选课

学时学分：32学时2学分

适用专业：财务管理

内容简介：金融市场学是财务管理专业的专业限选课程，修读对象为财务管理专业大二学生。本课程从市场运行的角度介绍金融市场的构成及运行机制，为学生的专业学习构建起从一般理论到微观构成以及运行机制的桥梁。微观经济学、宏观经济学是本课程的预修课程。通过本专业课程的系统学习，学生能够掌握国内外金融市场的一些基本理论和研究方法，熟悉金融市场的日常运作，为今后从事金融业务工作打下理论基础。本课程的后续课程是投资学等，本课程在财务管理课程体系设置中具有承前启后的地位与作用。

## 二、课程思政目标设计

本专业课程思政目标设计主旨在于培养学生具备过硬的思想政治素质和高尚的道德品质、高度的社会责任心和使命感。课程以专业知识为载体，在财会专业课程教学设计中，引入丰富的教学案例和财经领域的焦点热点事件分析，将思政教育贯穿于整个专业课程体系，既重视人才的专业素养，又高度重视学生人生观、价值观的引导，在专业实践教学过程中培养学生的专业素质和道德修养。课程思政具体目标包括以下几个方面。

（1）知识：学生能够记住货币市场、资本市场、外汇市场、金融衍生工具市场、效率市场假说、资本资产定价模型等专业术语；能够扼要陈述金融市场的主要内容；能够认识并分析现代金融市场体系和发展状况及未来变化趋势。

（2）应用：学生能够从整个金融系统运行的角度认识金融市场，具有综合判断和分析金融市场实际问题的能力。

（3）整合：学生能够结合其他相关专业知识，整合应用银行、证券、基金、信托等领域行业信息和金融资源，分析、评价现实社会中出现的金融问题。

（4）情感：学生具有团队合作意识，共同参与、协作进行金融市场案例分析，在有效沟通和交流的前提下就案例分析过程和结果撰写案例结题报告，意识到团队合作的重要性。

（5）价值：学生能够在金融市场学理论学习和实践活动中遵守基本职业道德和具体行为规范，认识到作为金融从业人员应承担的社会责任。

（6）学习：学生能够利用中国大学MOOC、蓝墨云班课等线上学习资源开展自主学习，养成自主学习的良好习惯，不断提升自主学习能力，实现终身学习。

## 三、课程思政教学内容设计

金融市场学主要以资本市场为研究对象，探讨其形成、运行的机理以及对整个经济系统的影响。以专业内容为依托，深入挖掘课程内容中蕴含的思政元素，在专业知识讲授的同时融入思政教育，通过引入国内外金融领域的典型案例分析，引导学生用学到的金融市场学知识来分析中国面临的实际问题，实现价值引领和风险管理。课程思政教学设计围绕以下三条主线。

### （一）以重大金融历史事件作为融入点，培养学生爱国情怀

在讲述金融风险时，以美国电影《华尔街2——金钱永不眠》为主题开展讨论，通过分析2008年美国次贷危机引发的全球金融海啸开展课程讨论，激励学生主动了解新的金融规则，学习复杂的金融工具，了解金融风险管理的重要性。通过对我国金融市场发展和金融开放历程的了解与学习，展示经济全球化背景下中国的价值观和贸易观：开放、合作、包容。通过中美对比，使学生体会中国优势，培养对中国特色社会主义的"四个自信"和爱国情怀，在学习防范金融风险的同时激发学生努力建设祖国、实现中国梦的理想与热情。匠心锤炼自身企业中国品牌，如华为、格力等优秀企业、中国核心资产，这些企业都具有强烈的使命感与家国情怀，认准自身产业发展目标，持之以恒地坚持下去。这些都是非常好的思政元素。

### （二）以金融从业人员违法失职事件作为融入点，培养学生价值理念和社会责任心

通过著名的巴林银行倒闭事件、郁金香泡沫事件、东南亚金融风暴、拉美债务危机、美国次贷危机等，结合资本市场信息披露的重要性、内幕交易典型案例对学生进行法制教育，了解不良金融行为的严重后果，通过法制教育使学生树立法制意识，引导学生树立正确的价值投资理念，时刻牢记风险意识，学会用法律武器保护自身合法权益。

### （三）以知名基金经理的从业经历作为融入点，培养学生职业精神和道德素养

引入资本市场知名组合基金经理，如高毅资产邱国鹭、重阳投资裘国根、高瓴资本张磊、东方港湾但斌、星石投资江晖，以及著名投资人巴菲特和他的合伙人查理·芒格的成功故事典范，用具体的权威数据和专业的信息资料作为参考，借用实操演练法，引导学生分析金融市场，树立较高的服务意识和职业素养，培养企业家精神。课程在具体章节的思政元素融入点及方法如下。

**表1 思政元素融入点及方法**

| 单元 | 内容 | 课程思政融入点 | 教学方法与举措 |
|---|---|---|---|
| 一 | 金融市场概述 | 讨论和思考：我国证券市场发展历程，几次重大改革，股权分置改革，科创板战略，习总书记对于经济和金融关系的重要观点<br>爱国情怀、社会主义核心价值观、"四个自信" | 案例教学（国内经典案例）、启发式教学、云班课 |
| 二 | 货币市场 | 国库券历史、我国票据发展历史、票据承兑与贴现案例、美国次贷危机<br>爱国情怀、中国优势、道路自信、文化自信、职业道德和工作责任感 | 启发式教学、案例式教学（国内经典案例）、云班课 |
| 三 | 资本市场 | 引入著名对冲基金经理的执业经历，培养职业素质和道德修养<br>价值引领、诚信守约、履行责任、服务社会、使命与担当、企业家精神 | 项目式教学、启发式教学，案例教学、行业专家进课堂 |
| 四 | 外汇市场 | 香港金融保卫战、东南亚金融危机、人民币国际化、民族自信、责任与担当、爱国敬业；风险意识、职业素质和道德操守 | 实践教学、启发式教学、国内经典案例对比、云班课 |
| 五 | 金融衍生工具市场 | 巴林银行事件、中行原油宝事件<br>企业家精神：追求卓越、专注品质、职业素质和道德修养、风险管理 | 项目式教学、启发式教学、经典案例、云班课、行业专家进课堂 |
| 六 | 有价证券价值分析 | 中国国情，价值投资<br>贵州茅台、恒瑞医药、招商银行、海天味业、格力电器、吉利汽车等知名企业价值分析；中国核心资产：民族自信，文化自信，企业家精神 | 项目式教学、启发式教学，国内经典案例对比、云班课 |

## 四、课程思政教学策略设计

### （一）构建全方位课程方案和教学体系

目前在财会类专业人才培养过程中，主要注重对专业技能的培养，对于专业基础之外的价值观教育较少。在如今创新创业的时代大潮流下，企业家精神的塑造显得尤为重要。在财会类专业的人才培养的过程中，既要重视专业基础知识，更要注重人文精神如企业家精神的思想灌输。结合用人单位的市场需求和育人要求，针对财务管理专业人才培养要求，课程思政元素主要融入"诚信教育""遵纪守法""家国情怀""道路自信、文化自信"等方面的育人内容，培养德才兼备的专门人才。

针对教学大纲、教学内容设计、教学环节、教学案例的精心打造，以社会主义核心价值观作为价值引领，将"诚信教育、法治意识、严谨求真"等职业精神和道德品质教育融入各个章节的教学内容中，研讨总结课程思政要点。围绕社会主义核心价值观、我国国情及热点政策解读，结合大量金融案例，将金融市场发展动态和资本市场风险防范教育等主题融入专业课程中，在学生思考能力得到加强和培养的同时，激发其强烈的爱国情怀和民族自信心、价值认同感、使命感，引导学生坚守诚信、提升法治意识、树立道路自信和制度自信，探索专业理论和思政内容相互渗透的教学模式。

### （二）改革教学内容，合理调整理论和应用的权重比例

合理调整教学内容的权重比例。将课程内容分为理论性和应用性两部分。理论性教学内容以课堂讲授为主，目的是增强学生对金融市场学基础知识和理论的理解，使学生树立正确的价值投资理念和风险管理意识，学以致用，为今后从事金融相关工作打下坚实的理论基础。增加实践教学环节，通过模拟实验、组织学生参加东方财富网、同花顺杯全国高校大学生模拟金融大赛、高校企业价值创造大赛等方式，培养学生的团队意识和合作精神，塑造良好的职业素质和道德修养。

### （三）创新教学方法、手段和教学载体

在金融市场学专业课教学设计过程中，充分发挥课堂教学育人的主渠道，充分利用多媒体和实训平台，以专业知识为基础，选好德育讨论主题，引入金融市场典型案例，组织学生深入开展讨论分析。通过蓝墨云班课、微信、网络学堂、中国大学MOOC、财经网站、金融交易终端等新兴媒介有机结合，将课堂从课前向课后延伸，在时间和空间上实现从课堂学习向课外实践的延伸，突出专业知识的理论性、实践性和育人内涵。

积极探索引进行业专家进课堂。聘请行业专家和金融领域经验丰富的管理者进入课堂与学生面对面交流。依托联大财创社团、会计协会等社团，组织学生参加全国高校企业价值创造大赛，通过模拟企业经营实战，切实提高学生的综合能力和创新能力。

## 五、课程思政目标考核设计

立足于大学生德育与专业能力的全面培养，设计课程思政视角下教学评价体系。传统课堂教学以期末考试作为主要的评价和考核依据，该课程评价体系更加关注大学生德育与专业素质的全面培养，关注学生的情感体验和价值认同，提升过程考核的评价权重。课程评价既包括学生对专业知识的掌握情况，也包括学生的情感体验、价值认同，这两方面构成考核体系。在过程考核中，通过调查问卷、课堂讨论、案例分析、综合报告、撰写心得与体会、团队合作竞赛等方式，多角度对学生的学情进行综合考核评价，从而深化他们的爱国热情，培养学生的家国情怀，引导学生树立正确的价值观、人生观。

## 六、教学效果及成果

该课程思政研究实施范围的主体为财务管理专业全体学生，主要将该研究成果运用于财务管理专业培养方案中，落实立德树人，提升育人效果，将研究的初步成果及时实践和推进。2020年6月10日联大管理学院与北方工业大学经管学院联合召开课程思政研讨会，分享了金融市场学课程思政实践经验，围绕课程核心内容设计了三条思政元素融入主线，结合在线教学方案和蓝墨云班课堂，针对教学内容思政元素的挖掘与融入，教学方法、教学案例设计和教学成效反馈等方面分享了经验。具体成果有以下四个方面。

### （一）完成金融市场学课程思政教学设计方案

针对教学大纲、教学内容设计、教学环节、教学案例的精心打造，把社会主义核心价值观、我国国情及热点政策解读、金融市场发展动态和资本市场风险防范教育等主题融入到专业课程中，引导学生坚守诚信、提升法治平等意识、树立道路自信和制度自信、增强对传统文化的认同感，探索专业理论和思政内容相互渗透的教学模式。

### （二）完成金融市场学课程思政研究报告

立足于专业理论教学，将立德树人贯穿于教育教学的各个环节，创新教学模式，将德育元素充分融入专业课程中，切实增强课程思政的实效性。积极引用具有我国国情的金融案例，以"润物细无声"的方式将社会主义核心价值观融入教学过程，把价值认同和专业实践相结合，引导学生树立正确的价值观、金融思想理念，采用科学方法观察和探讨金融问题。

### （三）引进行业专家进课堂

行业专家进课堂，是将实际需求导向的做法深入课堂，与课堂知识点进行结合，激发学生思考，寻找自身的发展路径，促使学生提升自身的竞争力。先后聘请证券公司、期货公司、资产评估公司等行业专家和公司高管进课堂，开展专题讲座，与学生深入交谈，提升学生综合应用知识的能力。以投资于价值与成长为主题展开讲座，从投资银行研究的角度深度阐释如何分析行业前景和公司估值，树立正确的投资理念，以自己的成长经历与同学们分享讨论创业，通过经验分享，从思想品德、职业素质、实习实践各方面启发、引导学生思考如何提升自己的实践能力、学习能力、社交能力、创新能力，使自己成为适应社会需要的德才兼备的高素质人才。鼓励同学们在大学期间提升自己的情怀，多读书，开阔眼界，建议同学们毕业后要先在社会中历练，积累原始资本，在储备丰富知识和一定程度的行业资源的基础上去创业。

### （四）开发教学案例和思政资源素材和资料

案例教学在金融市场学课程教学中具有明显的应用优势，能寓抽象于具体，置情境于课堂，化被动为主动，显著增强学生的学习兴趣和积极性。本课程项目共开发巨人网络借壳世纪游轮、绿地控股收购金丰投资、圆通借壳大杨创世、科技行业估值和投资价值、中国银行原油宝事件、巴林银行倒闭事件等十个案例。通过优选经典案例，对选用案例的形式和内容进行深加工，科学合理地进行案例教学，让学生充分准备，主动参与案例讨论，提升学生鉴别与处理金融理论与金融现实问题的综合能力，培养学生具有良好的职业操守和职业素养。

## 七、教学反思与持续改进

### （一）进一步凝练课程特色，思政资源与教学案例资源持续开发

对课程思政进行梳理总结，进一步提炼特色。根据人才培养计划，修订

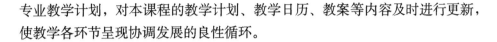

专业教学计划，对本课程的教学计划、教学日历、教案等内容及时进行更新，使教学各环节呈现协调发展的良性循环。

## （二）课程思政教材建设与改革

编写符合课程思政实施的教材体系，体现主干知识的价值导向，深入研究并体现"教什么"和"怎么教"等问题，不断充实和完善教材体系，使之具有系统性、实用性、开拓性；同时根据主教材的变化及时调整相配套的习题、案例、学习指导等内容，探索教材向多种介质形式有机结合的立体化教材方向发展的方法和途径；不断更新内容，特别是案例，跟踪国内外资本市场最新的案例。

## （三）师资队伍建设

作为课程的主讲教师，个人修养在学生的价值引导中发挥着重要作用，将社会主义核心价值观切实落实在言行上，尤为重要。在课堂建设中，以饱满的热情完成教学任务，不断深化理论学习，提高政治觉悟，在课上和课下积极引导学生，引导他们树立正确的人生观和价值观。课程建设致力于打造一支教学经验丰富、结构合理稳定、政治素质过硬、教学效果好的教师队伍；通过参加国内外学术交流、各种专业培训等，跟踪学科发展的前沿；参加企业的管理实践，提高金融市场分析能力，积累实践经验，提升实践能力。

## 参考文献

[1] 韩宪洲. 深化"课程思政"建设需要着力把握的几个关键问题 [J]. 北京联合大学学报：人文社会科学版，2019，17（2）：1-6，15.

[2] 朱广琴. 基于立德树人的"课程思政"教学要素及机制探析 [J]. 南京理工大学学报学报：社会科学版，2019，32（6）：84-87.

[3] 高德毅，宗爱东. 课程思政：有效发挥课堂育人主渠道作用的必然选择 [J]. 思想理论教育导刊，2017（1）：31-34.

[4] 熊晓轶，姚洋. 基于课程思政的应用型财经高校金融学专业考核评价体系的构建研究 [J]. 高教学刊，2021（2）：43-46.

[5] 江新峰. 课程思政背景下《金融市场与机构》课程教学方法探讨 [J]. 时代金融，2020（11）：128-129.

作者简介：詹细明（1977—　），男，硕士研究生。研究方向：资本市场、公司价值。

# 财会职业道德案例实训课程
# 思政建设研究与实践

（北京联合大学　管理学院　刘莹）

**【摘要】** 针对近年来财务舞弊事件时有发生、财会行业遭遇诚信困境的社会现状，北京联合大学管理学院财务管理专业开设财会职业道德案例实训课程，旨在加强对学生的财会职业道德教育。本文结合财会职业道德案例实训课程的特点进行课程思政建设目标和课程思政元素融入设计的研究，挖掘财会职业道德课程的思想政治教育资源，围绕社会主义核心价值观和中华优秀传统文化，研究如何将思政内容恰当地镶嵌在教学过程中。将我国的传统道德理念和社会主义核心价值观的内容纳入课程设计安排，凸显课程思政理念，引导学生坚定社会主义信仰。

**【关键词】** 课程思政；财会职业道德；案例实训

## 一、课程简介

课程名称：财会职业道德案例实训

课程类别：专业必修课程

学时学分：16学时1学分

适用专业：财务管理专业

内容简介：当前，随着我国经济活跃度不断提升，财务舞弊案在各种媒体中时有曝光，财务舞弊极大损害了社会公众和广大投资者的利益，扰乱了市场经济秩序，破坏了社会诚信的风气。财会专业学生是未来各种经济主体的财务工作者，对他们进行系统、有效的财会职业道德教育，非常有必要。本课程主要运用案例教学，研究将课程思政元素融入财会职业道德教育。通过课程的学习，学生综合运用理论课程所学的知识和技能进行案例分析，初步具备独立思考能力、团队合作能力、综合分析解决问题的能力。通过系统的财会职业道德案例教学，帮助学生树立正确的人生观、价值观，培养学生良好的职业素养，提高学生的思想境界和道德修养，增强学生的财会职业道德意识，使之具有高尚的道德情操和自我约束能力，并激励学生在未来工作中自觉遵守职业道德，增强社会责任感，履行社会责任。

## 二、课程思政目标设计

财会职业道德案例实训课程思政建设的总体目标，可以表述为：将课程的教学内容与社会主义核心价值观、党的十九大精神、习近平新时代中国特色社会主义思想、习近平系列重要讲话精神等有机融合，充分挖掘财会人员职业道德课程内容与思想政治教育资源的潜在结合点。用正确的历史观、价值观教育和引导学生正确面对社会变化中的矛盾和冲突，使他们在错综复杂的社会现象中看清本质、明确方向，增进对主流意识形态的认同，维护市场经济物化冲击下的社会价值观和公民道德。深入挖掘课程的思想政治教育资源，围绕社会主义核心价值观和中华优秀传统文化，结合财会职业道德案例实训课程的特点采用案例教学为主的多种教学方式，将思政内容恰当有机地融入教学过程中。明确学生的主体地位，使学生积极参与到课程的学习中。将我国的传统道德理念和社会主义核心价值观的内容纳入课程设计安排，凸显课程思政理念，引导学生坚定社会主义信仰。

## 三、课程思政教学内容设计

世界各国普遍比较重视财会职业道德教育。目前，我国财务舞弊案时有发生，严重损害了社会公众和广大投资者的利益，扰乱了市场经济秩序。财会专业学生缺乏系统、有效的财会职业道德教育，特别是缺乏诚信教育，这是类似案件产生的重要原因之一。

中华民族在历史的长河中累积下不可胜数的优良道德品质，诚信是其中最引人注目的一颗明珠。以诚实守信为荣，这不仅是中华民族每个公民的立身处世之本，更是我们国家得以繁衍生息、欣欣向荣的强大精神支柱。君子立言，一诺千金；君子处事，诚信为本。将"诚信"二字内化于心，外化于行，切实践行社会主义核心价值观是每一个公民的责任。

诚信是中华民族的传统美德，是社会主义核心价值观的重要内容之一。"诚实守信"是践行社会主义核心价值观的实践要求，"诚实守信"是建立市场经济秩序的基石，"诚实守信"是一切职业道德的"立足点"。本课程从"学生为本"的教学理念出发，探索以经典案例教学方式为主，在整个课程过程中贯穿培养学生的诚信品质这一主线。课程建设紧紧围绕"诚信"这个课程思政要素，分别从国家视角、企业视角、个人视角学习违反财会职业道德的危害。同时将立德树人理念贯穿于教学全过程，充分挖掘思政元素与各章节教学内容的潜在结合点，整个课程以"诚实守信"为思想政治教育的主线，以文化自信、制度自信、反腐败、爱国、履行社会责任、遵守法律为辅助思想政治教育元素（见图1）。

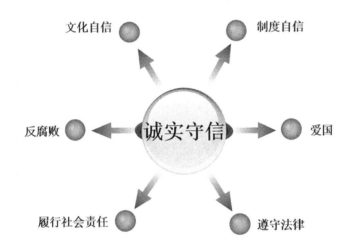

**图1　以诚实守信为主线的课程思政融入要素**

以上课程思政要素具体融入的章节以及采用的教学方法和手段见表1所示。

表1　课程思政要素具体融入的章节以及采用的教学方法和手段

| 章名 | 代表性小节或知识点 | 思政元素 | 元素提炼 | 教学方法、手段 |
|---|---|---|---|---|
| 1. 绪论 | 国内外均有许多违法财会职业道德的案例 | 培养学生制度自信 | 制度自信 | 案例教学：安然事件、蓝田神话等国内外典型案例 |
| | 诚实守信是中华民族的传统美德，是社会主义的核心价值观 | 弘扬中华优秀传统文化，培养学生诚实守信和文化自信 | 诚信 文化自信 | 案例教学：宋濂诚信的故事、古代关于诚信的名言及解读 |
| 2. 财会职业道德对国家的影响 | 权钱交易、不公正经济与会计舞弊的关系 | 坚决打击腐败等违法犯罪行为 | 反腐败 | 案例教学：蓝田股份、康美药业、乐视等 |
| | 财务舞弊对国家和社会的危害 | 培养学生诚实守信和爱国情怀 | 诚信 爱国 | 案例讨论：①康美药业舞弊对股东的影响。②瑞幸咖啡舞弊案，有人认为瑞幸咖啡是割了美国人的韭菜请中国人喝咖啡，你认可这种观点吗？ |
| 3. 财会职业道德对企业的影响 | 财务舞弊对企业自身的危害 | 社会主义核心价值观：和谐的社会需要经营者考虑利益相关者各方的利益，承担相应的社会责任 | 诚信 履行社会责任 | 多案例分析：瑞幸咖啡、康美药业、蓝田股份等 |
| | 履行社会责任对企业价值创造的影响 | | 履行社会责任 | 案例、文献研读与综述 |
| 4. 财会职业道德对个人的影响 | 违反职业道德甚至违法对个人的不利影响 | 培养学生遵纪守法、诚实守信 | 诚信 守法 | 案例讨论：黄光裕操纵股票案、徐翔操纵股票案、褚时健的传奇人生等 |

　　学生通过课程的学习能够深刻认识到诚信的重要性，认识到违反财会职业道德对国家、企业自身以及财会人员个人的危害。通过系统的财会职业道

德教育帮助学生树立正确的人生观、价值观，培养学生良好的职业素养，使他们能自觉遵守职业道德，具有高尚的道德情操和自我约束能力。

## 四、课程思政教学策略设计

考虑到一门课程只讲授职业道德理论，学生很可能会产生疲倦和厌烦情绪，在课程中通过热点和经典案例适度引入与职业道德相关的专业知识，如财务舞弊的手段、财务舞弊的识别、社会责任的履行等专业知识，提高学生的学习兴趣，使学生在专业知识的学习过程中潜移默化地接受思政教育，就显得很有必要。另外，考虑到联大财务管理专业学生的就业去向，在案例实训和理论讲解中针对会计、审计和资本运作（包括证券、资产评估等财会类中介企业）三类岗位进行职业道德教育，并且整理编写了针对三类岗位的课程案例资料。

教师团队着眼于财会职业道德课程的特点和教学目标，探索以经典案例和热点案例教学为主线，在教学过程中确立学生的主体地位，注重学生的体验，让学生自己积极参与对实际案例的分析、思考和讨论，积极实践，进行自我体验和感悟，勇于发表自己的见解，提高学生深入思考、综合分析能力和沟通表达的能力。增加更多的师生互动，培养学生作为财务人员的基本素养与能力。结合导入式教学、讨论式教学、情景教学等多种教学方式进行课程教学。充分利用网络化教学平台，采用翻转课堂、微课等多种方式激发学生的学习兴趣，有机融合线上、线下教学活动，创新教学模式，调动学生的学习积极性和主动性，使学生积极参与到课程的学习中。

## 五、课程思政目标考核设计

本门课程中的主要教学内容是遵守职业道德，学生的道德修养是课程考核的重点内容。为了更好地调动学生课程学习的积极性及对课程中隐含的思政元素的把握，课程考核贯穿整个学期，采取开放的过程考核方式。过程考核中占比最高的环节为每个教学单元的案例汇报及讨论。各小组成员采用小组自评、组间互评及教师终评相结合的方式进行考核，最终形成客观全面的评价体系。

## 六、教学效果及成果

本门课程从"以学生为本"的教学理念出发，在课程中融入思想政治教育元素，探索以经典案例教学为主线，结合导入式教学、讨论式教学、情景教学等多种教学方式，采用翻转课堂、微课等多种方式激发学生的学习兴趣，调动学生的学习积极性。实施范围先期主要面向管理学院财务与会计系财务管理专业学生，受益班级为自2019级开始的所有财务管理专业学生。每届2个教学班，60人左右，教学成果成熟后可以推广至会计专业、金融专业乃至整个学院，受益学生人数倍增。

本课程的研究不仅可以优化教育资源，调动学生学习积极性和学习兴趣，提高学生学习参与度，提高学生的自主学习能力、团队协作能力、沟通能力和组织协调能力，更为重要的是课题研究重视价值观的引领，培养学生具有高尚的道德情操和自我约束能力，增强学生的社会责任感，引导学生树立社会主义核心价值观，自觉遵守法律制度和财会职业道德，做新时期合格的财务人员。

## 七、教学反思与持续改进

为完成本课程的思政研究任务，课程组主要成员于2019年8月参加上海"双顾"团队的高校课程思政金课建设培训班，进行了为期4天的课程思政经验学习。课程组成员通过在图书馆和中国知网、万方数据库、百度文库等互联网数据库中进行检索、查阅大量相关文献，学习研究课程思政和财会职业道德教育相关知识及案例，找出可以借鉴的内容。通过对周围从事财会工作的专业人士进行调研和访谈获取项目研究的经验和建议。对部分财务管理专业的学生进行访谈，充分了解学生的需求，因材施教。课程组成员通过不断的学习和思考逐步提升自身的课程思政能力，收获满满。

### （一）教育者先受教育

教师团队通过认真学习习近平总书记、教育部和北京联合大学关于课程思政的相关要求，查阅学习关于课程思政以及课程思政在专业课中如何实施的研究文献，对课程思政有了比较深刻的认识。教育者先接受了课程思政教

育，对自身也是一个洗礼和再教育的过程。

### （二）深感责任重大

青年强则国家强，作为一名光荣的人民教师，笔者深感责任重大，本门课程虽然只有16学时，但承担的责任重大，著名会计学者中国人民大学王化成教授曾说过："财会专业学生如果品德不好，能力越强对社会的伤害越大。"在进行本门课程思政研究的过程中，笔者更感受到肩负的责任重大，今后要不断深入地进行课程思政研究，提高自身的课程思政教学能力。

### （三）努力向新时代"四好"老师的标准看齐

加强个人修为，力争做到"有理想信念、有道德情操、有扎实知识、有仁爱之心"。教育是塑造灵魂的事业，教师是人类灵魂的工程师。教师教书育人、授业传道事关公民素养培育和国家发展进步。作为财务管理专业的专业课教师，不仅要具备扎实的专业课程知识，同时还应当具备较高的政治素养。教师专业学识扎实，是引导和教育学生的关键，是师生相互吸引欣赏、思想碰撞共鸣的前提。课程思政教学还需要责任和情怀，教师作为学生成长的引路人，在知识的讲授之外，还担负着教书育人的责任，今后要努力提高自身的专业知识水平和政治思想素质，坚持学习马克思主义理论，深入领会习近平新时代中国特色社会主义思想，了解世界大势和时代发展趋向，把爱国、爱党的情怀通过恰当的方式传递给学生，帮助学生树立为实现"中国梦"而努力的崇高理想。

### （四）探索、深化与提高

今后将不断深入研究案例教学方法自身的规律和特点，在教学互动过程中关注学生的情感反应，不断反思知识传授是否明晰，能力提升是否落实，育德功能是否实现。在反思中改进，充分挖掘课程的德育功能，不断优化课程建设。根据学生的反馈和自己的教学体验以及外部环境的变化调整教学案例和教学方法，并且随着本门课程教学经验的不断积累和丰富，更加深入地挖掘蕴含于课程中的显性及隐性的思想政治教育资源。根据复杂的社会现实及专业教育目标不断寻求相匹配的价值观教育方式。今后，随着国家对财会人员职业道德的日益重视，将有更多高校开设此课程，在教学过程中会在积极查找、学习兄弟院校财会职业道德课程思政经验的基础上不断丰富和完善本课程。

最后引用人民日报上对我触动很深的一段话与大家共勉："一砖一瓦砌成事业大厦，一点一滴创造幸福生活。世间一切美好，往往都蕴含着职业道德的光芒，凝聚着建设者的品德风范。一个推崇敬业乐业的民族，必定是令人肃然起敬的民族；一个弘扬职业理想的社会，必定是一个活力涌流、文明进步的社会。"

## 参考文献

[1] 习近平在全国高校思想政治工作会议上强调：把思想政治工作贯穿教育教学全过程　开创我国高等教育事业发展新局面[N]．人民日报，2016-12-9（1）．

[2] 习近平．决胜全面建成小康社会　夺取新时代中国特色社会主义伟大胜利：在中国共产党第十九次全国代表大会上的报告[N]．人民日报，2017-10-28（1）．

[3] 韩宪洲．以"课程思政"推进中国特色社会主义一流大学建设[J]．中国高等教育，2018（23）：4-6．

[4] 胡煜．《财经法规与会计职业道德》课程改革探讨：基于全人发展理念[J]．财会通讯，2019（4）：45-47．

[5] 李居英．会计职业道德建设的问题与对策[J]．山西财经大学学报，2019，41（S1）：45-46．

[6] 李洪兴．做有职业道德的好建设者[N]．人民日报，2019-10-30（4）．

[7] 韩宪洲．课程思政方法论探析：以北京联合大学为例[J]．北京联合大学学报：人文社会科学版，2020，18（2）：1-6．

作者简介：刘莹（1973—　　），女，副教授，博士。研究方向：企业财务、企业并购、财会职业道德。

# 企业战略管理课程
# 思政建设研究与实践

（北京联合大学　管理学院　李新娥）

**【摘要】**课程思政是以习近平新时代中国特色社会主义思想为指导，以习近平总书记关于教育的重要论述为根本遵循，落实立德树人的根本举措，是高水平人才培养体系的有效切入，也是高校全员、全过程、全方位育人的重要抓手。本文以企业战略管理课程为例，探讨了课程思政教学内容设计、教学策略、目标考核方式以及本门课程的教学效果、教学反思与持续改进措施，可以为管理类课程思政建设和改革提供参考和借鉴。

**【关键词】**课程思政；责任和创新；项目式教学

## 一、课程简介

课程名称：企业战略管理

课程类别：专业选修课程

学时学分：32学时2学分

适用专业：财务管理

内容简介：企业战略管理是管理学整体理论中的一个重要部分，在工商管理教育中具有不可或缺的地位和作用。本课程以财务管理专业本科生为开课对象，主要培养大学生的战略观念和意识，掌握战略管理基本理念和工具方法，提高工作生活中的战略掌控能力。

本课程的主要内容包括企业战略管理的基本概念、原理和战略分析方法。通过本门课程的学习，理解和掌握企业战略的基本含义、战略管理过程、企业战略的选择和分析方法等，理解和掌握企业战略管理原理和方法在实践中的运用，从企业整体层面对企业未来长远发展和可能的风险进行把握。

## 二、课程思政目标设计

根据课程专业教育要求，有机融入做人做事的基本道理、社会主义核心价值观的要求、民族复兴的责任与担当，体现"四个自信"。

（1）知识：学生能够掌握战略管理、竞争力、竞争优势、竞争战略、环境分析、企业文化、战略控制的相关理论，能够掌握战略分析、战略调研的相关工具和方法。

（2）应用：学生能够运用战略决策的工具和方法，综合分析多方面因素，分析企业管理和具体经营问题，提供战略决策方案。

（3）整合：学生能够结合其他专业知识，构建系统科学的战略管理知识体系，结合案例和课外学习活动提高解决企业实际经营问题的能力。

（4）情感：学生能够参与协作学习，具有团队合作意识，能够就复杂企业战略管理问题与业界同行及社会公众进行有效沟通和交流，包括撰写报告和设计文稿、陈述发言、清晰表达、回应指令，并具备一定的国际视野，能够在跨文化背景下进行沟通和交流。

（5）价值：学生能够在管理实践活动中理解并遵守相关职业道德和规范，履行责任；树立大局观、战略观，培养践行社会主义价值观、心胸宽广、勇于挑战、积极进取的心理品质，增强面对挑战和挫折的勇气。

（6）学习：学生能够利用云教材、微课等线上学习课程和资源，开展自主学习，提升自主学习能力。

## 三、课程思政教学内容设计

### （一）修订和完善教学大纲

通过专业研讨和交流，形成和完善融入课程思政理念和元素的教学大纲，在教学大纲中融入课程思政目标、课程思政内容设计和课程思政考核方式。从知识、应用、整合、情感、价值、学习六个方面，研讨和分析课程目标与毕业要求的关系；丰富和完善课程考核和评价方式，将思政元素融入学习效果评价和课程最终考核，并根据教学大纲精心设计授课计划和教学环节。

## （二）结合课程思政教学目标，优化课程内容，将教学内容模块化

根据财务管理专业培养方案和专业特点，确定课程思政教学目标。企业战略管理课程以"责任＋创新"为思想政治教育的主线，宣扬社会主义核心价值观，告诉学生做人做事的基本道理，引导学生养成爱国敬业、创新发展、追求卓越、服务社会等优秀品质。

在课程教学中，结合企业战略管理设置课程大纲、培养目标和教学进程，优化课程内容，将教学内容整合成五大核心教学模块——战略调研、公司战略、竞争战略、职能战略、战略实施和控制，每一教学情境又是以完成具体的任务为线索，将教学内容融入具体任务，设定阶段性任务，并提前公布要求和任务。教学模块和目标任务说明见表1。

**表1　教学模块和目标任务说明**

| 模块 | 知识目标 | 工作任务 |
|------|---------|---------|
| 模块一：战略调研 | ①战略环境分析的内容；②战略环境分析技术；③战略环境分析方法 | 选定某一行业或企业，进行战略环境调查和分析 |
| 模块二：公司战略 | ①发展型战略的含义和实施条件；②稳定型战略的含义和实施条件；③紧缩型战略的含义和实施条件 | ①选定某一企业，分析企业使命、愿景、公司总体战略的可行性；②模拟某一企业，设定企业使命、愿景，搭建企业战略框架 |
| 模块三：竞争战略 | ①差异化战略的含义和实施条件；②成本领先战略含义和实施条件 | ①选定某一企业，分析企业竞争战略的可行性和有效性；②模拟某一企业，设定企业的竞争战略 |
| 模块四：职能战略 | ①人力资源职能；②营销战略；③财务战略；④生产战略 | ①选定某一企业，对企业主要的职能战略进行分析和评价；②模拟某一企业，设定企业的主要职能战略，注意战略的可行性和合理性 |
| 模块五：战略实施和控制 | ①依据组织结构和战略的目标设定组织架构、构建企业文化的能力匹配；②企业文化和战略的匹配 | 模拟某一企业，设定企业的组织框架、人员安排、组织文化、风险控制等内容 |

课程内容优化和模块化后，具有以下特点：

（1）课程模块既相互独立，又联系密切，适合开展案例教学、情景模拟；

（2）课外实践和课内学习紧密结合，相互促进；

（3）培养学生的实践动手能力、创新能力；

（4）鼓励学生开展延展性深入研究，积极参加创新创业活动。

## （三）思想政治教育元素提炼

整个课程以"责任＋创新"为思想政治教育的主线，在每一教学模块中，提炼思政教育元素，有针对性地通过案例教学、项目模拟、启发式教学等方法和手段，宣扬社会主义核心价值观，告诉学生做人做事的基本道理，引导学生养成爱国敬业、创新发展、追求卓越、服务社会等优秀品质。

教学模块对应的思政教育元素提炼见表2。

表2　教学模块对应的思政教育元素提炼情况

| 模块 | 章节 | 元素提炼 | 教学方法或手段 |
| --- | --- | --- | --- |
| 模块一 | 战略管理概述 | 文化自信、民族自信、爱国敬业 | 案例教学（国内经典案例）、启发式教学、云教材、云班课 |
| | 企业使命和愿景 | 服务社会、履行责任 | 项目式教学、启发式教学、案例式教学（国内经典案例）、云教材、微课视频、云班课 |
| | 企业外部环境分析 | 服务社会、履行责任 | 项目式教学、启发式教学、云教材、微课视频、云班课 |
| | 企业内部环境分析 | 创新发展、追求卓越 | 项目式教学、启发式教学、云教材、国内经典案例对比、云班课 |
| 模块二 | 公司战略 | 追求卓越、创新发展 | 项目式教学、启发式教学、云教材、国内经典案例对比、云班课 |
| | 国际化战略 | 创新发展、履行责任 | 项目式教学、启发式教学、云教材、国内经典案例对比、云班课 |
| 模块三 | 竞争战略 | 创新发展、追求卓越 | 项目式教学、启发式教学、云教材、国内经典案例对比、云班课 |
| 模块四 | 职能战略 | 诚信守约、履行责任 | 项目式教学、启发式教学、云教材、国内经典案例对比、云班课 |
| 模块五 | 战略实施和控制 | 创新发展、履行责任 | 启发式教学、云教材、国内经典案例、云班课 |

# 四、课程思政教学策略设计

## （一）教学模式和教学方法改革

（1）注重启发式教学法在理论教学中的应用，通过设定带有启发意义的问题或者通过启发式的提问，鼓励学生积极思考、主动参与；依据实践应用需求完善理论知识框架，鼓励学生不断探索并发现知识，培养自主学习能力。

（2）开展多样化的案例式教学，将理论教学中的微案例与实践教学中的综合型案例相结合，依托案例实现教学内容间的有效衔接，为以教师为主建设的微案例库和以学生为主建设的综合型案例库奠定基础。

（3）注重立足学生个体差异，实现分层教学，针对学生的个性特点、认知水平、学习基础、学习潜质、能力差异等进行分层或分组，使不同层次的学生都能在原有的基础上得到较好发展。

（4）充分发挥线上线下混合式教学模式的作用，利用网络教学平台实现课内外的有机结合。

（5）注重项目式教学。结合课程内容、课程任务、教学进度和学生特点，设计完整的模拟项目，涵盖教学过程的整个环节，调动学生深度参与的积极性和主动性。

## （二）线上线下相结合，完善教学环节，有机融入思政元素

（1）线上线下相结合，充分利用企业战略管理云教材、教学微课视频、云班课、微信群等新型资源，实现线上线下、课内课外相结合；充分利用网络资源高效学习和互动，利用网络教学平台实现课内外的有机结合，实现和学生的及时互动和沟通。

（2）结合不同教学模块，设计和形成课前预习、课堂教学、互动评价、课后完善和提升等一系列教学环节。在课前预习环节，提前安排与项目有关的任务和作业活动，调动学生的自觉性和主动性，引导学生自觉为课程内容做好预习准备，做好合理安排和及时沟通；在课堂教学环节，充分备课，熟练掌握课堂教学内容，对各种可能出现的课堂教学问题提前预设和做好充分准备；在互动评价、课后完善和提升方面，师生之间及时互动和沟通、团队之间合理公正评价，完善团队展示、过程考核标准和要求，鼓励学生积极开

展课外调研等。

（3）在授课过程中，从典型案例引入—知识点讲解—课堂讨论—项目作业以及考核评价等几个环节有机融入思政元素和理念。

（4）在授课过程中，将每一模块的概念和理论嵌入到模拟项目中，不同模块有不同的思考点和决策点，学生以"管理者"或"企业家"的身份，在模拟项目情景学习中完成认知过程，引导学生实现自主性学习、研究性学习和协作性学习；创造性地融合管理学知识，对战略管理的系列相关问题进行积极的思考，把理论性课程与现实思考连接起来，提高学生的学习兴趣、思考力度和体验感受，使抽象的概念找到落地的方式。

## （三）注重项目式教学，引导学生深度参与课程教学

项目式教学模式在欧美国家的教学和科研活动中应用广泛，常采用小团队工作（Team Work）方式。其特点是从项目出发，营造反映真实活动的复杂学习环境，并针对理论知识与实践对接所产生的问题，进行灵活教学。学生在解决实际问题前自觉自主地融合以往所学的分散知识，在项目情境学习中逐渐完成认知过程，其实质是运用群体压力和有效的指导来完成复杂且具有挑战性的工作。在项目式教学模式中，教师以训练学生解决实际问题，培养实践能力、动手能力、创新思维能力、沟通合作能力等为目的。在国内高校的课堂教学中，项目式教学模式也被少数高校引入了建筑、工业设计或艺术类课堂教学。

1. 项目设计

在企业战略管理课程中引入项目式教学，即在课程教学活动设计时，要求学生组建团队，以项目的方式成立模拟公司，设计公司的产品或服务，明确公司的用户、市场、技术、社会责任，设计公司的使命和经营理念，调研公司所处的行业或市场竞争环境，利用战略分析工具进行战略分析，确定公司的总体战略、竞争战略和职能战略，按照战略管理的流程，完成课程教学模块的阶段性任务。引导学生边学习边实践，既是教学方法的改革，也是教学过程模式的新的探索；不仅可以提升学生的参与意识，提升课堂学习效果，还可以培养团队精神和学生的协作意识，锻炼学生的动手能力、实践能力、创新创业以及沟通表达等能力。

一般团队成员不宜过多，5～6人为宜，过少不容易集思广益，过多容易产生"搭便车"的行为。要鼓励每位团队成员发挥积极性，明确每位成员必

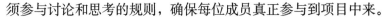

须参与讨论和思考的规则，确保每位成员真正参与到项目中来。

2.项目开展

项目式教学模式的关键之一是有合理的阶段性任务安排和项目评价标准。为此，需要提前设定阶段性任务，明确要求和安排；合理安排项目展示并设计合理的项目评价标准和方式。课程教学模块和对应的任务要求示例，见表3。

**表3　课程单元教学模块和阶段性任务设计**

| 教学模块 | 教学内容 | 阶段性任务 |
|---|---|---|
| 模块一 | 战略概述 | 组建团队，创意产品或服务 |
| | 使命和愿景 | 设计公司使命和愿景 |
| | 外部环境分析 | 进行外部环境分析，了解行业情况；了解主要竞争对手情况；设计调查问卷，进行市场调查 |
| | 内部环境分析 | 价值链分析；SWOT分析 |
| 模块二 | 公司战略 | 确定公司的竞争优势和总体战略 |
| 模块三 | 竞争战略 | 确定公司基本竞争战略 |
| 模块四 | 职能战略 | 确定公司的基本职能策略 |
| 模块五 | 企业文化、组织结构、风险防范 | 识别公司面临的风险，确定公司的退出机制；明确公司内部控制的重点和难点 |

# 五、课程思政目标考核设计

## （一）多元化考核设计

（1）注重多元化考核方式，通过课堂提问、小测验、案例讨论、小组研讨、个别谈话、调查问卷等方式，考查学生学习状态、参与程度、接受程度，以及学生探究问题的主动性、积极性。

（2）适当加入项目答辩、小组互评等方式，在考核过程中，设定明确的考核标准和要求，形成能体现过程的、新颖和公平的考核体系，引导和激励学生积极参与和完成能力培养目标并建立考评标准。

（3）在考核中，还要注重考查学生的综合素质和能力，注重创新意识、研究精神和团结协作能力的培养，充分体现以学生为本的个性化、差异化训练和培养，注重锻炼学生的沟通表达能力，充分反映学习的各个环节和学习效果。

考核方式分为过程性考核和终结性考核，其中过程性考核构成平时成绩，占总评成绩的50%；终结性考核形成期末成绩，占总评成绩的50%。过程性考核包括课程作业、平时测验、读书笔记、出勤和课堂表现，其中，课堂表现主要通过提问、课堂发言等情况给分。

## （二）强化项目答辩和思政效果考核

在课程思政效果评价环节，增加"责任""创新"思政元素评价，利用项目答辩方式，考查和培养学生的战略思维能力、团队合作能力、制订和实施企业战略方案的能力，为学生正确认知自我、做更好的自己提供指导和帮助，引导学生养成爱国敬业、创新发展、追求卓越、服务社会等优秀品质，成为高素质、应用型、综合型的人才。

各项目小组开展战略分析、战略调研、战略实施，形成各项目团队总体战略、竞争战略、职能战略，并以答辩的形式做展示交流。根据各小组项目情况结合展示交流进行评分。作为一项平时成绩，作业满分可以设定为50分，在评价要素中融入"责任""创新"作为评价指标（可以占10分）。评价要素的具体要求如表4所示。

**表4　项目答辩评价要求**

| 环节 | 评价标准 |
| --- | --- |
| 项目准备 | 项目完整，准备充分，语言流利，举止端庄，脱稿演讲（8～10分） |
| | 项目完整，准备较充分，举止端庄，语义基本清晰（5～7分） |
| | 项目比较完整，准备不足，语义含混（1～4分） |
| 内容专业性 | 观点明确并有创新，论据合理，逻辑清晰，专业词语使用准确（8～10分） |
| | 观点明确，论据比较合理，逻辑比较清晰，专业词语使用比较准确（5～7分） |
| | 观点基本明确，陈述缺乏层次，观点模糊，专业词语使用不恰当（1～4分） |
| 项目调研及可行性 | 调研充分，项目分析合理，项目前景好（8～10分） |
| | 有调研基础，项目分析较合理，项目前景较好（5～7分） |
| | 无调研基础，项目分析一般，项目前景一般（1～4分） |

| 环节 | 评价标准 |
|---|---|
| 责任和创新 | 能在教师的指导下就项目作业反复讨论和修改，具有较强的创新意识、社会责任意识、服务社会意识，在组织管理、市场竞争、产品/服务设计等环节能很好地体现责任意识（8～10分） |
| | 能在教师的指导下就项目作业进行讨论和修改，有一定的创新意识、社会责任意识、服务社会意识，在组织管理、市场竞争、产品/服务设计等环节能很好地体现责任意识（5～7分） |
| | 项目作业没有主动进行修改或讨论，创新意识、社会责任意识、服务社会意识一般，在组织管理、市场竞争、产品/服务设计等环节责任意识一般（1～4分） |
| 回答问题或者互动 | 项目展示有吸引力，听众注意力集中，班级气氛好；能流利、正确回答教师或同学提问（8～10分） |
| | 项目展示比较有吸引力，听众注意力比较集中；能较好回答教师或同学提问（5～7分） |
| | 项目展示枯燥无味，听众注意力不集中；不能较好回答教师或同学提问（1～4分） |

# 六、教学效果及成果

## （一）教学效果

通过开展课程思政建设，持续改进教学，不仅提升了教师的教学能力和个人素养，也提升了学生课堂学习的积极性、主动性，尤其是通过项目式教学提升了学生的社会责任感和创新意识，实现了课程思政的教育教学目标。

针对课程教学效果，教学团队开展了调研，设计了调查问卷，沟通和反馈学习中的问题，以不断改进。调查问卷部分结果如下。

（1）在回答"通过学习企业战略管理课程，你的收获是什么"（多选题）的问题时，97%的同学选择了"拓宽了知识面"，85%的同学选择了"提升了个人能力"，86%的同学选择了"培养了团队合作精神"，66%的同学选择了"培养了创新创业能力"。结果表明，项目模拟式教学可以提升个人能力、培养团队合作精神、拓宽知识面，并培养创新创业能力。

（2）在回答"在小组合作学习中，你学到了什么"（多选题）的问题时，90%的同学选择了"分工与合作"，91%的同学选择了"分享资源，协力解决问题"，85%的同学选择了"相互学习，拓展视野"。结果表明，项目模拟式学习可以增强团队合作，分享资源、协力解决，相互学习、拓展视野。

（3）在回答"你最喜欢的项目考核方式是什么"（多选题）的问题时，76%的同学选择了"小组互评、小组考核"，75%的同学选择了"面试和答辩"，62%的同学选择了"课堂PPT演示"，27%的同学选择了"笔试"。结果表明，学生更喜欢灵活的考核方式。

## （二）教学成果

基于OBE理念构建了课程思政元素的挖掘、融入和评价考核方案。挖掘"创新""责任"思政元素融入课程教学、作业和讨论。特别是在项目答辩中作为过程考核的一部分，在评价要素中融入"创新""责任"作为评价指标（占10分），具体见表4。

为适应时代发展和技术进步，开发了云教材。完成云教材一部，包含文字、视频、音频、在线互动练习等内容，可实现在线学习，为学生提供丰富的、可扩展的、可互动的、进度可跟踪的、精致化的全新教材学习体验。

教学成果具有可复制性和可推广性，相关研究成果对管理类课程开展课程思政改革将产生示范效应与借鉴意义，不仅可以应用于财务管理专业主干课程和通识教育选修课企业战略管理课程教学的需要，部分成果和方法还可以应用于面向研究生的该课程的教学。

# 七、教学反思与持续改进

## （一）教育者先受教育

习近平总书记强调，"教师思想政治状况具有很强的示范性。要坚持教育者先受教育，让教师更好担当起学生健康成长指导者和引路人的责任"。"教育者先受教育"意味着教育者本身要把马克思主义理论作为必修课，认真学习马列主义、毛泽东思想和邓小平理论，认真学习习近平总书记系列重要讲话精神；坚定中国特色社会主义道路自信、理论自信、制度自信、文化自信；

不断推进自我净化、自我完善、自我革新、自我提高。

"教育者先受教育"还意味着教育者在教育工作中，要不断提升自身道德水平，自觉弘扬正确的价值观，坚持爱国敬业、遵纪守法、艰苦奋斗、履行责任、敢于担当、服务社会的精神，融入自身成长和发展要求，不断提升自己。

"教育者先受教育"还意味着教育者在教育工作中，不断提升自身业务素质和能力，具备持续学习的能力，始终站在专业领域的前沿，专注品质、追求卓越、创新发展。

### （二）积极探索和优化课程教学内容，重难点突出

在企业战略管理课程教学中，采用小组形式组织课堂讨论、项目分析时，要结合专业实际设定不同的教学模块，根据教学内容、教学进程，设定特定的项目或任务，突出重点和难点；结合学生学习特点，精心设计授课内容、授课计划、教学环节、学生互评标准等，确保课堂教学的顺利组织和进行。

### （三）不断提升教师自身专业素质和课堂把控能力，充分做好课前准备

项目式课堂教学模式不仅对教师的专业素质有较高的要求，对教师的课堂教学方式、课堂组织方法、课堂把控能力也有较高的要求。因此，教师要持续改进课程教学，不断提升专业素质和业务素质。教师在上课前要有充分的准备，设想好课堂教学的每一个环节和可能出现的问题，提前做好预案，防止课堂教学中出现不可控的情况。

### （四）持续探索和改进教学方式、教学手段，注重教学效果反馈

在教学中，要持续探索和改进教学方式、教学手段，注重教学效果反馈，注重考查学生的学习效果，以跟踪项目式教学模式的成效和不足。随着信息技术的发展，互动型、网络型沟通越来越成为学生之间、师生之间的便捷沟通方式，可以借助互联网技术开展即时、便捷的反馈，以便发现问题及时改进。

### （五）坚持问题导向的课程思政改革思路

深化课程改革，构建融入课程思政理念的以学生为中心、产出为导向、

持续改进的课程教学设计思路、课程教学模式改革、课程教学各个环节与实施要点。

## （六）课程思政要和专业目标、课程目标有机结合

对照专业人才培养方案和目标要求，探索融入课程思政的课程教学内容设计，凸显课程特色。结合专业人才培养方案和目标要求，提炼思政元素、融入课堂讲授和讨论，基于OBE理念，将课程思政教育有机融入课程作业或讨论中，在"润物细无声"中融入做人做事的基本道理、社会主义核心价值观的要求和民族复兴的责任与担当，体现"四个自信"。

## 参考文献

[1] 韩宪洲. 深化"课程思政"建设需要着力把握的几个关键问题 [J]. 北京联合大学学报：人文社会科学版，2019，17（2）：1-6，15.

[2] 韩宪洲. 论课程思政建设中的几个基本问题：课程思政是什么、为什么、怎么干、怎么看 [J]. 北京教育：高教版，2020（5）：48-50.

[3] 张玲娜. 社会主义核心价值观引领"课程思政"建设研究：以创新创业教育为例 [J]. 北京联合大学学报，2020（4）：54.

[4] 李新娥，等.《企业战略管理》课程项目式教学模式探究 [J]. 教育教学论坛，2019（39）：174-175.

作者简介：李新娥（1973—　），女，副教授，博士。研究方向为企业社会责任、战略管理等。